近世北日本の生活世界

北に向かう人々

菊池勇夫

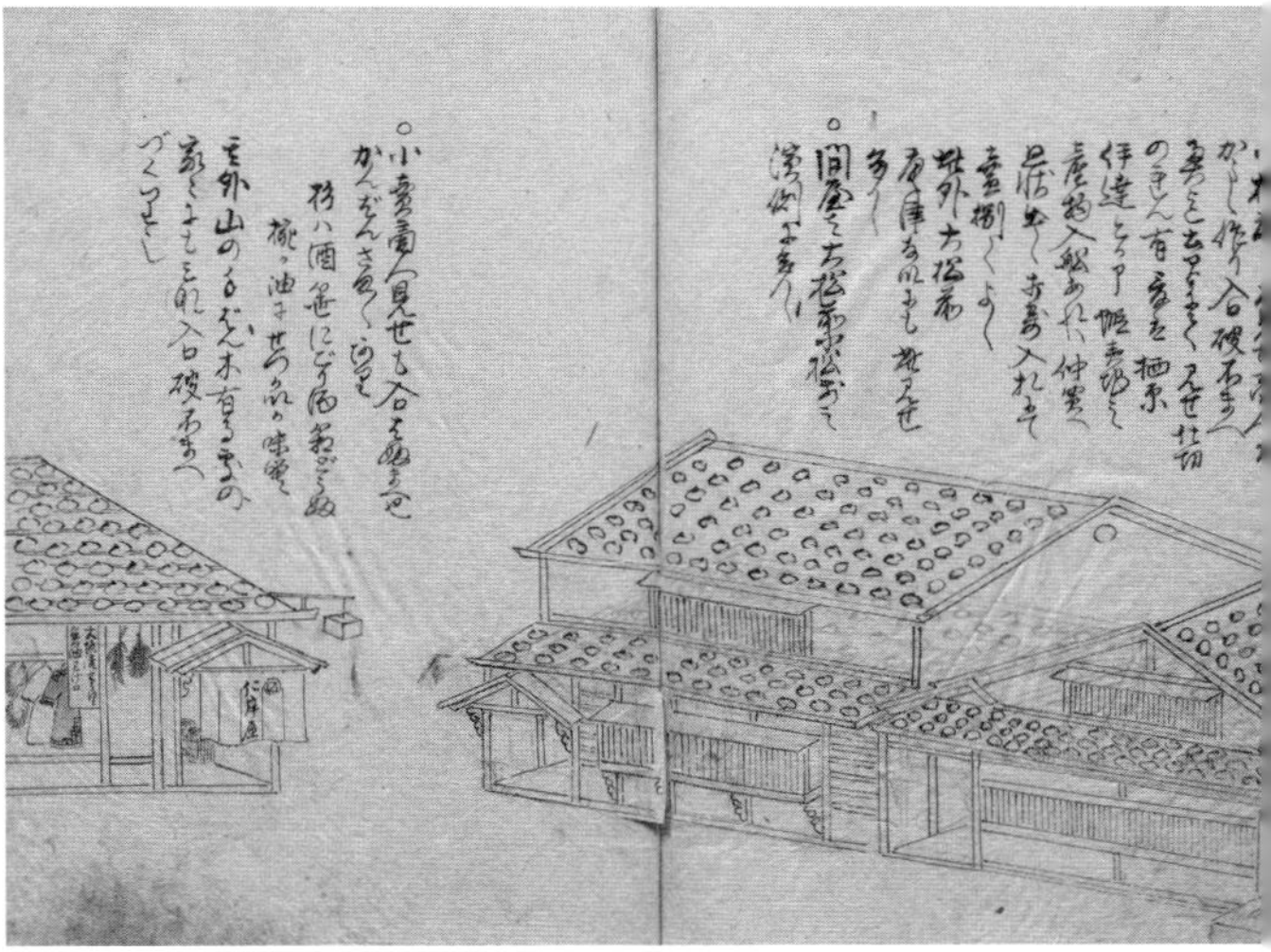

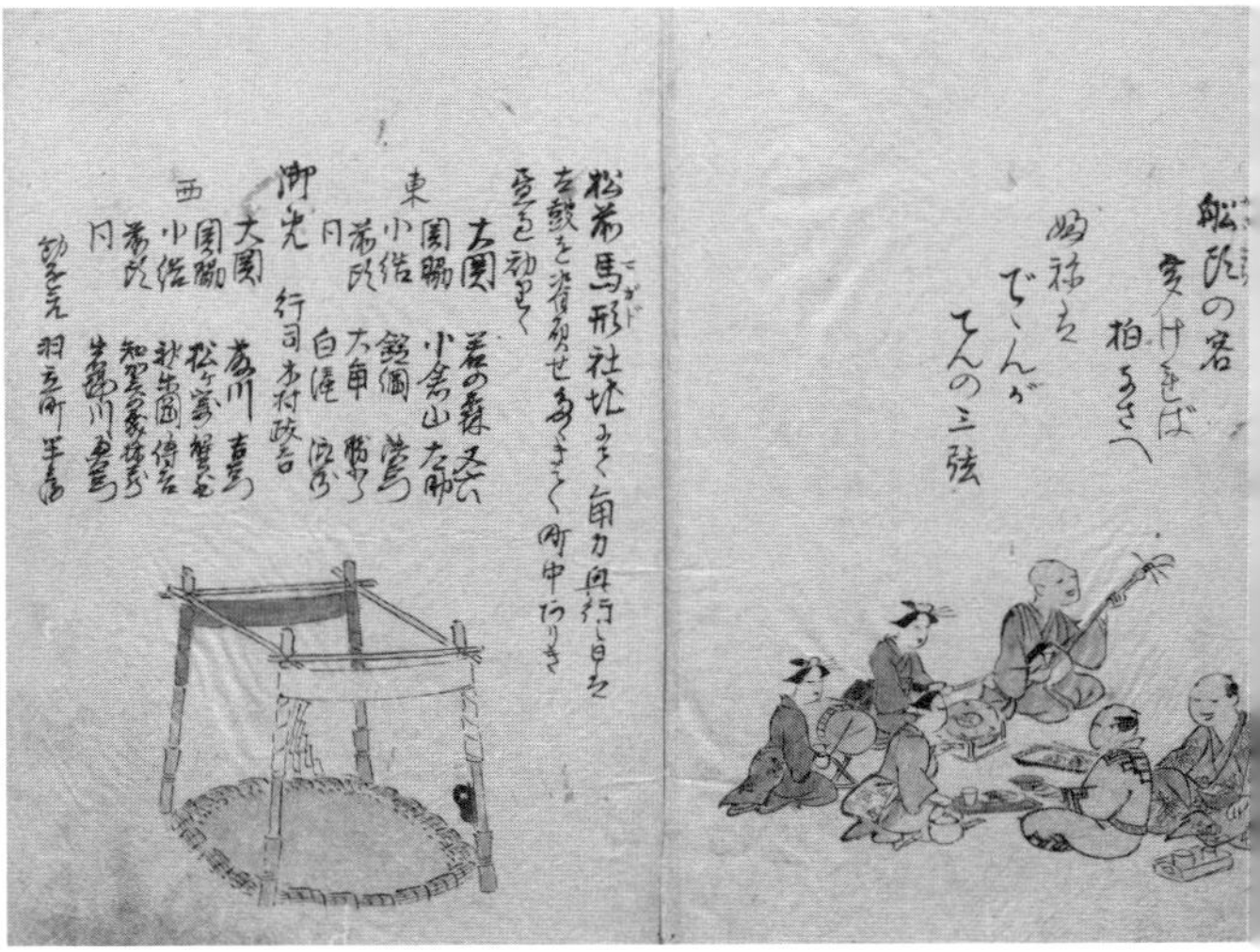

独立行政法人国立公文書館内閣文庫所蔵『模地数里』より、
小売商人の見世（上）と土俵や船頭（かざまち）の客（下）

清文堂

近世北日本の生活世界
―北に向かう人々―

目次

序　章　北の民衆の生活世界へ……1
第一章　鷹の捕獲技術について—江戸時代の北日本を中心に—……9
はじめに　10
一　『奥民図彙』の「鷹待之図」　12
二　真名板淵鳥屋の維持管理　17
三　ムソウアミ（無双網・無双羅）　22
四　巣鷹を取る　28
第二章　寛保の松前大津波—被害と記憶—……37
一　リアリティーの欠如　38
二　寛保津波の発生と被害実態　40
三　寛保津波の体験と記憶　45
四　災害番付のなかの寛保津波　50
結びにかえて　53

第三章　蝦夷地のなかの「日本」の神仏―ウス善光寺と義経伝説を中心に―……………55
はじめに　56
一　ウス善光寺如来の信仰　57
1　一七世紀の蝦夷地の堂社　57
2　円空の作仏　60
3　廻国僧の蝦夷地行脚―空念など―　63
4　善光寺如来の仏像　65
5　北奥民衆およびアイヌの人々の信仰　68
二　蝦夷地の義経物語　72
1　義経不死蝦夷渡り説の登場とその展開―『御曹子島渡』の影響―　72
2　契機としてのシャクシャインの戦い　77
3　クワサキについて　79
4　義経蝦夷渡り説への疑問　81
5　蝦夷地内国化と義経社創建　85
おわりに　88

第四章　南部屋（浅間）嘉右衛門と飛騨屋―蝦夷地の利権をめぐる争い―……91
はじめに　92
一　大畑店の下代嘉右衛門　94
二　南部屋嘉右衛門と松前藩　99
三　盛岡藩引き渡しと松前藩貰い受け　104
四　勘定下役浅間嘉右衛門と飛騨屋公訴　110
おわりに　119
第五章　ラクスマン来航と下北の人々―菅江真澄を手掛かりに―……125
一　菅江真澄とラクスマン来航　126
二　『かたゐ袋』の断章とその典拠について　129
三　佐井漂流民の子孫帰国の風聞　136
四　「魯斉亜風俗距戯唄」について　144
五　岩屋の浦に寄せるエカテリナ号　151
六　赤蝦夷・赤人感覚について　155

第六章　『模地数里』に描かれた松前―長春丸・女商人・馬― ……… 159
はじめに　160
一　『模地数里』・『陸奥日記』について　161
二　御用船長春丸―赤塗りの船（赤船）・日の丸の帆―　166
三　働く女たち―アッシ・れんじゃく―　175
四　松前の馬―野飼い・馬追（馬子）・菖蒲乗―　184
おわりに　192

第七章　松浦武四郎『蝦夷日誌』にみる松前・蝦夷地の沿海社会
―一八四〇年代の様相― ……… 197
一　沿海社会としての松前・蝦夷地　198
二　『蝦夷日誌』一編（初航蝦夷日誌）―松前城下からアッケシ・ネモロまで―　201
1　①松前城下　203
2　②松前城下～箱館　204
3　③箱館　204
4　④箱館～東部、山越内　205
5　⑤森村～箱館　206

6 ⑥山越内~アブタ~ウス 207
7 ⑦モロラン~ユウフツ 208
8 ⑧ユウフツ・サル~サルル 209
9 ⑨クスリ~センホウシ 209
10 ⑩厚岸~ノツケ 210
11 ⑪フウレン湖、ノシヤフ岬~アツケシ 210
三 『蝦夷日誌』二編(再航蝦夷日誌)―松前城下からソウヤ・シレトコ、カラフトまで― 211
1 ⑫松前~木ノ子 211
2 ⑬上の国~江差 212
3 ⑭江差~熊石 213
4 ⑮熊石~シマコマキ、ヲクシリ島 214
5 ⑯シマコマキ~ビクニ 215
6 ⑰ビクニ~石カリ 217
7 ⑱石カリ~ユウフツ 217
8 ⑲石カリ~ルルモツペ 218
9 ⑳ルルモツペ~ソウヤ 219
10 ㉑ソウヤ~シレトコ 220
11 ㉒カラト(白ヌシ~ウシヨウンナイ) 221
12 ㉓カラト(クシユンコタン~シレトコ岬) 221

13　㉔カラト（トンナイチヤ～ヒロツ）　222
14　㉕カラト（セヌクナイ～シヨニ）　223
四　『蝦夷日誌』三編（三航蝦夷日誌）―シコタン、クナシリ、エトロフ―　224
1　㉖シコタンなど　224
2　㉗クナシリ（トマリ～ヤワンベツ）　224
3　㉘クナシリ（トシヨロ～アトイヤ）　225
4　㉙ヱトロフ（タン子ムイ～ヲウサシ）　225
5　㉚ヱトロフ（アリモイ～ヲトイマウシ）　226
6　㉛ヱトロフ（シベトロなど）　226
7　㉜ヱトロフ（東海岸トシモヱ）・クナシリ東海岸　227
五　小括―動態的変化について―　227

第八章　万延元年蝦夷地場所引継文書の紹介と検討
―仙台藩分領、とくにクナシリ場所を中心に―……233

はじめに　234
一　内閣文庫所蔵『庚申万延元年蝦夷地御領分御引受留』について　235
二　蝦夷地分領の引き継ぎ重要事項―「演説書」の内容―　240
三　幕末期におけるクナシリ場所の実態　253

1 制札場箇所書（ア、A） 256
2 台場并烽火台箇所書（イ、A） 256
3 詰所并会所其外番家蔵々箇所書（ウ、B） 257
4 クナシリ場所印鑑（エ、B） 259
5 役土人名前家数人別書（オ、B） 259
6 軽物并小皮類土人ゟ買入直段書（カ、A） 264
7 小荷駄馬員数書（キ、B） 265
8 早馬乗早走番人土人名前書（ク、B） 265
9 ヲムシヤ之節并詰合交代見廻之節、其外年中土人共江為取品書（ケ、B） 265
10 周廻里数書（コ、A） 269
11 産物土人ゟ買入直段書（サ、A） 269
12 船々員数書（シ、B） 271
13 土人江諸品売渡定直段書（ス、B） 271
14 支配人通詞番人稼方名前書（セ、B） 272
15 土人漁事割合薪勘定手続并役料書（ソ、B） 273
16 産物去未年積出高調書（タ、A・B） 276
17 地所引渡目録（チ、B） 276
18 鰥寡孤独長病之者名前書（ツ、B） 277
19 請負人ゟ役土人江役料遣候廉書（テ、B） 277

20　畑反別会所持之分取調書（ト、Ｂ）　277
21　追演説書―その1―（ニ、Ｂ）　278
22　追演説書―その2―（同前）　278
おわりに　280
あとがき　283
索引　306

装幀／柴田精一

序章　北の民衆の生活世界へ

本書は、近世（江戸時代）の、北東北（津軽・南部・秋田）から渡島半島南部（松前）にかけての地域にあって、主にそこで営まれている民衆的な人々の生活世界に視線を注ぎ、彼等の生業・活動範囲が和人地（日本地）と蝦夷地の境界を越えて、さらに北方に広がっていく様相を扱った論考を集めて一冊としたものである。

北東北から松前・蝦夷地に向かう人々に対する関心は、一九七〇年代に近世史研究を始めた頃より持ち続けてきた。振り返ってみれば、岩波書店の「日本思想大系」シリーズの一冊として『民衆運動の思想』が刊行されたのが一九七〇年のことであった。読んだのはその二、三年後のことであったろうが、その巻には、幕末期の盛岡（南部）藩百姓三浦命助の『獄中記』（森嘉兵衛校注）が収録され、巻末には安丸良夫氏の解説「民衆運動の思想」が掲載されていた。一百姓の獄中から家族へ書き送った帳面・手紙の類が「思想」に値するものとして取り上げられたことへの驚きがあり、民衆思想史という新しい分野が切り開かれていくことに魅せられないわけがなかった。安丸氏が命助の考え、生きかたのなかに民衆の主体的実践としての「通俗道徳」を検証しようとしたことは歴史学界の内外に大きな反響を呼んだのであった。

命助は今の岩手県の釜石から少し内陸に入ったところの人で、嘉永六年（一八五三）盛岡藩三閉伊通の百姓たちが大挙して仙台藩に逃散した一揆に加わったことで知られている。命助の人生や苦悩、望みについては幕末社会との関わりで、深谷克己氏の『南部百姓命助の生涯―幕末一揆と民衆世界』に活写されているのでそれに拠られたいが、最近復刊された（岩波現代文庫、二〇一六年、初出は一九八三年、朝日新聞社）。その復刊の「幕末民衆の「極楽世界」」（現代文庫版あとがきにかえて）のなかで、右の安丸良夫氏の「通俗道徳論」を念頭において、「この関心は、東北地方への関心とは不一致であった」と述懐している。その間を埋めようとしたのがいわば深谷氏の著作ということになるであろうか。

旧盛岡藩領域に生まれ育った私が、県が違うとはいえ、同じ藩の命助に引き寄せられるのは自然な流れであったろう。命助の記述のなかでもとりわけ、獄中の命助が家族の暮らしかたを心配して、松前への移住を絶望の淵から光明を見出すかのように促していたことが気になった。なぜ松前が移住先なのか、その思考の転回過程とともに、東北地方が松前と関係してきた歴史的背景を知りたいと思ったのである。このように松前移住論にばかりに集中して考察したので(「三浦命助「松前」移住論の史的意義」『歴史評論』三三一号、一九七七年。のち『幕藩体制と蝦夷地』雄山閣出版、一九八四年、に収録)、命助を通して民衆思想、あるいは民衆運動論(一揆論)を深めていく方向には展開していかなかったが、松前や蝦夷地への関心の扉を開いてくれ、民衆の生活世界をしっかりとみて東北史または北方史を学んでいきたいと考えるようになったのは、命助およびその研究との出会いによるところが大きかった。蝦夷地への政治史的・国家史的関心は言ってみれば必要に迫られての後付けの関心であって、東北民衆の生活史的・社会史的関心から蝦夷地研究をスタートさせたことになる。

そしてまず、東北地方からの「松前稼ぎ」がいつごろに始まり、どのような様相であったのか調べ出した。この場合の「松前」とは渡島半島南部の松前藩本領地域(松前地・和人地)ばかりを指すのではなく、松前地を経由して入っていく、その先の蝦夷地も合わせた北東北の人々の地理認識であった。命助にとっては、松前を「公儀ノ御地」と言っているから、幕府が蝦夷地を再直轄したことが移住を考える判断の材料になっていたことは確かだろう。

ただ、その後わかってきたことであるが、陸中(岩手県)沿岸地域からも比較的早くから、蝦夷地への出稼ぎが始まっていた。寛政一二年(一八〇〇)に宮古の者がクナシリ島の漁場に網を入れて鮭漁を行っており、幕末のエトロフ場所には宮古(およびその周辺)出身の番人・稼方の者が少なからず働いていた(『北方史のなかの近世日本』校倉書房、一九九一年)。本書第八章に出てくるが、幕末クナシリ場所においても宮古の者が働いていたことが確認される。命助から「獄中記」を託されて家族にもたらしたのが宮古の「をみの」という商家の女性であった。

宮古がクナシリ・エトロフなどとつながりを持ってきた地域であったから、命助も松前がどんなところであるか想像できるくらいの知識は当然有していたに違いないのである。

命助は立ち去るべき「メグミナキ」盛岡藩に対して、「公儀ノ御地」となった松前を「極楽世界」「竜宮ノ御地」であるかのように思い描いたのであったが、東北地方の民衆にとってじっさいに松前・蝦夷地がどのような地であったのか、その実情に迫っていこうとすると、そう牧歌的ではいられない北方世界の現実が突きつけられてくる。生計を立てるという点では、蝦夷地場所に雇われていった人たちはその地元にいるよりも収入が得られ、経験を積めば役柄や給金があがったが、その一方で、蝦夷地での労働や暮しはアイヌ民族との関わりを持たずには存在しえず、さまざまな軋轢もまた生み出すことになったからである。

とりわけ、クナシリ・メナシのアイヌの蜂起によって、その地の場所請負人飛驒屋に雇われ現地に派遣されていた支配人・番人らが殺害されたが、その中には松前の者だけでなく盛岡領下北地方(当時は北郡田名部通)の者たちも多く含まれていた。したがって、民衆的な人々であるからといって、蜂起にまで追い込んでしまった責任をすべて場所請負人や松前藩のせいにしてしまうわけにはいかず、アイヌの人々に対する支配・差別や、アイヌの人々からの収奪に日常的に関与していたことは避けて通れない問題であった。その日々の横暴的な振る舞いがなぜ生まれたのか、その答えを求めて考え続けてきた。そうした一連の論考はついては、すでに『十八世紀後期のアイヌ蜂起―クナシリ・メナシの戦い』(サッポロ堂書店、二〇一〇年)などとしてまとめているので、それを参照していただければありがたい。本書第四章は、クナシリ・メナシの戦い以前のことであるが、飛驒屋が、かつてそのもとで働いていた下北出身の人物を幕府に公訴した事件を扱ったもので、飛驒屋に対抗して能動的に行動する、一筋縄ではいかない民衆のすがたがみえるのではなかろうか。

北東北・松前に住む人々の大半は、蝦夷地の先住民族であるアイヌの人々との関係でいえば和人民衆とでも呼ぶことになる。当然ながら「和人」呼称にもそれ自体の歴史的文脈がある。一八世紀半ば過ぎからのロシアの登場を背景に、蝦夷地のアイヌの人々を内なる民として日本人(国民概念)のなかに組み込んでいくようになって、本州などに住む日本人(民族的な意味あい)をアイヌの人々と区別して和人と呼ぶようになったものである。だから、それ以前は「日本人」と「蝦夷人」という内・外の関係として捉えられていた(拙著『アイヌと松前の政治文化論―境界と民族』校倉書房、二〇一四年)。

とはいっても、北東北・松前の住民をその南に住む本州などの人々とともに一括りに「和人」一般として論じてしまうことはやはり非歴史的である。津軽海峡の存在が北東北と松前の間を遠ざけているようなイメージを与えやすいが、海峡(海)を通じて南北の行き来が活発にあり、今の認識に沿っていえば青函連絡圏とでもいうべき結びつきが強かった。縄文時代以来、その例証はいくつもあげられるだろうが、この海峡を挟む地は、それより北の地域・人々(アイヌにつながっていく人々)とそれよりの南の地域・人々(日本人になっていく人々)とが混じりあうところであり、人によってはこのような地域的個性を「ボカシ」と表現している(藤本強『もう二つの日本文化―北海道と南島の文化』東京大学出版会、一九八八年)。近世社会でいえば、むろん日本社会からアイヌの人々へ文物が入ったが、北東北・松前の人々の生活文化もアイヌ文化の影響を受けてきたのであって、そのことも折に触れて着目してきた。本書収録分でいえば、第六章の働く女たちの「アッシ」着用などがそれにあたる。

近世の北東北・松前の人々は明白に日本社会の一員として和人(日本人)意識を持ち、かつそれぞれの藩・地域の「御国」意識を持っていたのであるが、それ以南の地域の人々と大きく異なるところは古代「蝦夷」の歴史を基層として有し、しかも北方世界とのつながりが暮らしのなかに組み込まれてきたことであろう。三浦命助の松前移住論も、大きくいえばこのような北方の歴史世界のうちに置いて捉えられるのではなかろうか。

しかし、このことによって北東北は、ほかの日本地域からはやや異質な歴史・文化を感じさせる地として、異文化的な眼差しにさらされてきた(『東北から考える近世史―環境・災害・食料、そして東北史像』清文堂出版、二〇一二年)。橘南谿の『東遊記』のように、仙台より奥は、「夷人」の住所で、遅れて日本の地となったため「礼義文華」が開けていない、とあけすけに語る華夷感覚がそれを代表している。このような地域的個性や夷感覚を踏まえて、ここではひとまず「北日本」と表現しているわけである。北東北とやや限定して、東北地方とはあまり言わなかったが、幕末の蝦夷地経営・分領などのように南東北も含めて考えたほうがよい場合もあり、厳密に北東北だけに限っているわけではない。

東北地方の人々の生活世界ということでいえば、前著『東北から考える近世史』と関係が深いことになるが、本書の場合にはより北方世界とのつながりを強く意識して編んだ論集ということになる。個々の論考はそれぞれのいきさつから執筆されているので、体系だった北方民衆史とはなっていないし、その範囲を越えているところもある。とはいえ、それぞれの切り口からみえてくる民衆的世界が北方史理解を深めていくものであろうとの期待を持って一冊に編んだ。

順不同になるが、各章の内容に簡単に触れておこう。第一章は鷹の捕獲に関する論考である。放鷹制度を発達させた幕府や藩にとって、松前・奥羽の産鷹(オオタカ)が主要な供給源となり、蝦夷地にも及んでいたが(前出『幕藩体制と蝦夷地』)、鷹の捕獲技術や捕獲に携わった人々に目を向けている。第二章と第六章は松前地を対象としている。第二章の寛保の大津波は、近世北日本で慶長三陸津波に次いでたくさんの死者を出した津波被害であった。沿海社会では避けがたい津波であるが、松前地におけるその被害の実態と記憶に迫ってみた。第六章で取り上げた来訪者による松前城下の観察は、鰊漁や昆布取りに蝦夷地へ稼ぎに出ていく男たち、その留守に働く女たち、そして放し飼いの馬の利用など、民衆の生業・生活に関係する貴重な証言を含んでおり、そこから松前の人々の暮らしを読み取ろうとしたものである。第四章は、前述のように下北出身の人物にスポットを当て、松前藩の思惑と絡んで投機的な材木市場に翻弄され捨てられていく数奇な人生を明らかにしている。第三章と第七章は蝦夷地に入り込んでいく人々に関わる事柄を扱っている。第三章では近世初頭以来のウス善光寺に対する信仰と、蝦夷地のなかに持ち込まれる義経伝説について論じ、第七章では松前地から蝦夷地へと和人の居住地が拡大していく様相を地域区分的に把握している。

むろん和人民衆の生活世界といっても、すでに述べてきたことにも含意されているが、それ自体で完結しているのではなかった。幕府や松前藩・東北各藩といった国家または領主権力の政策、先住民族であるアイヌの人々の暮らし、日本の国内市場とつながっている商人の経済活動、さらには日ロ関係を軸に動く北方の国際環境と密接に関わり合いながら、刻々と変化していく時代背景のもとでその生活世界が成り立っていたとみなければならない。そのような全体性、関係性、構造性の不可欠の一部を民衆史が占めているのである。

その点で、第五章はラクスマン来航のさい、ロシアへの漂流民の子供の帰国のことが噂になり、その親が佐井(下北)あるいは宮古の者かと語られたことなどを取り上げている。国家レベルの日ロ関係史からみたら些細なことにすぎないが、北日本の人々の生活感覚として大事にしたいと思って拘ってみた論考であった。第八章では、幕末期の蝦夷地場所の領主交代のさいに作成され、新領主に引き渡された引継文書のうち、事例的に幕府から仙台藩に引き渡されたクナシリ場所のものを紹介した。資料の性格としては蝦夷地支配・警衛に関する行政的文書であるが、一連の書き上げられた場所の慣行やデータなどから、蝦夷地内部に深く入り込んでいった和人民衆の暮らしの様子を窺うことも可能なのである。

松前や北東北の人々の生活文化の諸相については、以上の他にも、菅江真澄の記述を手掛かりにして考察しているが(『真澄学』第一号~第六号、東北芸術工科大学東北文化研究センター)、それについてはさらに展開させて別にまとめる機会を持ちたい。

もとより本書は、民衆的な生活世界のごく一部を取り上げたにすぎないものであるが、あらためて民衆史（民衆思想史・民衆生活史）について考える機会ともなった。民衆の多様な生活や活動を、その喜び苦しみといった感情を含め、どのように生き生きと描き出していくのか、これも歴史学の大きな役割であるが、筆者が歴史学（近世史）を学びだしたころと比較すると、正面から論じられることが少なくなったように思われる。むろん、抽象的に民衆一般を語っていればよいというものではなく、一人ひとりの顔、すがたがみえるような個別具体的な民衆像、民衆社会像が求められよう。主導的人物、リーダー的存在に代表させて藩社会、地域社会を論じることでもない。まだまだ考えが及ばないが、民衆の生活世界を軸にした歴史の語り方について思索を重ねていかねばと思った次第である。

本書に収録した既発表論文の初出についてはあとがきに記しておいた。再録にあたっては、判明した誤りは正し、多少文章表現に手を加えたところがある。とくに第八章については、はじめに・おわりに、の部分を書き改めた。各論考の体裁には横書き・縦書きのものがあり、あるいは註の付け方など一様ではなかったが、縦書きに統一し、それに伴う表記の変更を最小限行っている。

第一章　鷹の捕獲技術について―江戸時代の北日本を中心に―

はじめに

北日本の東北および北海道は鷹狩に適した大鷹（オオタカ）の産地で、東北諸藩や松前藩は幕府に鷹を献上したり、他藩からの求めに応じたりなど、鷹の供給者としての役割を果たしていた。近世前期には幕府や諸藩の鷹匠が北東北・松前に派遣され、鷹を目利きし買い付けていた。ここでは鷹を供給する側にもっぱら関心を向け、東北・北海道における鷹の捕獲技術を中心に、鷹の捕獲の担い手や鷹の捕獲場所の維持管理などを含めて、ささやかな検討を行ってみようと思う。

鷹儀礼や鷹場制度をめぐる研究は枚挙に遑がないほど蓄積がある。東北地方についても統一政権（豊臣・徳川氏）と東北大名の関わりを、鷹を通して描き出す精緻な研究が生み出されている（長谷川　一九九八）。私自身もだいぶ以前になるが、松前藩の鷹について考察を加えたことがあった（菊池　一九八一）。このような政治史的ないし国家論的な方面に主要な関心が注がれているかにみえる鷹をめぐる研究にあって、まだ不十分な点が残っているとすれば、鷹がどのように捕獲されていたのかという、技術を含むいわば鷹の産出に関わる問題であろう。

鷹の捕獲技術について知ろうとしたさい、宮内省式部職編纂『放鷹』がまずは参照されるべきかと思われるが、そこには大鷹（蒼鷹）と隼の捕獲方法が図入りで説明されている（宮内省式部職編　一九三一、三三四〜三四二頁）。大正末・昭和初期頃、宮内省で飼養される大鷹は関東地方で捕獲されていたが、その捕獲法と、「本邦内地」で在来行われてきた捕獲法とが詳しく紹介されている。前者の宮内省用大鷹捕獲の場合は、囮となる生きた鳩（多くは野鳩）を囮具に繋いでおき、鉛製の重りを四隅につけた網を全体の形状が四角・六角型になるように囮具の回りに張り巡らす（囮具を置いた一方だけは開ける）。囮具を引いて鳩を羽ばたきさせて鷹をおびきよせ、飛び来たった鷹が網に触れると、重りによって自動的に網が鷹の体を覆うという仕掛けであった（図1）。

一方、在来の方法では（地域不詳）、囮の鳩または鴨の生鳥を繋いでおいた脇に、片無双《カタムソウ》網または片ヤロー網という長方形の長い網を張らずに束ね置き、察知されないように草・芥で隠しておく。鷹が生鳥を摑むや、少し離れた所にある「忍小屋」から網につなげた手縄を引くと、網が反転し獲物に覆い被さるようになっていた（図2）。宮内省型と在来型とを比較すると、どちらも網と囮を使うが、網の操作が自動か手動か、囮を操作するか否かという点に違いがみられる。その他に、黐（モチ）を鷹に付着させて捕まえる擌（ハゴ）捕獲法があった。竹に麻を巻いて、これに黐（モチ）をつけた擌を二本立てるが、擌の間に囮の生鳥（鳩・鴨）を繋ぎおき、鷹をおびき寄せた。なお、隼の捕獲でも茨城県鹿島郡の砂原で行われる擌を使った捕獲法が詳しく紹介されている[1]。

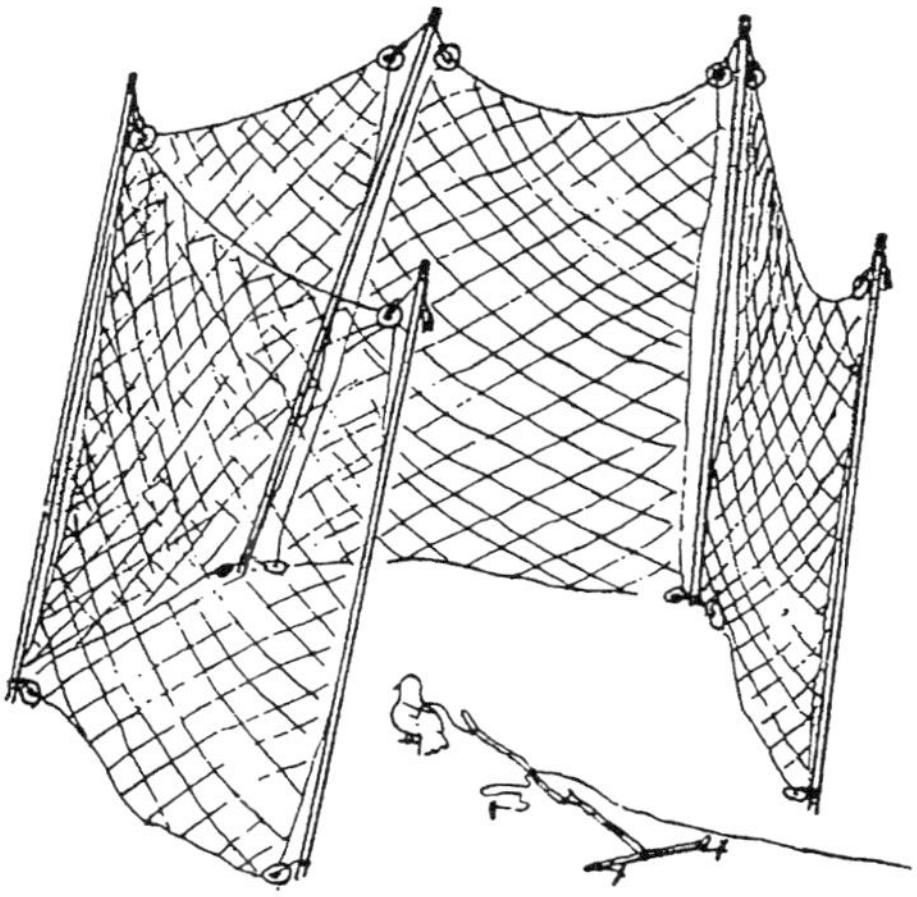

図1　宮内省用鷹の捕獲法

出典：『放鷹』（宮内省式部職編1931：335）

このように近代（明治〜昭和戦前期）の鷹の捕獲法については『放鷹』の紹介によって知られるが、それが近世期（江戸時代）にそのまま遡り、大鷹の主要な産地であった北東北・北海道にも該当するのか、という点までは明らかではない。幸いにも近世に描かれた鷹の捕獲の場面を描いた図・絵の類がいくつか残されている。文字づらだけによる説明ではその様子を想像し再現するのは難しいことであるが、鷹の捕獲技術の再現にもこれらの図・絵が有効であるに違いない。

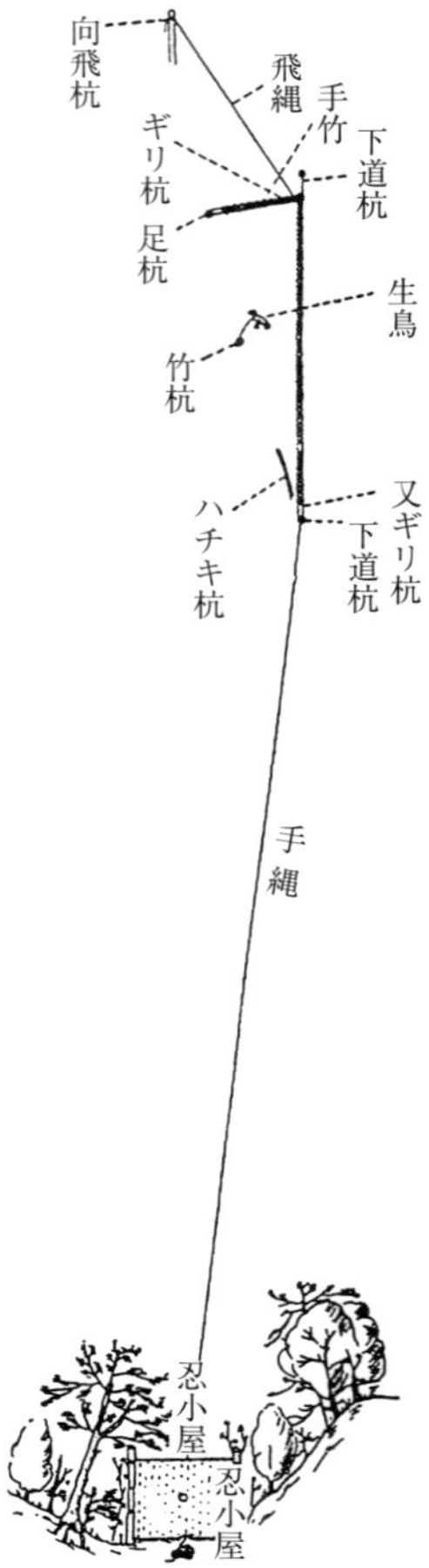

図2　在来の鷹捕獲法
出典：『放鷹』（宮内省式部職編　1931：337）

一　『奥民図彙』の「鷹待之図」

北日本における鷹の捕獲技術を記した文献では、比良野貞彦の『奥民図彙』が挿絵入りで説明し、最も詳しい捕獲法の紹介となっている。まずは、そこに描かれた「鷹待之図」を手掛かりとして検討してみよう。本書は内閣文庫所蔵の写本を底本として『日本農書全集』第一巻に所収されている（山田龍雄他編　一九七七）。比良野は弘前藩の江戸詰めの藩士で、弘前に帰国した天明八年（一七八八）から翌年までの間に本書を執筆したと考えられている（森山泰太郎解題）。

鷹関係の絵は、「鷹待之図」（図3）、「トヤ」（図4）、「鷹網」（図5）、「クルリ木」（図6）の四つである（山田龍雄他編　一九七七、一八四〜一八七頁）。「鷹待之図」が全体図にあたり、「トヤ」以下がその部分図という関係になっている。比良野は「其場ヲ九月九日所見ナリ」とわざわざ記しているように、三瀬寺《さんぜじ》（弘前市三世寺）の近くにある鷹待の場所に出掛けて実際に見学した。それだけ信憑性の高い絵といえる。

「鷹待之図」(図3)によると、「鷹待」というのは、「九月上旬黄鷹《きだか》ヲトル事」であるという。『弘前藩庁日記(国日記)』(弘前市立図書館所蔵)にみられる鷹捕獲の記事は確かにそのころに集中している。鷹待は鷹を捕獲する技能を持った人という意味でも使われるが、ここでは捕獲行為自体をさしている。黄鷹はその年に産まれて巣立った一歳鷹で、冬を越した山帰りの鷹に比べて訓練しやすいので需要が大きかった。比良野が訪ねたのは三瀬寺村を流れる大川(岩木《いわき》川)を渡った対岸の真名《まな》板淵《いたぶち》(現藤崎町)一帯にひろがる大きな林であった。柳や胡桃などの木立が茂り、下には熊笹が茂っていた。貞享二年(一六八五)に作成された『弘前并近郷之御絵図』(青森県立郷土館所蔵、『青森県史』資料編近世2付図、青森県史編さん近世部会 二〇〇二)を見ると、確かに三世寺村の岩木川を挟んだ対岸に「まな板淵袋」の地名が記され、林地となっていることがわかる(図7)。比良野は「袋ト云所ハ川ノ落来所也」としているが、地形的にいえば川の蛇行などによって

図3 鷹待の図

出典:「奥民図彙」(山田龍雄他編1977:184)

図4 トヤ

出典:「奥民図彙」
(山田龍雄他編1977:186)

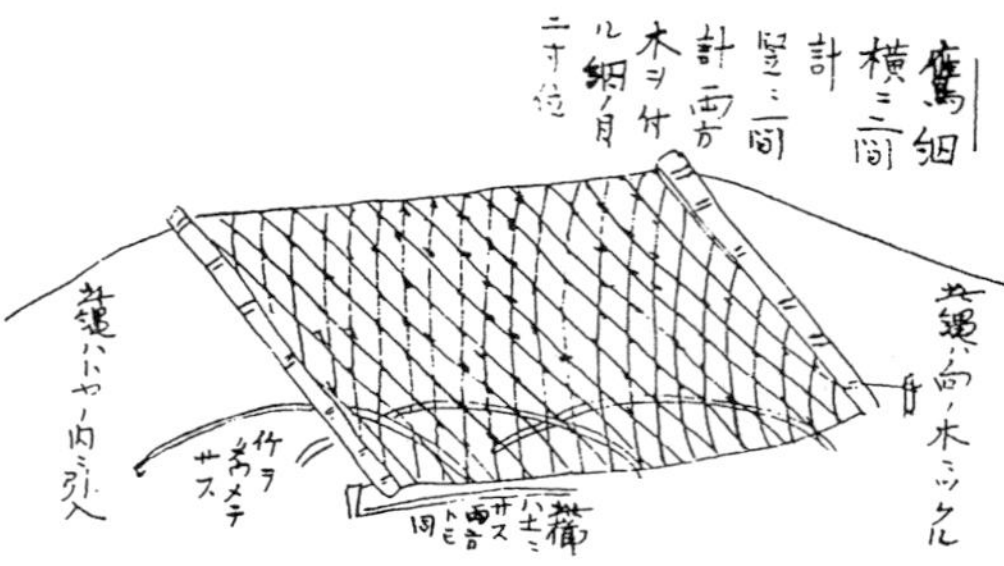

図5　鷹網

出典：「奥民図彙」（山田龍雄他編1977：187）

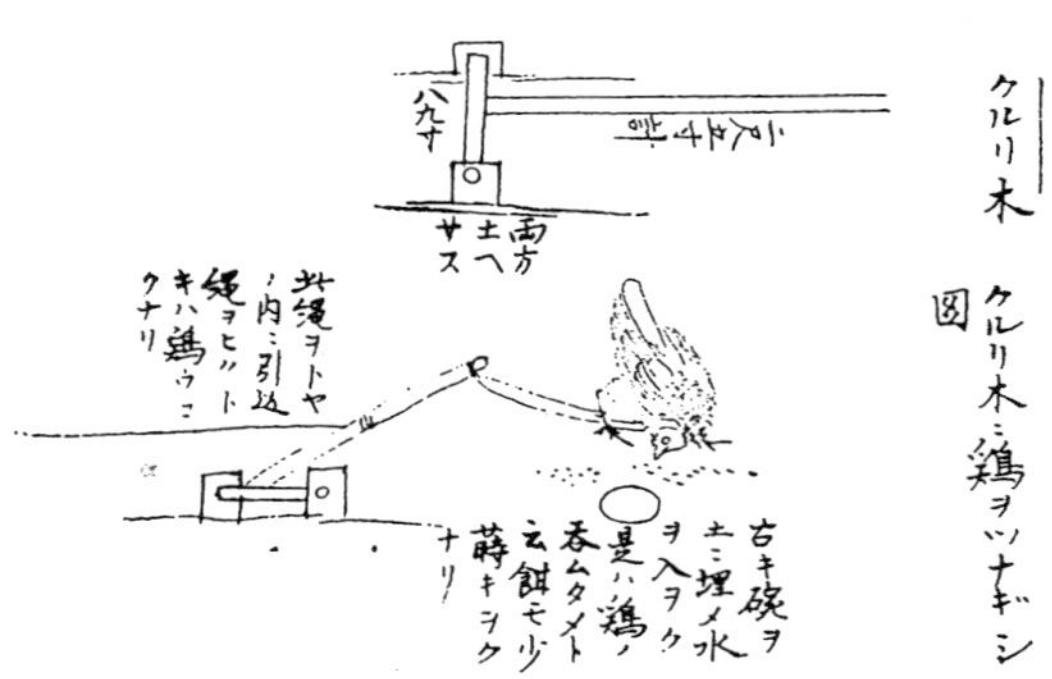

図6　クルリ木

出典：「奥民図彙」（山田龍雄他編1977：187）

生ずる袋状の張り出した土地のことであろう（柳田　一九九〇、一五九〜一六〇頁）。

およそ一周六里余りもある林のなかに、一町四方ほど木を切った平地の芝原があった。その芝原の真ん中に二間半四方の壇を築き、その上に砂を敷き、そこに鷹を呼び込む囮として生きた鶏を繋いでおく。

鶏は「去年子ノヒヨコ」が多く、白い雌鳥を使う。この雌鳥は「クルリ木」というものを壇の上に設置して、それに足を繋いでおくのであるが、クルリ木の形状と鶏を繋いでいる様子を示したのが図6である。鶏を繋ぐ棒の部分の長さが二尺五寸くらいとあり、それに縄をつけてトヤから引くことができる。縄を引けば回転するようになっているのでクルリ木と呼ぶのだろう。ちなみに麦打ちや豆類などの脱穀に使う、回転性を利用したクルリ棒（唐棹）という農具の命名に似通っている。鶏の近くに古碗を土に埋めておき、これに水を入れて鶏に飲ませる。また、鶏の餌も少し撒いておくのだという。このクルリ木は『放鷹』の宮内省型の囮具と用途は同じく、形状も似ているが、T字型の木枝を用いた宮内庁型より道具化しているといえようか。

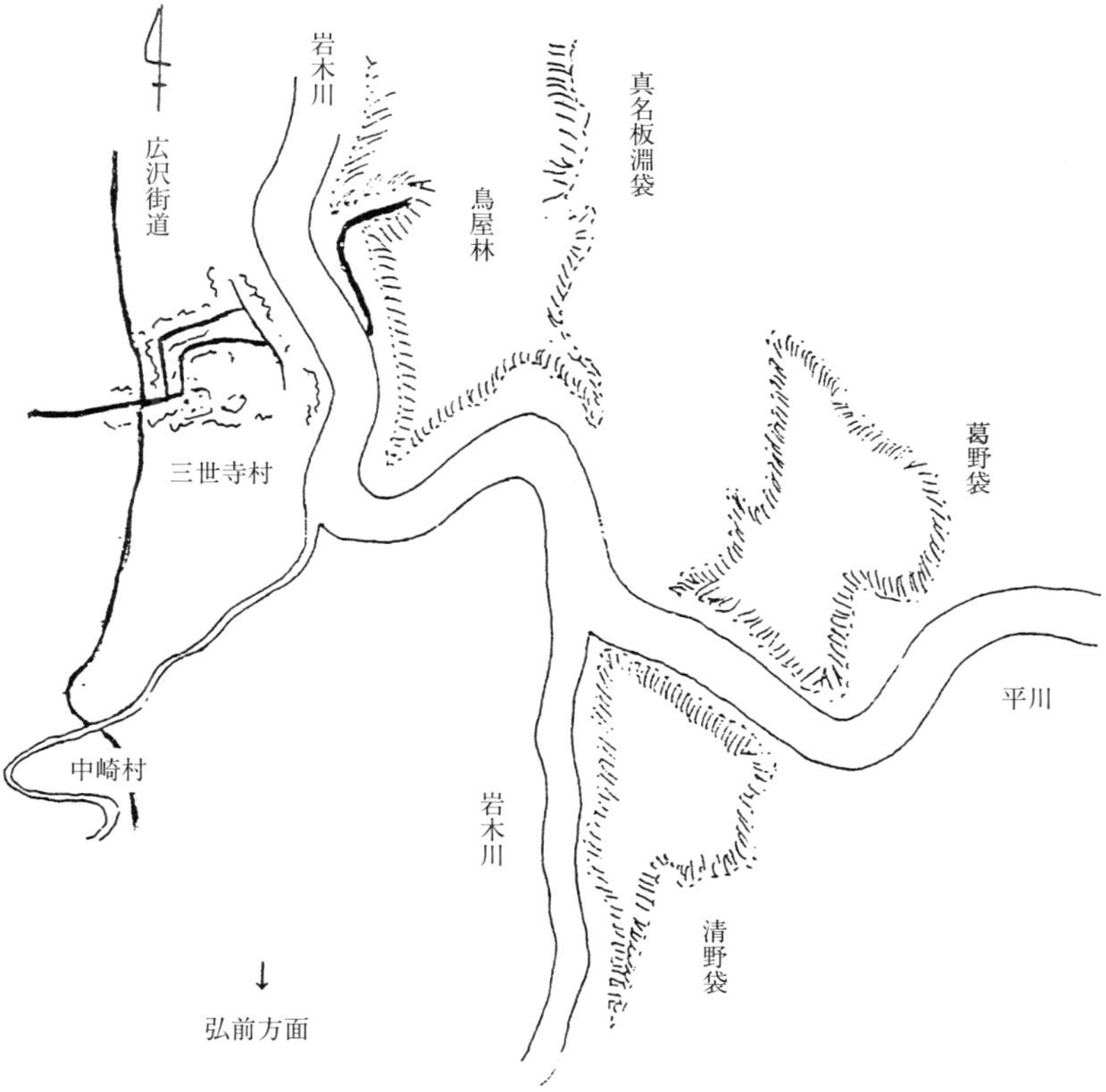

図７　真名板淵鳥屋の所在地

「弘前井近郷之御絵図」（青森県史編さん近世部会2002）をもとに作成。

クルリ木のかたわらには「鷹網」を、竹をたわめて土にさしたものに掛けておく。図５は鷹網の設置の様子を示している。網の大きさは横二間に竪一間くらいもあり、網目は二寸ほどで、「ムソウアミ」と呼ぶものだという。壇の向かいに高さ二間ばかりに枝つきの木を立てておき、この木の下のほうに鷹網を一筋の縄で繋ぎとめる。また、鷹網には鷹待の小屋から引けるように、もう一筋の縄がつけられている。鷹が飛来して鶏に噛み付いたときに、小屋のなかから縄を引いて鷹に網をかぶせて捕獲する。クルリ木につけている縄は、鷹が壇の向かいに立てた木に止まったさい、したがって枝つきというのは止まり木としての役目を持っているが、鶏を動かすために引くためのものであった。鶏を羽ばたかせて生きていることを鷹に認知させるのであろう。

鷹を捕獲するために隠れている小屋は、壇から三〇歩(一歩＝六尺)余りの所に作られる。図4がその形状であるが、藁で作り、乳(ニウ)の形をしている。乳とは稲を刈り取ったあと乾燥させるために円錐状に積み上げた、土地によってニオ、ニュウ、ニョウと呼ばれている稲積みのことを言っている。小屋の大きさは高さ一間、ないし一間半余で、丸くつくる。中には四尺四方の広さで、高さ三尺ばかりの床を設けて、その上に人が居る。壇の様子が見える三方に五〜六寸四方程度の覗き窓をあけ、そこに簾を掛けておき、鷹が来たか見張っているわけである。小屋の両脇には八〜九間くらいにわたって柴垣を作る。裏側にはたぶん小屋への出入り口があり、人の気配を感じさせないための柴垣なのであろう。

この隠れ小屋はトヤと呼ばれている。比良野はこのトヤについて、「鳥屋ト云事ニモアラズ、鷹ヲトル屋ト云事ニヤ」と解釈している。弘前藩でもトヤに鳥屋の漢字を当てて使うのが普通であるが、鳥を飼うための小屋という意味での鳥屋とは違うと考えて、そのように理解している。『改訂綜合日本民俗語彙』第三巻(平凡社)によると、栃木県などでは「秋の渡鳥を網でとる山中の小屋のこと」であった。また、『日本国語大辞典第二版』第9巻(小学館)の「とや」の項の方言をみると、「猟をする時身を隠す、小屋や草などで作った室」の意で使う地域に群馬、埼玉、神奈川、長野、静岡があり、前述の『放鷹』にいう「忍小屋」の呼び名ということができる。

野鳥を捕獲するために隠れている小屋をひろくトヤと呼んでいたことが確認できるが、弘前藩の場合には鷹を捕獲するための小屋がトヤであるばかりでなく、小屋を含め鷹捕獲の装置が設けられている特定の場所もまた鳥屋(鳥屋場)と呼ばれていた。鷹打場・鷹待場と同じ意味といってよい。

鷹を捕獲するのは、朝六つ時(午前六時)から昼四つ時(午前一〇時)頃まで、夕方は七つ時(午後四時)から暮までの時間帯であった。天気は晴れるより曇った日の方がよいとされる。鷹を捕獲する時節には、林の近辺での人の往来を禁止する。真名板淵林の中には、このような鷹捕獲場が三ヵ所あるといい（比良野が実見した鳥屋を含め三ヵ所の意味か）、鷹を取る者は「巧者」でなくてはできないことで、多くは三瀬寺村の者であると記している。

二　真名板淵鳥屋の維持管理

真名板淵鳥屋の歴史については、『藤崎町誌』第一巻が「津軽を代表する鷹待場」であるとして、『奥民図彙』などの史料を紹介しながら、概説している（藤崎町誌編さん委員会編　一九九六、二七一～二九八頁）。この『藤崎町誌』の記述も参考としながら、真名板淵の鳥屋がどのように維持管理されてきたのか、検討してみよう。

弘前藩は、享保期の将軍徳川吉宗による鷹場再興に伴って、幕府から良質の鷹を献上する大名として期待され、色々と指示や問い合わせを受けることがあり、その中に真名板淵鳥屋についての質問があった（岡崎　二〇〇〇）。そのさい、弘前藩で作成された回答書の控である『真名板淵御鳥屋之儀付御答之案文』（享保二年〔一七一七〕一一月～翌年三月）が津軽家文書のなかにあるが（弘前市立図書館所蔵、文書番号ＴＫ七八七―一）、それによると、「逸物《いちもつ》」として評判の高い真名板淵の鷹はどこから渡来してくるのか幕府側の関心が強かったようで、岩木山という「高山」から「落（おろ）シ申候」と答えると、さらに岩木山の絵図や岩木山から真名板淵までの道のりなどについて問われている。

そのうち享保三年三月の弘前藩の回答には、「岩木山よりおろし候鷹真名板淵江当り候由申伝候、領分中鳥屋場数ヶ所御座候得共、真名板淵之儀ハ勝而逸物之御鷹出候由古来より申伝候」と、弘前藩でも真名板淵はとくに

「逸物」の出る鳥屋場として「古来」から認識されていたことがわかる。真名板淵の地名は、天文一五年(一五四六)に書かれたという「津軽中名字」(『津軽一統志』附巻)に藤崎郷の地名として「俎淵《マナイタ》」が出てくるが(新編青森県叢書刊行会編　一九七四、三九六頁)、真名板淵の名は鷹とともに戦国期に遡ってよく知られていたというべきか。また、同回答には、「真名板淵御鳥屋より裏真名板淵御鳥屋迄弐百間程、北真名板淵御鳥屋迄ハ三百間程御座候、長六百間余横四百間程之御鳥屋林ニ而御座候」ともあった。真名板淵・裏真名板淵・北真名板淵の三ヵ所の鳥屋が六〇〇×四〇〇間(約七八ヘクタール)の広大な鳥屋林として設置されていたことになる。(2)

真名板淵の鳥屋が弘前藩で重視されていた点は、たとえば寛文一〇年(一六七〇)五月二八日に定めた、鷹捕獲のさい「御鷹待」の者へ与える支給額基準からも窺われる。黄鷹ないし若大鷹と呼ばれるオオタカの一歳の雌の場合、初種(最初に捕獲された一番鷹)銀一〇枚を最高に、二番・三番銀七枚、四番以下銀五枚となっていたが、真奈板淵(真名板淵)だけは初、後ともに銀一〇枚と別扱いになっている。そして、「妙見堂真名板淵ハ名鳥屋ニ候間、荒中間敷候」との但し書きまでがつき、厳重な管理が求められていた(長谷川校訂　一九九一、七七五～七七六頁。国立史料館編一九八一、九六頁)。

参考までに黄鷹以外では、山鵃大鷹(山帰り、二歳のオオタカの雌)銀三枚、若兄鷹(一歳のオオタカの雄、兄鷹は雄、弟鷹は雌をいう)銀二枚、兄鷹山鵃銀一枚、鷂(ハイタカ)銀同一枚、隼(ハヤブサ)銀一枚、の支給であった。これらの支給基準は、貞享三年(一六八六)一二月四日に初種七枚などと引き下げられているが、そこでも真那(名)板淵妙見堂七枚、裏真那板淵五枚と別記載となっていた。なお、史料によって妙見堂が真名板淵の前・後に書かれている。真名板淵と妙見堂とが何か一体的な地名のように思われるが、妙見堂は戦国期に遡る外浜の一地名(「津軽中名字」、現青森市)としてみえ(新編青森県叢書刊行会編　一九七四、三九九頁)、両者は別場所である。

真名板淵産の鷹の将軍への献上としては、たとえば『弘前藩庁日記(国日記)』の寛文一〇年(一六七〇)九月二八日条に、「まな板渕」で捕獲された若黄鷹一連が金木村《かなぎ》「きつぶし」での一連とともに江戸に送られたことが記されている。前日条に「御献上」とあるので、将軍への献上とみてよい。この年には弘前藩は他に鷹一一連を江戸に上せているが、うち九連が「払い」すなわち売却用、残り二据が六郷伊賀守（正勝、出羽本荘）、加々爪甲斐守（直澄、寺社奉行）への進上用であった。

真名板淵の鳥屋に関係する記事として、『津軽歴代記類』上に寛文一二年（一六七二）、「鷹狩場、三世寺、真郡那《（ママ）》板林へ雑木三万本植付成就」（『工藤家記』、青森県文化財保護協会　一九五九、一三〇頁）とあるのが注目される。「鷹狩場」とあるから、鷹狩すなわち鷹を使って狩猟する場所（弘前藩では「御鷹野」と呼ぶ）のようにも思われるが、そうではないだろう。同年の同じ事柄をさしている『本藩明実録・本藩事実集』上（盛田監修　二〇〇二、一〇六）には「此年御鷹待場真那板林江雑木三万本仕立被仰付候」とあって、鷹狩場とは鷹待場であることが判明するからである。弘前藩はオオタカが繁殖するように植林までも実施して、逸鷹の産地として誉れの高い真名板淵鳥屋のある雑木林の保護・管理に努めていたことになる。

一七世紀後半の弘前藩は岩木川流域を中心に新田開発が進んだ時代であったから、雑木林がつぎつぎ伐採されて消えていき、鷹待場、鳥屋の保全も危うくなっていたことが想像される。弘前藩は寛文四年（一六六四）一二月一六日付「定」で、御鳥屋廻奉行に対して鳥屋場法度とでもいえるような鳥屋の管理について指令しているが、そのなかに「御鳥屋主共先年より預り候鳥屋場之内、自分として右之鳥屋脇へ寄せ、其近所之田地違乱仕、又林之内畠作なと仕由に候、其段詮議仕堅無用に可被申付候事」とあるように、鳥屋の維持よりも田地を優先し、さらには林地内で畠作を行う鳥屋場預り主の行為をきびしく指弾していた（国立史料館編　一九八一、三五〜三六頁）。

他にも、鳥屋林の生木はもちろん、踏み折れた木、かやであっても一本たりとも取らせてはならないこと、鳥屋主の者は預り鳥屋林を紛らかして伐採している由だが、見聞きしだい注進すること、鳥屋場より四方百間の範囲内では田畠の開発は一切認めないこと、といった箇条がみられる。いかに弘前藩が鳥屋場の管理に腐心していたかがわかる。

それは真名板淵鳥屋でも例外ではなかった。『弘前藩庁日記(国日記)』寛文三年(一六六三)五月一二日条に、「三世寺村才二郎、御鳥屋場ニて木を切候、出入ニ付籠舎申付候、御鳥屋を召上ケ一命赦免ニ申付候」とあるように、三世寺村の才二郎なる者が鳥屋場の木を伐採したとして捕まり、鳥屋を没収されるという事件が起きている。真名板淵と明示されていないが、三世寺村の者が関わる鳥屋といえば、真名板淵の鳥屋の可能性が高い。また、木を切った理由は明らかでないが、何らかの開発行為に伴ってのことだったのではないか[3]。この才二郎の事件ばかりでなく、鳥屋周辺の雑木林が伐採されて衰微している現状があって、寛文一二年(一六七二)の植林が行われたのであろう。

比良野が訪ねる百年以上も前のことであったが、比良野が「木立甚シケク、身ヲウハメテ木ノ間ヲトヲルナリ」と記した密生状態は自然林のままではなく、植林やその後規制力の強い維持管理によって保たれてきたものであった。鷹の献上等を通して名誉ある地位を維持しなくてはならない領主的要請によって、森や林が結果的に守られる効果を生んだのである。

鳥屋の維持管理および鷹の捕獲は誰によってなされていたのだろうか。右の才二郎一件で、鳥屋召し上げとあるので、才二郎が寛文四年(一六六四)一二月一六日「定」に出てくる「鳥屋主」であったと考えてよいだろう。その「定」には、「先年より預り候鳥屋場」とあるので、寛文四年よりそれほど離れていない頃に確立した制度かと思われる[4]。鳥屋・鳥屋場は本源的には藩の所有とされるものだが、それを付近の住民(百姓)に預けて鳥屋の維持管理の一切を任せていたことになる。「定」には「鳥屋主」とは別に、時節に鳥屋場に詰めさせて鷹を待たせる「鷹待之者」が出てくる。「御鷹兵粮」というのは鷹待ちへの支給米かと思われるが、先年定めの通り、一人に蔵米京升一石ずつの支給額であった。鷹待ちの時節には鳥屋廻りの奉行が手代を派遣して鷹待ちの者に精を出すように促した。鷹を捕獲したときには、前述したように、寛文一〇年（一六七〇）または貞享三年（一六八六）以後には規定の下付銀基準額にしたがって、扶持方（右の蔵米一石をさすか）を差し引き支給していた。

鷹待ちというのは、本来は鷹打場に待ち受けて鷹を捕獲する行為のことであるが、「鷹待之者」あるいは単に「鷹待」と言って、職能的に鷹を捕獲する者をさす場合もみられるようになる。そうなると、領主に仕えて鷹を飼養・訓練する鷹師・鷹匠とは分化し、身分的にも区別される。しかし、戦国時代までさかのぼれば、鷹師も鷹待ちの者もそれほど大差はなく、戦国大名らの鷹ブームを背景に、鷹を捕獲し飼養する技術を持って、さかんに東北地方へ進出してきたのであろうと思われる。その片鱗を近世前期に蝦夷地に入り込んだ他国出身の「鷹待」から窺うことができる（菊池　一九八一）。彼らの中には鷹匠として藩に仕える者があり、またそうではなくても鳥屋場の近くに定着し、藩から扶持米を支給されたり、あるいは捕獲したさいには褒美銀を与えられるなどして、例年の鷹捕獲に従事していったのではないか。村に定着すると、鷹の捕獲は期間が限られる季節労働なので、手すきの間に田畑の開発を行い農民化していく。弘前藩の場合、およそそのように考えておきたい。鳥屋主と鷹待ちの者との関係も定かではないが、鳥屋主も鷹の捕獲に無関係だったとは考えにくく、元来は鷹待ちするために定着した人々の草分け的な有力百姓とでもみておけばよいだろうか。やや推測にすぎたかもしれない。

弘前藩の鳥屋場は、『弘前藩庁日記（国日記）』から拾いあげることは可能であるが、長谷川成一氏の作成した「戦国末・近世初期津軽領内図」（長谷川　一九九八、九二～九三頁）によれば、戦国末期にさかのぼる鷹待場のある古村は、弘前・藤崎辺から大鰐方面の岩木川支流平川の流域に集中している。おそらくは真名板淵の鳥屋もそのような古さを持っているのであろう。幕末に近いが、弘前藩が鳥屋場の所在を調べ幕府に届けた弘化三年（一八四六）の書き上げがある（長谷川監修　二〇〇二、九八三～九八八頁）。幕府鷹匠組頭戸田吾助に「御国御鷹場所」（御鳥屋）の上申を求められたためであったが、作成にさいして享保年中の「調帳」と付き合わせている。

この書き上げによれば、弘化三年当時、全部で三〇ヵ所の「鳥屋」が確認され、そのうち二一ヵ所が旧来（享保以来）からの鳥屋、九ヵ所が宝暦以来の新規に取り立てられた鳥屋であった。このうち、真名板淵の名がつく鳥屋には、表真名板淵、新真名板淵、裏真名板淵、北真名板淵の四ヵ所があり、いずれも享保の調べにあるとされ、それぞれに「持主」（鳥屋主）の名が記載されている。三世寺村の治五兵衛なる者が裏真名板淵の持主であった。(5)

三　ムソウアミ（無双網・無双羅）

比良野は仕掛け網をムソウアミと呼んでいた。『放鷹』にも片無双網とあった。鷹を捕獲する網について事例を少し探索してみよう。木村蒹葭堂（孔恭）の序がある寛政一一年（一七九九）刊『山海名産図会（日本山海名産図会）』は、日本各地の産物を図解したものとしてよく知られ、「田猟品《かりのしな》」として鳥類および熊の狩猟に関する図が九点掲載されている。そのなかの一つに「張切羅をもつて鷹を捕」の図（図8）がある（長谷編集　一九八二、二七六〜二八四頁）。著者によれば、鷹を「捕り養ふ者は、すべて巣中に獲て養ひ馴れしむ」のであるが、伊予国小山田では七〜八月頃山岳地帯に飛来する鷹（鶬、児鶏＝コノリの雌）を、羅（あみ）を使って捕獲するといい、その様子を挿絵で紹介している。

その網は「張切羅」（はりきりあみ）と呼ばれ、目の広さは一寸ないし二寸、すが糸（撚《よ》りをかけない生糸）や苧でつくり、全体の大きさは竪三〜四間、横二間ばかりで、図にもあるようにその中に長さ三尺、直径一尺くらいの

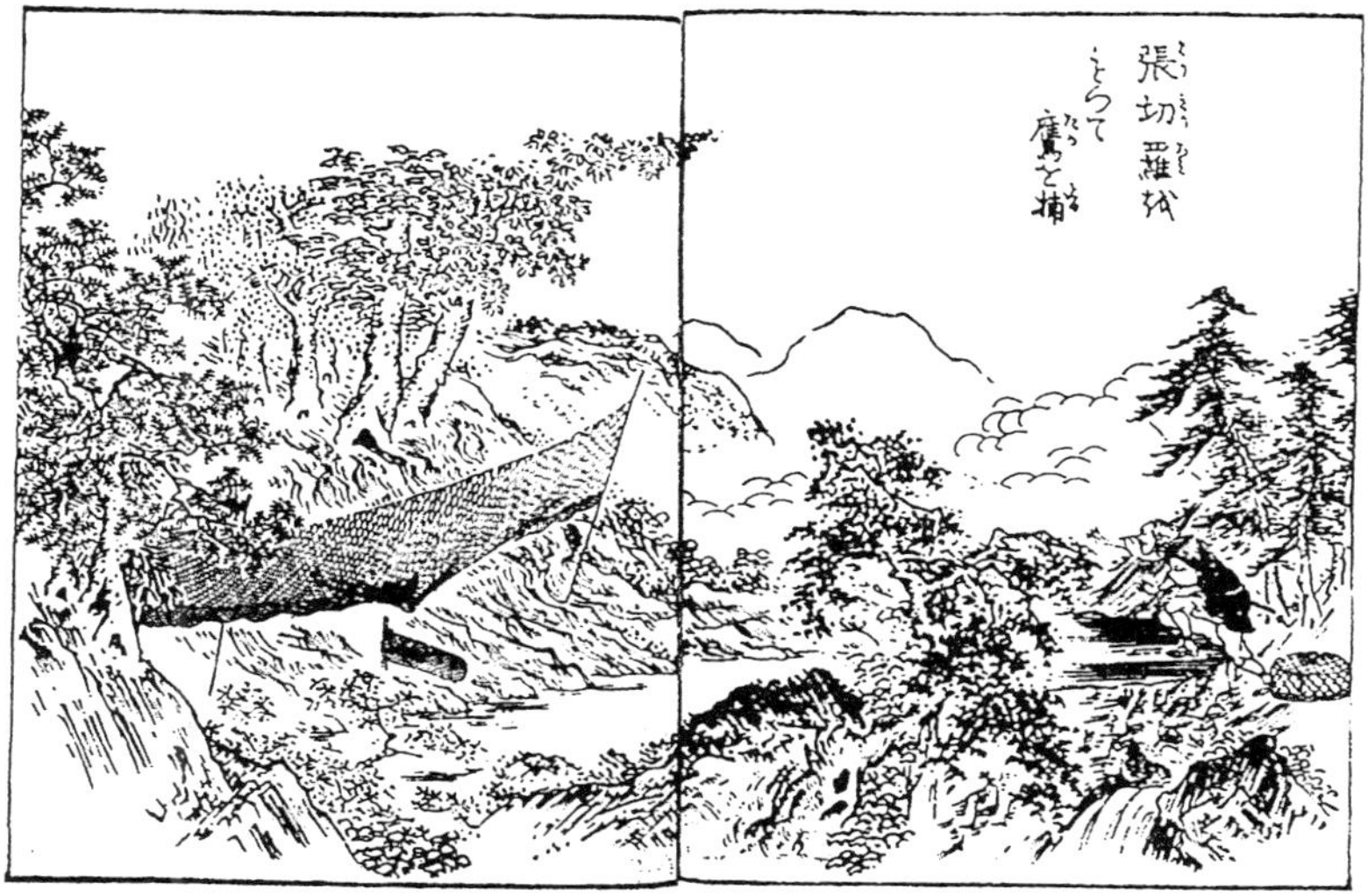

図８　張切網をもって鷹を捕る

出典：「山海名産図会」(長谷編集1982：277)

提灯網に鵯(ひよどり)を入れて杭に結び付けておき、その傍らに蛇のかたちをしたのを竹の筒に入れて糸をながくつけて引けるように夜中しかけておく。早朝鷹が餌を求めて姿を現したとき、蛇の糸をひけば鵯が驚いて騒ぎたち、それをめがけて鷹は飛び降りてくる。羅の両端をつるす竹に漆を塗って滑りやすくし、羅に少しでも触れると羅が自ずと縮まるようにしておけば、羅が鷹にからみつき捕獲できるというものであった。津軽の『奥民図彙』とは、囮を使うのは同じといっても、網を引かずに自然とからませるという点で大きく異なり、『放鷹』の宮内省型と同じ発想である。「張切」という呼称もそのことを表現しているだろう。

『山海名産図会』で『放鷹』の在来型や、『奥民図彙』のムソウアミにむしろ近いのは、摂津国島下《しましも》郡鳥飼での鳧(鴨)を捕る法であろう。図9の「津国無双返鳧羅《かもあみ》」とあるのがそれで、近年尾張の猟師に習って「かへし網」を用いるようになったもので、「便利の術」と評価している(長谷編集　一九八二、二七九〜二八〇頁)。六間に幅二間ばかりの網に二〇間ばかりの

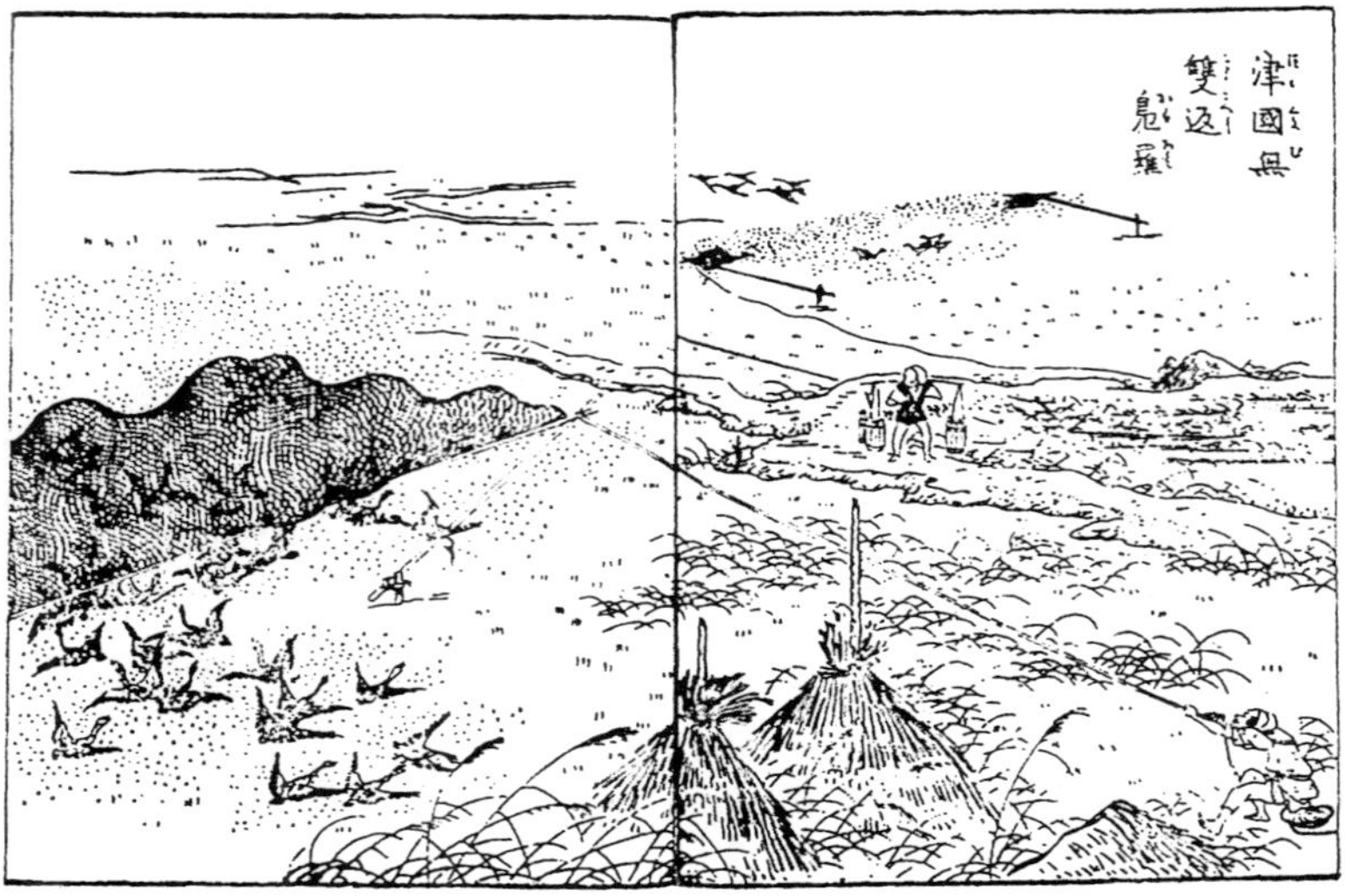

図9　津国無双返鳧羅

出典：「山海名産図会」（長谷編集1982：280）

網を付けるが、「水の干潟あるいは砂地に短かき杭を二所打ち、網の裾の方に結び留め、上の端には竹を付け、その竹をすぢかひに両方へ開き、元打ちたる杭に結び付け、よくかへるやうにしかけ」たものという。この文から仕掛けを復元し、図9を想像するのは容易ではない。羅（網）・竹・網とも砂をかぶせて隠し、網の前を少しくぼめて米・稗を撒いておく。鳧の群れが来たとき、羅を二人がかりで引き返せば一挙に数十羽を捕獲することができるという。これが「無双がへし」と呼ばれる羅であった。無双というのは、並ぶものがない、そのような一網打尽ぶりを形容しているのだと思われるが、獲物を囮の餌で誘い出し、それに網を引きかぶせて捕まえる狩猟法をさす言葉として、無双網（羅）の名が広まったのであろう。無双網は水鳥猟などの狩猟法として知られているが、[6] 弘前藩の例などのように鷹の捕獲に使う仕掛け網もそのように呼ばれた。無双網の呼称がいつ頃はじまり、それがどのように技術伝播していったのか、鷹と鴨のどちらが先かなど、ここでは明らかにしえない。

　無双羅という網の呼称は、幕末になるが、松浦武四郎の未刊の草稿本『蝦夷山海名産図会』に紹介された鷹の捕獲に出てくる。その装置の形状を描いた図10の説明文には次のように記されている。

また松前、箱館在にて捕るは（次図の）如く、曠野中に小屋を立、其中え入居、五六十間を隔て無双羅を仕懸、其下に鶏をつなぎ置伺ひ居るに、鷹其鶏を見て下り其鶏を抓むや羅を返す也。其仕懸他邦の捕方とは大に容易にして、其近辺え往来の者また樵等の通るをもさして咎むる事なし。按ずるに、是は人少き国の鳥なれば、自然人の恐ろしき事を未だしらざるなるべし（秋葉翻刻・編　一九九七、三一八〜三二六頁）。

武四郎が北海道島にはじめて渡ったのは弘化二年（一八四五）のことで、翌弘化三年（一八四六）、嘉永二年（一八四九）の旅の観察記録は『三航蝦夷日誌』としてまとめられた。その松前と箱館の往来のなかで、福島村、知内《しりうち》村、亀田《かめだ》村の箇所に「鷹取小屋有」と記している。そのうち知内村辺では「余八月下旬ニ通る時ニ渡り鷹を取るを見たりしが、畑中ニ鶏を置有。其鶏ニかゝりし時ニ起罻（ムソウ）を引冠らしむるなり。凡此処に七、八ケ所も有りける。惣而領内に四ケ所有るよし。其内に其鷹は此所を第一とすと。例年献上のもの此処より出る也」と述べていることからすれば（吉田校註　一九六九、八八頁）、このときの見聞が『蝦夷山海名産図会』に生かされているのであろう。

図10および説明をみるならば、鷹を捕獲する基本的な装置という点では、『奥民図彙』のそれとほとんど変わるところがない。囮の餌に鶏を使うこと、網を引きかぶせて鷹を捕獲すること、そして無双羅という呼称である。ただし、他邦の捕獲法と比べて「容易」、すなわち簡便、粗放な方法と指摘されているように、小屋の作りといい、網の設置方法といい、津軽の用意周到な気配りとは比べ物にならない。

図10　無双羅にて鷲を獲る図

武四郎は本文では鷹としているので，鷹・鷲をそれほど区別していないのであろう。
出典：「蝦夷山海名産図会」(秋葉翻刻・編1997：324−325　松浦武四郎記念館所蔵)

武四郎前の松前藩における鷹の捕獲については、享保二年（一七一七）の『松前蝦夷記』（松前町史編集室編　一九七四、三八三～三八四頁）が比較的詳しい。寛文九年（一六六九）のシャクシャインの戦いの頃には和人の鷹匠・鷹待が蝦夷地に入り込んで鷹を捕獲していたが、その当時にはそのようなことがほとんどなくなり、「鷹打」の場所は松前東西在郷（松前地）に三九〇ヵ所余あった。享保元年（一七一六）には黄鷹だけで八〇据打ち、他にも鷹山鵤を数多く打たせたという。将軍徳川吉宗の鷹場復活の動きに連動してのたくさんの鷹捕獲であっただろう。「鷹待之鳥屋場」「鳥屋ニ而打」とあるから、鷹打場を鳥屋、鳥屋場と呼んでいたことになる。「鷹打稼」は八月から冬・雪中にかけて打つとし、餌鳥に鶴を繋いでおく。鷹が餌鳥を取りにきて組み合っているところを、「ふせ網を仕かけ置打ちかけ」て捕獲する。「ふせ網」とあるから、網を地面に伏せておいて、それをタイミングよく引いてかぶせるのであろう。無双網の名こそ使われていないが、仕掛けるとあるので武四郎の見たものとさほど変わらないように思われる。その頃には無双網の呼称はまだ生まれていなかったか、広まっていなかったことを示すのかもしれない。「御鷹の鶴」といって鷹狩り・鷹儀礼で珍重された鶴を囮に使うのも松前らしいが、一八世紀初め頃には鶴を容易に確保できたのであろうか。

　鷹打ちする者は西・東在郷ともに村々に「先年より打馴申候者」が住んでおり、これに「過分之扶持米」を支給して鷹を打たせ、初若黄鷹を捕獲した者には金五両、ほか黄鷹の品位により二〜三両の褒美を与えた。弘前藩の場合と同様の方式といってよい。三九〇ヵ所ある鷹打場といっても、そのすべてで毎年稼業するのではなく、その年の鷹の出筋を見定めて、然るべき所で鷹を待つのだという。松前藩では家中にも鷹打場を与えており、良鷹は藩主が買い上げ、その余は自分売買していた。巣鷹についての記載もあるが、それは鳥屋場での鷹打ちとは違うので後述する。

　残念ながら絵はないが、菅江真澄も東北・道南の旅であることから鷹・鷲に関する記述を多く残しており、そのなかに鷹の捕獲法を記した箇所がある。天明五年（一七八五）三月六日、秋田藩の雄勝《おがち》郡岩崎村（湯沢市）の石川氏の家に数日滞在していたときのことであるが、真澄は遠方の山々を見ていたとき、外山（人里に近い山）の頂に「両下のありける家」が目に入った（「小野のふるさと」、内田・宮本編　一九七一a、二四三頁）。その説明でよいのかわからないが、両下について全集の校訂者は「千木」と注記している。その家は何か聞いてみると「鷹まちのや」とのことであった。秋の頃、鳩をいくつも糸でつないでおくと、天空を行く鷹が飛び下ってくる。鳩は七霞を見通すよい眼をしているので、鷹に恐怖して尾羽を打ち叩いて驚き騒ぐ。ほどなく鷹が下ってきて鳩をつかもうとするところに「網引かぶせて」捕獲する。春は「やま帰り」といってよくない鷹なので、飛来してきても待たない。およそそのような捕獲法を書き留めていた。

真澄は網を実際に見たわけではなく名称も記していないが、網を引いて鷹にかぶせて捕獲すると述べているから、比良野や松浦が見た無双網のような装置なのであろう。ただし、違うところは囮に鶏ではなく、鳩をそれも一羽ではなく「いくつも」繋いでおくという点であった。囮に使う餌鳥は地域によって多少異なっていたことになる。真澄は松前城下近くの礼髭でも、「大鷹待の小屋」のあることを聞いているが（『蝦夷迺天布利』寛政四年〔一七九二〕五月二五日条、内田・宮本編一九七一b、九六頁）、詳しくは何も記していない。

小論では北東北を中心に述べてきたが、無双網と呼ぶかどうかは別にして、また地域によって多少の仕掛けの差異があっても、鳥屋と呼ぶ小屋の中に人が隠れ、囮の鳥をつかまえるために下りてきた鷹を、小屋から綱を引いて網を鷹にかぶせて捕獲するという方法は、『放鷹』が在来の捕獲法と述べていたように、最も一般的な捕獲技術として全国的に広まっていたことは確かなようである(7)。このように狩猟法の基本型は変わらなくても、装置が鷹資源の豊富であった松前のように簡単な仕掛けであったものから、津軽などのようにだんだんと精緻になっていったとみてよいだろう。網についていえば、張切網・宮内省型のように網に鷹が触れると自動的に覆いかぶさるものと、人力によって網を返して鷹にかぶせるものとの二つの方法があり、その二つのどちらが前後関係というのでなく、それぞれに展開を遂げたように思われる。また、鶏・鳩など囮のほうも、ただ生きた鳥を繋いでおくというだけでなく、その鳥を効果的に動かすようにする仕掛けも工夫されてきたのであった。

四　巣鷹を取る

前述のように『山海名産図会』は、鷹は巣の中から得るものとし、伊予の張切羅はやや例外的な書きぶりであった。そして、「他国また奥州の大鷹は巣鷹と云ひて、巣より捕ふあり。その法いまだ詳らかならず」と記すだけだった（長谷編集　一九八二、二七七頁）。鷹のもう一つの捕獲法である巣鷹について最後に述べておくことにしよう。

松前藩の場合、享保二年（一七一七）の『松前蝦夷記』（松前町史編集室編　一九七四、三八四〜三八五頁）によると、享保頃には巣鷹は蝦夷地で捕獲されていた。鷹は人間の通路がたやすい場所には巣をかけないものといい、アイヌの人たちが鷹の巣がある所を日中によく観察して、巣子を捕るべき時期を考え、月夜に巣のある所に行って捕獲した。巣子はふつう一〇のうち二〜三くらいが良い鷹で、一〇全部が駄目だったり良かったりすることもあった。巣子を捕るとただちに松前藩に報知し、鷹匠が派遣されて引き取った。鷹匠に引き渡すまでは川魚を餌に飼い、鷹匠の手によってはじめて餌鳥が与えられたという。

図11　窠鷲を笊に乗りて獲る図

出典：「蝦夷山海名産図会」
（秋葉翻刻・編1997：322
松浦武四郎記念館所蔵）

菅江真澄も『えみしのさえき』寛政元年（一七八九）六月二八日条（内田・宮本編　一九七一b、七五頁）に松前地西海岸の清辺《きよべ》（清部）で、次のような話を聞いている。このあたりの山中に、「鷹の倉」といって、「かまはやぶさ（鎌隼）」がすむ場所があり、「その、ちひろの岩のつらより人を籠にのせてつりさげ、たかの子をと」るとあるように、巣子捕りは絶壁での危険な作業であった。巣から雛を捕ったならば、目貫、小柄、小刀のようなものを巣の中に置いてくるのがならわしで、そのようなことを必ずしなければ、鷲や鵰（クマタカ）などに捕られたと鷹は思い、つぎの年には別な場所に営巣するというのであった。

岩壁のような険しい場所での鷲（鷹とみてもよいか）の巣子捕りの場面は、松浦武四郎の『蝦夷山海名産図会』に描かれている（図11）。この図はアイヌの人たちが、「絶壁断岩の下は洪濤の撃して舟のよせ難き」場所で、上から「笊」（サラネフ）に乗って下って捕っているところである。また、数十尺の樹上に上って捕ることもある。巣の子がピヨピヨと鳴く頃を時として上って捕るが、今はこの業をなすことを恐れ、巣立ちを待ち、いまだ羽が健強でないのをねらって押さえるように変わったと記している（秋葉翻刻・編　一九九七、三二〇〜三二三頁）。いずれにしても、巣鷹は命がけの危険な作業であったことが窺われ、網掛けして捕獲するほうが容易であった(8)。

東北地方の例として盛岡藩の場合を紹介しておこう。『盛岡藩雑書』によると、元禄以前には、例年のごとく「御鷹之巣改」として「御巣見」の面々が任命されて、領内各地に派遣されていた（寛文一二年（一六七二）一月二二日条、盛岡市教育委員会・中央公民館編　一九八九、一一五〜一一六頁）。鷹の巣が新たに発見されると、人馬を一切その山中に出入りさせず、そのことを知らせる「札」が立てられた（天和三年（一六八三）五月一一日条、盛岡市教育委員会・中央公民館編　一九九一年、五九頁）。鷹の巣がどのように管理されたかは、寛文一二年（一六七二）六月九日条の記事が参考となる（盛岡市教育委員会・中央公民館編　一九八九、一九一頁）。田名部《たなぶ》のうち奥部《おこつぺ》（奥戸）材木山で鷂の巣元に四つ「玉子」があるのが確認され、そのうち三つが「貝割」したが、五月一二日の夜それが失われてしまい、巣番の者四人が詮議を受け、科代金五両を命じられている。肝煎が出てくるので巣番は村方の者が勤めていたことになる。

時代は下るが、三戸《さんのへ》通の巣鷹御用懸（代官所に奉公する所給人の役）によって記録された『御用覚帳』が残されている。『青森県史』資料編近世4に宝暦三年（一七五三）の一年分のみが抄録されている（青森県史編さん委員会編二〇〇三、一七二一～一七三三）。この年は三月一七日から御用懸の御山見分がはじまり、同二五日に瀧御山に隼が巣籠りしていると山守・肝入・大肝入から訴えがあった。これを御用懸が見分して確かめ代官に報告した。また、四月五日には犬子加くら御山でも隼の営巣が確認された。瀧では「玉子」が三つあり、四月一五日に三つのうち二つが「貝割」し、犬子加くらでは「玉子」が二つあり、同二二日に二つとも「貝割」している。

巣子が育つ様子を見守るなか、五月九日に藩の鷹匠が盛岡から現地に派遣され到着、翌一〇日に瀧で巣子下げを行い、二据とも弟隼（雌）であることが判明し「御用」に立つとして盛岡に送られることになった。一一日には犬子加くらの巣子を下ろしたが、二据とも「兄隼」（雄）で役立たないといって再び巣元へ上げもどしている。瀧巣子二据の褒美銭として一貫文、および期間中の賄銭が代官より支給されている。このように盛岡藩では、巣鷹の捕獲にあたって、御用懸をはじめとして山守・肝入などが深く関わり、細心の注意を払いながら巣子を確保していたのである。

盛岡藩は松前藩、弘前藩にならぶ鷹の供給地として重要な藩であった。むろん巣鷹だけでなく、鷹待ちによる黄鷹の捕獲も行われていた。元禄以前の例では、盛岡藩士のなかから「鷹待」を任命しており、各方面の「鳥屋」に預同心とともに出張させたり、あるいは地侍を動員するなどして、若黄鷹を捕獲していたことが『雑書』の記事から知られる(9)。家臣団によって担われているという点で、弘前藩や松前藩とは異なっているように思われる。ここでは北日本を中心に述べるにとどまったが、全国的な御巣鷹山の検討にまではいたらなかった。今後の課題としておきたい(10)。

註

(1)『民俗資料選集・狩猟習俗』Ｉ(文化庁文化財保護部編　一九七三、一七一〜一七八頁)の第一章「はやぶさ捕りの習俗―高木豊蔵・寅吉親子聞き書き」に黐を使った鹿島台地における捕獲法が紹介されている。宮内省に隼を納入していたとあるので、『放鷹』の記述の取材源である可能性が高い。

(2)真名板淵一件をめぐって弘前藩の江戸藩邸と国元との間でやりとりがあったことは、『弘前藩庁日記(国日記)』享保二年(一七一七)一二月一〇日条、同三年二月九日条にもみえる。後者によると、国元から江戸に差し登せた図に真名板淵の鳥屋林の北の方、川を隔てたところの林に「御鳥屋林」とあるのは、北真名板淵のことかとの江戸からの問い合わせがあった。これに対して、北真名板淵も裏真名板淵も「真名板淵林より弐百間三百間隔一並ニ御鳥屋林有之」、違うとの郡奉行の僉議であった。元禄年中の「御国絵図」にも「御鳥屋林」と記載されており、どのような事情か問題となっていた。

(3)同様の処罰に、元禄六年(一六九三)に藻川村御鳥屋林の木を切ったとして三人の者が籠舎になった例が知られる(『弘前藩庁日記(国日記)』元禄六年四月六日条、五所川原市編　一九九五、三一一頁)

(4)後世の記述であるが、文化九年(一八一二)の「鷹待場所覚」(『御用格』)には、「御鷹繋《ウチ》場所被仰出儀ハ瑞祥院様御代之由、其後妙心院様御代元禄年中〔一六八八〜一七〇四〕凶歳之節引取被仰付候処、正徳元年〔一七一一〕又々被召出、懸り合役被仰付候由(下略)」とあり(五所川原市編　一九九五年、三〇九〜三一〇頁)、鷹打場の設定は瑞祥院＝藩祖津軽為信代(在位永禄一〇年〔一五六七〕〜慶長一二年〔一六〇七〕)とされている。なお、妙心院は四代藩主信政(在位明暦二年〔一六五六〕〜宝永七年〔一七一〇〕)。

(5)前述の享保期の史料では真名板淵、裏真名板淵、北真名板淵の三ヵ所であり、一ヵ所多くなっている。表真名板淵が真名板淵に該当し、新真名板淵というのは享保期かどうかは別にして一番新しく設定された鳥屋なのであろう。また、(4)の「鷹待場所覚」では、表真名板淵、中真名板淵、裏真名板淵の三ヵ所の真名板淵のつく鳥屋が書き上げられている。時期によって、真名板林内の鳥屋の呼称・数には多少の変化があったことになる。

(6)『狩猟図説全』(農務局纂訂　一八九二)によると、無双網を使う狩猟法は、雀、椋鳥、鳩、鴨、雁の猟に見られる。現在でも無双網は新潟県・福岡県などの鴨猟に使用されている。河岡武春「漁民の水鳥猟」(河岡　一九七七)は鴨猟のさまざまな狩猟法を紹介し、その一つに『山海名産図会』の無双網を取り上げている。なお、無双の名は赤松宗旦『利根川図志』（安政二年〔一八五五〕自序）に紹介される、利根川河畔の布佐（現我孫子市）における鮭猟の仕掛け網としても出てくる。「無相（むそう）仕掛けの図」が掲載され、「これ網代の遺製なり。近時多く廃せり」とし、仕掛けの説明がなされている（鈴木　一九八〇、一四九〜一五〇頁）。魚網と狩猟網の関連も想定すべきであるが、この場合にはムソウという名ばかりが共通しているにすぎないかもしれない。

（7）鷹の捕獲法については本文で述べたほかに、注（1）「はやぶさ捕りの習俗」に、『新編常陸国誌』を引用して鹿島郡における鷹の捕獲法を紹介している。囮の生き餌には「大セン千鳥」を使い、砂上に落ちてきた鷹を網を引き返して捕らえたという。

小野蘭山『本草綱目啓蒙』（享和三年〔一八〇三〕〜文化三年〔一八〇六〕刊）は、「凡鷹巣中ニ居雛ヲ捉テ養フヲ、スダカト云。即、北人多取雛養之ト云、是ナリ。又囮ヲ以テ捉テ養フヲ、トヤマチト云。即、南人八九月以媒取之ト云、是ナリ。又鷹ノ雛已ニ長ジテ食ヲ求テ飛翔スルヲ見テ、樹間ニ網ヲ張、死鳥ヲ其傍ニ置バ、雛鷹来リ死鳥ヲトラントスル者ヲ羅シ捉ヲ、アガケト云」と述べ、スダカ（巣鷹）・トヤマチ（鳥屋待ち）・アガケ（網掛け）の三種類の捕獲法を記す（小野蘭山　一九九二、四二頁）。このうちトヤマチが本節の鳥屋場鷹待ち・無双網に該当する。網掛けは中世の和歌にも詠まれているから、返し網より古い捕獲法であろうか。

方言集も用例の収集に役立つが、近世後期の仙台言葉を集めた『浜荻』には、「むさう　夢想組共、鳥を捕に用ふ」とあり、江戸言葉の「てがへし」に対応するとしている（小倉　一九三二、二五一頁）。ただし、鷹の捕獲に用いられていたのかは不明。無双・無双網の呼称は長野県、栃木県でも確認される（小学館『日本国語大辞典』第二版第一二巻）。『古事類苑』（遊戯部十四放鷹）も参照のこと。

なお、『放鷹』には片無双網とあったが、片と付くのは本来、対（二つ）のものであるという認識があったからだろうか。『日本史モノ事典』に掲載された鴨猟の「むそう網」の図は、囮を間に左右に網がそれぞれ仕掛けられ、綱を引くと両側から獲物・囮に覆いかぶさるような装置となっている（平凡社編　二〇〇一、六一頁）。

（8）菅江真澄や松浦武四郎が記した、岩や崖の上から籠を下ろし、その籠に乗って巣子を取る狩猟法は古くからのものとみえて、『今昔物語集』巻第十六「陸奥国鷹取男、衣観音助存命語第六」に出てくる。大海の荒磯に屏風を立てたような巌に鷹巣があり、巌の上に杭のようなものを打ち、それに縄を付けて籠を結び、その籠に男が乗って下り、鷹子を取って籠に乗せて上に引きあげた。鷹取りの男は騙されて鷹巣のある所に置き去りにされたが、蛇＝観音によって助けられたという物語であった。陸奥国とあるから、松前で観察された巣鷹捕獲法はそれを長く継承してきたものなのであろう（山田孝雄他編　一九六一、四三一〜四三三頁）。また、『肥前州産物図考』にも籠を吊り下ろしたり梯子を使って断崖の巣鷹を捕獲する図が載っている（秋山他編　一九九一、五二一〜五二三頁）。

（9）盛岡藩では、近世初期から家臣を鷹待に派遣する方式であったようである。たとえば、慶長一五年（一六一〇）、南部利直が岩館右京・泉山惣左衛門を「御鷹待」に派遣するので、両人の手形次第に扶持方を渡すよう代官に指示した文書が残っている（青森県史編さん委員会編　二〇〇一、一八七頁）。ほか『雑書』記事（寛文一〇年〔一六七〇〕六月二二日条など）による。

（10）幕府代官領については、たとえば加藤高文『地方大概集』に記載される「御巣鷹山之事」が参考になる。正月初旬頃、村方で「羽振」（巣籠りのこと）の場所を確認し代官に注進する。手代による見分の上、代官が勘定所鷹方へ届け、下知を伺う。巣鷹が成長すると、再び村方から注進があり、その旨を届けると鷹匠が派遣されてきて据上げとなる。およそのような段取りであったが、村方にはそれぞれに仕来りがあり、「巧者」がいた。村方滞在中の鷹匠の扶持は物成米（年貢米）のうちを置米しておくものという（小野文雄校訂　一九八一、一九八〜一九九頁）。

引用文献

青森県文化財保護協会編　一九五九『津軽歴代記類』上（みちのく双書第七集）、青森県文化財保護協会

青森県史編さん委員会編　二〇〇一『青森県史』資料編近世1、青森県

同　二〇〇二『青森県史』資料編近世2、青森県

同　二〇〇三『青森県史』資料編近世4、青森県

秋葉実翻刻・編　一九九七『松浦武四郎選集』二、北海道出版企画センター

秋山高志他編　一九九一『図録・山漁村生活史事典』、柏書房

内田武志・宮本常一編　一九七一a『菅江真澄全集』第一巻、未來社
同　一九七一b『菅江真澄全集』第二巻、未來社
岡崎寛徳　二〇〇〇「享保期における鷹献上と幕藩関係—津軽家を事例として—」『日本歴史』六二一、五四～七〇頁
小倉進平　一九三二『仙台方言音韻考』刀江書院
小野文雄校訂　一九八一『地方大概集』中央社
小野蘭山　一九九二『本草綱目啓蒙』4、平凡社（東洋文庫）
河岡武春　一九七七「漁民の水鳥猟」『民具マンスリー』一〇巻四号、一～八頁
菊池勇夫　一九八一「鷹と松前藩—近世初・前期を中心に—」地方史研究協議会編『蝦夷地・北海道—歴史と生活』雄山閣出版、一二一～一四三頁（のち、菊池勇夫『幕藩体制と蝦夷地』雄山閣出版、一九八四年に収録）
宮内省式部職編　一九三一『放鷹』吉川弘文館（一九八三年再版）
国立史料館編　一九八一『津軽家御定書』（史料館叢書3）東京大学出版会
五所川原市編　一九九五『五所川原市史』史料編2上巻、五所川原市
新編青森県叢書刊行会編　一九七四『新編青森県叢書』第一巻、歴史図書社
鈴木棠三　一九八〇『日本名所風俗図会』2（関東の巻）、角川書店
農務局纂訂　一八九二『狩猟図説全』農商務省蔵版
長谷章久編集　一九八二『日本名所風俗図会』16（諸国の巻Ⅰ）角川書店
長谷川成一　一九九八『近世国家と東北大名』吉川弘文館
長谷川成一校訂　一九九一『御用格（寛政本）』下巻、弘前市
長谷川成一監修　二〇〇二『御用格（第二次追録本）』弘前市
藤崎町誌編さん委員会編　一九九六『藤崎町誌』第一巻、藤崎町
文化庁文化財保護部編　一九七三『民俗資料選集・狩猟習俗』Ⅰ、国土地理協会
平凡社編　二〇〇一『日本史モノ事典』平凡社
松前町史編集室編　一九七四『松前町史』史料編第一巻、第一印刷出版部

盛岡市教育委員会・中央公民館編　一九八九『盛岡藩雑書』第三巻、熊谷印刷出版部
同　一九九一『盛岡藩雑書』第五巻、熊谷印刷出版部
盛田稔監修　二〇〇二『本藩明実録・本藩事実集』上（みちのく双書第45集）青森県文化財保護協会
柳田國男　一九九〇「地名の研究」『柳田國男全集』20、筑摩書房（初出は一九三六年）
山田龍雄他編　一九七七『日本農書全集』1、農山漁村文化協会
山田孝雄他編　一九六一『今昔物語集』三（日本古典文学大系24）岩波書店
吉田武三校註　一九六九『三航蝦夷日誌』上巻、吉川弘文館

第二章　寛保の松前大津波—被害と記憶—

一　リアリティーの欠如

東北地方太平洋沖地震(東日本大震災、二〇一一年三月一一日)は明治三陸津波(一八九六年)以来の甚大な津波被害となった。宇佐美龍夫『新編日本被害地震総覧』によれば、日本列島で文献に記された津波としては一九八四年までに、最大波高三〇メートル以上で、五〇〇キロメートル以上の海岸線に顕著な被害のある最大級の津波が貞観《じょうがん》津波(八六九年)を初めとして明治三陸津波まで計六回、それに次ぐ規模の波高一〇〜二〇メートルで、四〇〇キロメートル以上の海岸線に顕著な被害のある津波が計一五回発生している。それ以下の波高数メートルであっても被害津波となり、しばしば住家を流し人命を奪った。二〇〜三〇年毎に日本列島のどこかで津波による歴史災害が起こってきたことになる。

にもかかわらず、地震被害に比べて津波被害への私たちの想像力は弱かったのではないかと反省させられる。一九九五年の兵庫県南部地震(阪神・淡路大震災)は歴史研究者にも災害史に関心を向かわせる強いインパクトとなった。都市型の大震災イメージはかつての関東大震災(一九二三年)、さらに遡って安政江戸地震(一八五五年)を思い起こさせ、その基本線で震災史をとらえる歴史認識が構築されていたように思う。そうした都市中心の震災イメージにあっては、死者約二万二〇〇〇人の明治三陸津波(一八九六年)であっても地方的な災害として脇におかれ、その被害実態を伝える著作が書かれてきたにせよ(吉村昭『三陸海岸大津波』、山下文夫『哀史三陸大津波』など)、被災地でなければ人々の意識にのぼることは少なく、歴史的な研究も一部の識者の関心にとどまってきた感がある。

二〇〇四年のスマトラ島沖大地震によって発生したインド洋大津波のテレビ映像は衝撃的だった。世界的にはありうることがわかっても、その壊滅的な様相が近未来の日本国内で起こると想像できた人はどれほどいたのであろうか。宮城県は近年、宮城県北部地震（二〇〇三年）、岩手・宮城内陸地震（二〇〇八年）など強い地震を繰り返し、しかもきわめて高い確率で一九七八年に経験したような宮城県沖地震の発生が予測されていた。仙台市に二十数年住んできた感覚では、内陸部にいるせいもあるが、来るべき地震はそのような性質のものと思い込んでいた。社会全体、津波被害への想像力が乏しかった。災害の危機・安全意識の検証が必要である。

このたびの大震災では同じ仙台市内であっても、津波が襲った沿岸部とそうではない地域とでは震災の風景が著しく異なっている。迫ってくる黒い津波の恐怖は想像を絶するが、津波が去ったあとの困難もまた際立っている。津波の歴史をみる目が変わらざるをえない。原発事故という人災が新たに加わった震災でもあった。津波の「想定」が甘かった。原発事故が直後の津波被災地の深刻さを見えにくくし、放射線の危険が周辺に住む人々を復興のみえない避難生活に追い込んだ。原発事故によって暮らしを奪われ、振り回される人々の困難がどれほど想像できていたであろうか。

地震学や防災学とは異なる人文学としての歴史学の役目とは何だろうか。これまで多少とも飢饉研究をしてきた者の立場からいえば、今を生きる人々に、地震や津波などの歴史上の災害への想像力を失わないように、何がそこで起きていたのか、被災のリアリティーをわかりやすく具体的に示して伝えていくことから始まるのだと考える。そのうえで災害の人災性や対策・復興の是非が問われることになる。リアリティーが欠けていては災害史にならない。

小論ではかねてより気にとめていた江戸時代半ばの北海道で発生した寛保元年（一七四一）の松前大津波を取り上げてみたい。特定の地域に偏らず、いろいろな地域で起きた津波の歴史を知らねばならないと思うが、江戸時代の北日本では、仙台領内で慶長一六年（一六一一）に一七八三人が溺死、他に南部・津軽などで三〇〇〇人余が溺死した（『伊達治家記録』）という最大級の慶長津波が起こっており、寛保津波はそれに次ぐ規模・被害の津波であった。

二　寛保津波の発生と被害実態

寛保元年七月一九日（西暦一七四一年八月二九日）の早朝、津波が北海道の渡島《おしま》半島西岸や本州の日本海沿岸に押し寄せ、松前藩の西海岸を中心にたくさんの犠牲者を出した。松前沖にある大島（渡島大島）が火山噴火し、その経過のなかで起こった津波であった。東京大学地震研究所が編集・刊行した『新収日本地震史料』におもに拠りながら、以下この津波についてわかるかぎり復元してみよう。史料には津浪と書かれることが多いが、以下津波に統一する。

家老松前広長が編輯した『福山秘府』（安永九年〔一七八〇〕脱稿）は津波に至るおよその経過を次のように記している。大島は七月一六日に「発火」して大山が崩れるような「震振」がし、白灰が降り、黒砂が地上に数寸ほども積もった。そして一九日の寅の下刻（午前四時過ぎ）に雨が降り、少しの間海洋が響き、「明旦」（明朝）に到り海水が大いに溢れて三〇里余の海辺はすべて海になったという。元文二年（一七三七）生まれの広長は津波発生時には幼少だったので自身の記憶としては曖昧であったかもしれない。なお松前広長撰・北見伝治校『北海道旧纂図絵』（函館市中央図書館蔵）巻七に「大島噴火大津波之図」があり、大島の「発焼」や波間に漂う家屋などが描かれている。

松前来訪の幕府巡見使向けにまとめた『御巡見使応答申合書』（宝暦一一年〈一七六一〉）はもう少し詳しい。七月八日の頃から大島が焼けたという「沙汰」（うわさ）があった。一二日には確かに焼けたのを見届けた者がおり、西在の江指（江差）辺では一五、一六日に昼も夜中も区別なく焼灰が降り、東在では一七日、一八日頃から降った。そして海上が鳴り渡り、一九日の明六つ時（午前六時頃）前、西東三〇里内に津波が押し寄せてきたとする。こちらのほうが津波にいたる経過としては正確だろう。

　両史料とも津波の原因として数日前からの大島の噴火活動をあげ、「響」ないし「鳴渡り」と表現された大きな音が鳴り響いたあとに津波が発生していた。他の記録等でも地震津波としたものはほとんどなく、大山焼崩れ、大島鳴動噴火などと津波の原因をとらえている。大島の火山の一部が海洋に崩落して起きた津波かと思われるが、地震説もあり、津波の発生メカニズムはまだはっきりとは解明されていない。一九日の早朝というのが津波襲来の松前の人々の認識であった。『新編日本被害地震総覧』は一八日夜（一九日早朝）の津波発生としている。弘前藩の金井ケ沢《かねいがさわ》湊目付、赤石組代官、鰺ヶ沢湊目付の藩への最初の報告には一八日夜の海津波とあるが、小泊村では一九日明六時の大津波とし、赤石組代官もその後一九日大波と改めているので、襲来時刻が一九日早朝との認識が定まっていった（『弘前藩庁日記（国日記）』）。

　山体の土石が海に崩れ落ちて津波が起り、大きな犠牲者を出した事例としては寛政四年（一七九二）の雲仙普賢岳の噴火・地震が有名である。眉山が崩壊して海になだれ込み、その津波によって島原や肥後で一万五〇〇〇人を超える死者を出している。北海道でも寛永一七年（一六四〇）、内浦嶽（駒ケ岳）が焼け崩れ、その勢いで滄海が動揺して津波が起り、一〇〇艘余りの昆布取り船の人たちが津波に引かれて溺れ死んだ（『新羅之記録』）。アイヌの人々も七〇〇人余溺死したという（『御巡見使応答申合書』）。

　一九日明け方の津波の前には引き波の現象があった。江差では夜中潮が引き、潤懸りの船が干潟にいるようであった。こうした海の異常は聞いたことがなかったため、津波が寄せてくるとは誰も気づかなかった。この経験から潮がおびただしく乾いた（引いた）ときは油断してはいけないと申し伝えられるようになったという（『柏木三悦雑話』）。津波が寄せる前の引き潮は寛政四年（一七九二）四月二四日の西蝦夷の積丹《しゃこたん》半島近辺の地震津波でも観察された。五二年前の津波（寛保津波か）のさい沖の船には異常がなかったという古老の常の教えを守り、磯の干《ひ》るのをみて津波が来ると判断して真沖にのがれ無事だった船があるいっぽう、これを聞き入れない者たちはみな磯に船を寄せ沈ませてしまった（菅江真澄『ちしまのいそ』寛政四年五月九日条）。大きな津波の前に引き潮があるとは限らないが、津波の経験知としてひろく伝承されてきた。

　松前藩は八月二〇日、松前大津波の第一報を江戸の幕府老中に届けている。その「口上覚」には領分の松前東西の在々に七月一九日の未明、津波が打ち入り、家がおびただしく流失して溺死の者が多く、船なども松前近辺では残らず流失・破船してしまい、委細は追って報告するとあった。九月一〇日に改めて被害届（七月付）を幕府に提出し、七月一九日の明六つ時前、領内三〇里の間に津波が打ち寄せ、浜辺住居の者一二三六人（内男八二六人、女四一〇人）が溺死、他に他国者が僧俗ともに二三一人が溺死し（合計一四六七人）、流家七二九軒、潰《つぶれ》家三三軒、流蔵四軒、潰蔵二五軒、破船大小一五二一艘（内、猟船一三二九艘）であると書き上げている。幕府はこの書付では概略すぎるとしてさらに詳しい報告を松前藩に求めたが、その回答書などは残っていない（『松前年々記』）。

　溺死一四六七人などの被害は他の史料にも踏襲され、公式に通用した数字といえよう。延享二年（一七四五）の松前地の人口は城下四八三三人、西在六八一八人、東在五八〇〇人（榎森進『改訂増補北海道近世史の研究』）であるから、城下・西在では人口の一～二割が犠牲になったことになる。『福山秘府』によれば、「夷方」の「溺死者、家蔵小船破者」は被害届には載せていないとあるので、西蝦夷地を含む渡島半島西岸のアイヌの人々の犠牲者はどれほどであったのであろうか。延享二年と宝暦一〇年(一七六〇)の松前地内(西在・東在)のアイヌ人口は計一〇〇人と全く同じで、天明七年(一七八七)わずか一二人に激減している。宝暦のデータには寛保津波の被害が反映されず、かえって津波による犠牲の大きさを示しているように思われる。一方、和人人口は延享二年より宝暦一〇年のほうが三割以上も増えており、人口の回復力が早かった。鯡漁などへの外部からの新住民の流入が多かったからである。

松前の被害状況はいち早く、隣藩の弘前藩に伝えられた。『国日記』七月二四日条には、松前藩手船の舟頭山田清七が二一日に三馬屋(三厩)へ舟雇いに入船してきたおりに、今別町年寄喜右衛門が手代を派遣して聞き出した初期情報が掲載されている。それによると、松前城下では枝ケ崎町より下町が残らず流出し、舟は海陸でおびただしく潰れ、人は岡(陸)で三〇人、舟で一〇人死亡、餌差(江差)町ではすべて流失し何百人も死亡、同湊では舟一二〇艘のうち一〇五艘潰れ、二〇〇人余死亡、熊石近在の小村はみな流失し、家二〇軒・人三〇人が残るばかりで、九〇〇人余死亡、知内・亀田・箱館方面は不明、およそ四〇〇〇人余も果てたというものであった。壊滅的な海岸部の被災の様相であった。

同八月一〇日条にはさらに詳しい村(浜・湊)ごとの「潰死人」の数字が掲載されている。三馬屋の松前藩御宿であった松前屋長兵衛に到来した情報であった。松前(福山)の西在にあたっているが、城下三〇人(舟六〇艘潰れ、舟手者五〇~六〇人死亡)、松前三〇人程《マヽ》、あまたれ石《雨垂》一八~一九人程、茂草《もぐさ》六〇人程、幾よ部《清部》一三〇人程、ゑら《江良》町三七〇人程(他に旅人八〇人程)、を《お》こしへ一〇人程、原口二七人程、ちいさこ《小砂子》八人程、石崎七〇人程、塩吹二〇人程、幾乃こ《木ノ子》六人程、原宇田二〇人程、江差七人(船手一八〇人程、船八〇艘潰れ)、とまり《泊》六〇人程、田沢三〇人程、婦しきと《伏木戸》一七人程、をとべ《乙部》一三〇人程、小茂内《こもない》八人程、とつ婦《突符》一五人程、三ツ屋《谷》四〇人程、加嘯《蚊柱カ》二一七人、あひ野間《相沼》一五〇人程、熊石三〇〇人程の、計二〇〇〇人余の死人とされている。松前から熊石にかけての西海岸が中心で、津軽海峡を入った知内、箱館方面の大きな被害はなかったようである。

遠く若狭小浜への七月二三日付の松前からの書付には、城下で家二軒が潰れ、懸り舟七〇艘が用立たなくなり舟子四二人死亡、江差で懸り舟八〇艘のうち七二艘破船、死者一〇〇人ばかり、その他海辺の村に被害が多く、全体でおよそ二〇〇〇人余が死んだと書かれてあった（木崎正敏『拾椎雑話』）。説明するまでもなく、北陸と松前は日本海海運の物流で密接に結びついており、そのため廻船の船乗りたちの犠牲が少なくなかった。地震から間もないこともあって不確定さは否めないが、約二〇〇〇人という死者概数もそれなりの確からしさで諸国にかけめぐった数字といえよう。松前藩の幕府への報告はやや少なめに把握された被害とみるべきかもしれない。四、五千人、あるいは二万人余の死者ともうわさされたようであるから、驚愕をもって諸国に被害情報が伝わったことになる。

松前地内の寺院の過去帳からも津波の犠牲者が知られている。乙部《おとべ》長徳寺の過去帳によれば一九日の津波で即死の者が四〇人余おり、他に沖より流れ着いた不分明の者は数知れず、一八〇人ほども村中で葬ったという。幼児や老人の犠牲者が多かったと指摘されている（『乙部町抄史』）。江差法華寺では一一三人（熊石三一人、石崎二一人など、『江差法華寺掛軸』）、熊石無量寺では一一八人（蚊柱《かばしら》四九人、熊石五〇人など、『過去帳』）が津波の犠牲になっている。松前城下の寺院の墓標を悉皆調査した『近世墓と人口史料による社会構造と人口変動に関する基礎的研究』（研究代表者関根達人、基盤研究（B）科研費成果報告書、二〇一〇年）によると、寛保元年七月一九日に死亡した七人の墓標（法幢《ほうとう》寺・法源寺・正行《しょうぎょう》寺）が確認され、過去帳の記載から法源寺の被供養者は城下湯殿沢《ゆどのさわ》、西在江良町《えらまち》の人であることが判明している。津波による犠牲者と推定されている。

松前から江差・熊石にかけての西在は鯡漁がさかんな地域であった。その頃の様子は坂倉源次郎『北海随筆』（元文四年〔一七三九〕）に「百姓の業田作はなく、唯鯡をとりて農業にかへ」と書かれているように、鯡漁によって沿岸社会の暮らしが成り立っていた。西在には河口や海浜に張り付くように漁村・湊が立地しており、津波には脆弱な土地柄であった。季節的に人々が集まってくる春の鯡漁の時期は終わっていたが、その最中に津波が襲っていたならばもっとひどい人的被害となっていたであろう。

津波は日本海沿岸にひろく押し寄せた。海峡を隔てた弘前藩の西浜でも大きな被害が出ていた。赤石組代官の報告では、晴山《はれやま》・田野沢・島・鴨・金井ケ沢・関・柳田・桜沢・赤石九ケ村の家五〇～六〇軒、および金井ケ沢の湊番所が押し潰され、一四～一五人が死亡した(『国日記』七月二〇日条)。番所で寝ていた湊目付御馬廻長谷川理右衛門は急に大水が押し寄せたので丸裸のまま屋根に上り、引き波になって危ないところを山手より泳いできた村方の者に救助されている(『邦内事実苑』『本藩明実録・本藩事実集』)。九ヵ村の死者は正確には一三人だったようで、金井ケ沢の万太郎の死骸が上がっている(同二四日条)。また小泊村湊目付からは、丸木船三〇艘、小廻船六艘、天当船八艘、田方五反五畝二七歩、山畑九畝歩、塩釜一二筒、潰家数四三軒、流死四人(いずれも高無)、女牛二疋の小泊村の被害と、間(澗)懸りの旅船七艘の破船とその水主六人の流死が報告されている(同八月七日条)。赤石組の村々でも塩釜が流出し、塩釜家業の者に打撃を与えていた(同八月一〇日条)。佐渡や能登でも家屋や船、あるいは人畜などに被害が出たというが、詳しくはわからない。

三　寛保津波の体験と記憶

『福山秘府』(年歴部・寺院本末部)によると、寛保元年(一七四一)八月一八日、僧徒の願いにより立石野《たていしの》で施餓鬼を修行し、卒都婆を建てた。そして、翌二年に総寺院が協力して石塔を建立、延享四年(一七四七)になって二〇

無縁堂（光明寺）の寛保津波碑
（2005年8月31日　筆者撮影）

間四方の無縁堂を境内に建立した。開基には光善寺一七世円郭がなったが、実際には総寺院の所持であった。ただ、『御巡見使応答申合書』には諸寺院が回向のため庵室を立石野に建てたのは延享三年とあり、庵室が無縁堂をさすとすれば一年食い違っている。光明寺（無縁堂）の石塔は寛保津波の碑（松前町字建石）として現存し、「南無阿弥陀仏為洪波溺死諸霊菩提」と正面に刻まれている。宗派に関係なく城下の寺院が共同し、城下の両浜中（近江商人団）・惣町中が協力してつくった地域社会全体の慰霊のシンボルであった。

　場所請負人の田付新助（福島屋）が松前の絵師小玉貞良に六曲一双の『松前江差屏風』を制作させているが、その松前城下（福山）を描写した一隻に立石野の卒塔婆と石碑が描き込まれ、屏風の制作年代を知る手掛かりとなっている（舟山直治「絵画史料にみる近世和人地の風俗」『北海道開拓記念館研究報告』18）。津波の忘れがたい記憶を松前絵図の片隅であれ、さりげなく描き残しておこうとする地元絵師の気持ちが表れている。

この他にも、泉龍院（松前町字江良）、正覚院（江差町字本町）、法華寺（江差町字本町）、無量寺（八雲町熊石相沼町）に寛保の津波碑が溺死者を供養する慰霊碑として今に残っている（いずれも北海道指定有形文化財）。北日本地域における災害供養碑が数基まとまって存在する早い例といえよう。それだけ松前・江差の沿岸社会に大打撃を与えた津波被害であった。

津波から約五〇年経ち、松前に渡った菅江真澄が寛政元年（一七八九）、城下を出立し渡島半島の日本海側の西在を霊場太田山まで歩くことがあった。ヲトベ（乙部）の津鼻（津花《つばな》）に泊まった真澄が思いがけず津波の体験を聞くことになる（『えみしのさえき』寛政元年五月二七日条）。あま（漁師）の家の軒近くに、背負ってきた新しい石碑が据えられた。八〇歳余の老女が杖を投げ捨てて、眼がみえないのかその石をまさぐりながら左右の手でなでて、「あなはかな、あなかなし」とむやみにはげしく泣いた。どのような人の「しるし」（墓標）なのか真澄が老婆にわけを尋ねると、五〇年前（寛保元年）の出来事を語ってくれた。その内容は以下のようなものであった。

七月の一五日頃、灰がひどく降り、四方八方の空が暗くなり、昼でもあかりをともし、蓑笠を着て道を往来した。どういうことなのだろうかと思っていたところ、誰が言ったというのでもなく、このさき五日も経てば津波が寄せてくるだろう、恐ろしいことだと口に出していた。根拠がなくあてにならない噂と誰もが思ったが、一九日（正確には一八日）の夜、夕闇からの盆踊りで楽しく騒ぎ、暁月夜がたいそう涼しく海を照らすようになるまで浮かれ歩いていた。そのとき、大きな物音がした。これは地震だろうかと寝ていた人たちもみな騒ぎたち、外に出る間もなく、波高く瞬時に打ちあげてきた。これは津波だと、足も地につかずうろたえて泣きまよい、山にのぼり岡をめざすほどもなく、夜は明け方になった。住んでいた家は全部波に流されてしまい、人々がたくさん亡くなった。そのなかに自分の父親もおり、砂の中にさかさまに埋れ、足だけ出して死んでいた。それを誰も片付けてくれる人がなく泣いているばかりだった。また五日も経てば、かならず乙波というものが寄ってくると人ごとに言って騒いでいると、じっさい二十五日夜に初めの津波には劣るが大波が寄せてきた。その五十年前の亡きあとを弔うために、このような石の卒塔婆を建てた。頼んで遣わしていた船が今日積んできてくれたので、自分の父親の「しるし」だと思うと、むかしのつらい思いがこみあげてきて、胸がふさがり人目もはばからず泣いてしまった。

このような体験談であった。老婆はこのあと南無阿弥陀仏と手のひらをすっておがみ、杖をとり家のなかに入っていった。老婆には盆踊りのうかれ気分と恐ろしい津波の襲来とが対極をなすように鮮やかな記憶として残っており、砂に埋もれた父親の無残な死にざまが忘れがたく、五十回忌になって墓標を建てることができ、これでようやく責務を果たしたという感慨であったのであろう。津波の数日前からの灰降りのはげしさや、津波の前に大きな物音がしたというのも前述の「響」「鳴渡り」にあたり、津波にいたる経緯は当時の記録に合致し、かなり正確な記憶といえるだろう。真澄ならではの被災体験者の一つの物語が紡がれていた。

真澄とほぼ同時代の人、京都の医者橘南谿は天明六年(一七八六)松前への渡海口である津軽の三馬屋(三厩)まで旅をしている。三馬屋に逗留中、泊まった家の近くの老人が来たさい、家内の祖父母などが集まり囲炉裏に円居してよもやまの物語をした。そのなかで、二〇〜三〇年以前の「松前の津波」ほど恐ろしいことはなかったと話してくれた(「東遊記」『東西遊記』1、東洋文庫)。津軽では二〇年前にあたる明和三年(一七六六)に死者(潰死・焼死)一三〇〇人近くも出した大地震に襲われているが、津波が発生しておらず、それより前の寛保の松前大津波をさしているのであろう。

彼らの語るには、津波に先だって仏神がその襲来を告げていたのに、愚かな人間はその時までまったく気づかず、海辺の者が皆死んでしまった、上方(京阪)でも聞き及んでいるであろうというのであった。南谿がどんなことがあったのかと問うと、打ち曇ったような空の気色に、夜々折々光り物がして東西に虚空を飛行した、津波の四、五日前になると、白昼《ひる》でも神々が飛行し、衣冠をつけて馬上に乗って見えたり、雲や犀象のたぐいに乗り、白い装束を着ていた者もおり、異類異形の仏神が空中に満ち満ちて飛行し、皆が外へ出て毎日ありがたく拝んだのだという。四、五日経ったある夕方、真っ白な雪の山のようなものが遥かに見え、だんだんと近づいてきたが、これが大波であった。津波だと気づき老若男女が我先に逃げようとしたが、わずかの間に民屋、田畑、草木、禽獣まで海底のみくずとなり、生き残った人民は海辺の村里には一人もいなかった。そこで、初めに神々が雲中を飛行したのは「大変」を知ってこの地を逃げ去ったのではないかと、人々は言い合い恐れたという。その座にいた四〇～五〇歳以上の老人は目のあたりに見てはっきり覚えていると口ぐちに語るのであった。

目のあたりに見たという老人たちの言からすれば、三馬屋が松前からの津波で壊滅的な被害を受けたかのようにも読めるが、弘前藩の記録には三馬屋で津波の犠牲者があったようには書かれていない。このあたりの事情を補ってくれるのが、南部大畑の村林鬼工の『原始謾筆風土年表』(上、みちのく双書9)である。元文五年としているのは翌年の寛保元年の間違いであるが、松前より津軽の大空へ異形の人物・寄獣の雲気が飛行したと四、五日噂していたら、一九日の宵に海原に雪山のような海嘯《つなみ》が松前へみなぎいり、人家が漂い多くの人が溺死したなどと記している。とすれば南谿の聞き書は松前での怪異現象、津波被害をさしていることになり、三馬屋でもそうしたうわさが立ち、仏神の飛行のごとき現象が見えたのであろうか。神々の飛行というのは、大島噴火に伴う発光現象、あるいは飛散する火山灰に光があたってそのようにみえたのであろうか。いずれにしても結果からみた予兆である。白髪の老翁が現われてお告げをする白髭水伝承に近い感覚が働いている(拙稿「白髭水の再検討」『真澄研究』2　＊拙著『東北から考える近世史』清文堂出版、二〇一二年、に収録)。

松前東在の福島村の『戸門治兵衛信春旧事記』によると、寛保津波から六四年目という文化元年(一八〇四)に近年に覚えのない海荒れを体験した。大時化は八月三〇日夜に始まり、翌九月一日より二日にかけての大波で松前澗懸りの船四〇艘、図合船八〇艘が破船し、泊川の家四、五軒がいたみ、町役所の下まで天間（伝馬）船・図合船が波で川を押し上げられたという。そこから寛保元年七月一九日の大津波で溺死人数が多かったことを思い起こし、回向のため諸寺院が延享三年立石野に無縁堂寺を建立したこと、寛保元年七月一九日大津波のさいに在々の神社では「不思議」をその村々へ現したにもかかわらず、人間は津波と心得ず、城下・上在では人が多く死んだこと、ただし福島村では一人も死なず、皆が稲荷山へ逃げ上り、下町・寺町の家五、六軒が波に取り上げられたが町には何事もなかったなどと記している（『福島町史』第一巻史料編）。すでに六〇年以上経っていたが、寛保津波がその後の災害の基準点として松前の人々に深く記憶されていたことを示している。

『乙部町史』下巻に「地蔵山の地蔵さん」という伝説が紹介されている。大島が爆発したとき、地蔵山の地蔵が小茂内の人に「みんなオラのところに来い、来い」といって手招きしたので、みんな高い所に登ると津波がきて家も船も流されてしまった。気がつくと地蔵さんはおらず、みんなの身代わりになって流されたのだと村人が感謝したという話であった。このような津波伝説もそれぞれの地域で語られてきたに違いないのである。

四　災害番付のなかの寛保津波

寛保の松前大津波がその被災地域を別にして近世の日本社会にひろく認知されていたとは言い難いようである。『徳川実紀』には松前藩からの津波の報告は全く記載されていない。大坂の医師が書いた『浮世の有様』の「本朝地震記」にも、近世の津波として宝永大地震、明和三年（一七六六）の奥州津軽青森辺の大地震（ただし津波

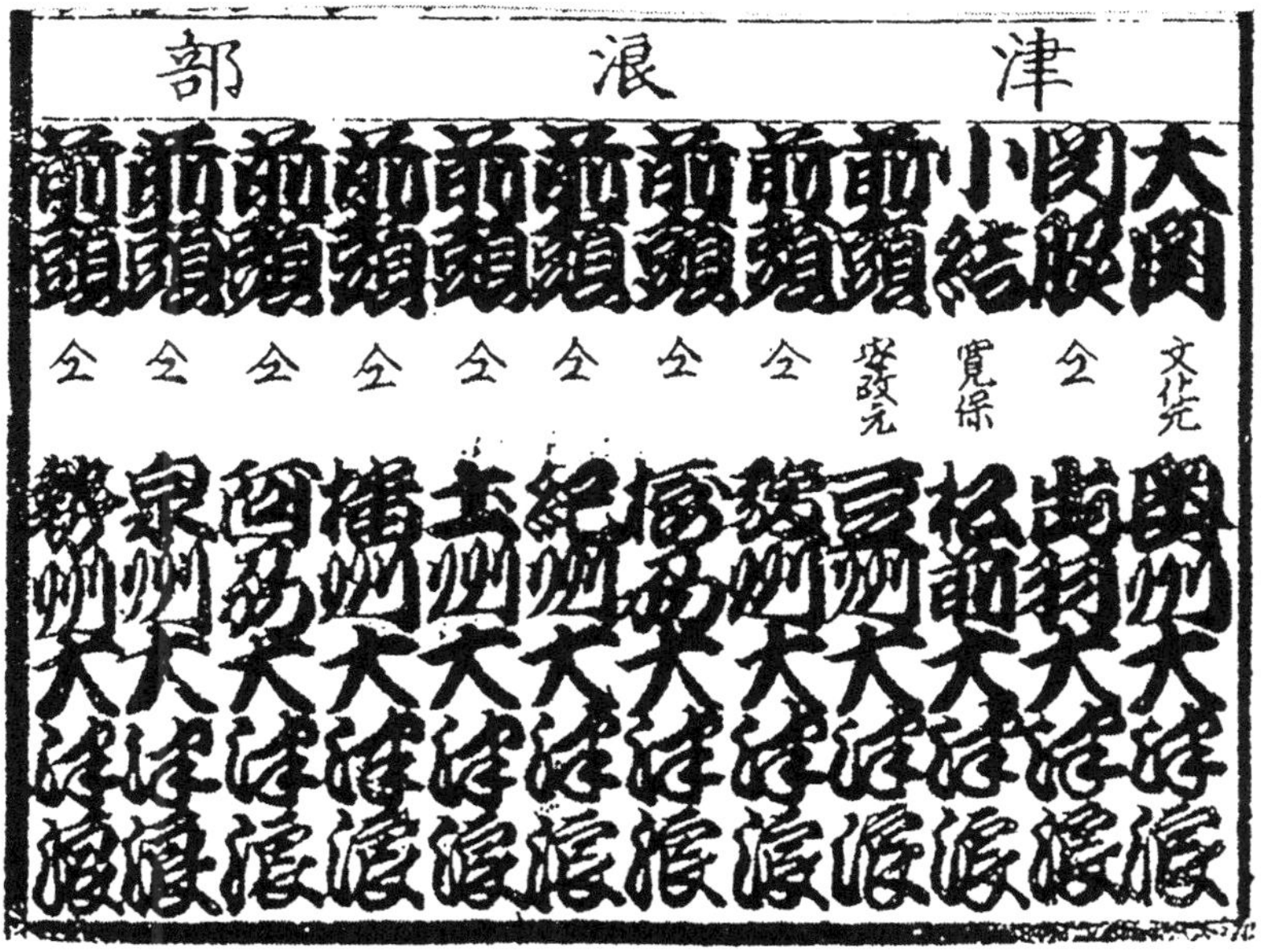
津浪部

大関　文化元　奥州大津浪
関脇　仝　出羽大津浪
小結　寛保　松前大津浪
前頭　安政元　豆州大津浪
前頭　仝　駿州大津浪
前頭　仝　房州大津浪
前頭　仝　紀州大津浪
前頭　仝　土州大津浪
前頭　仝　播州大津浪
前頭　仝　阿州大津浪
前頭　仝　泉州大津浪
前頭　仝　勢州大津浪

「聖代要廼磐寿恵」
（部分、『番付で読む江戸時代』柏書房より転載）

は誤解）をあげるものの松前大津波は出てこない。ところが、安政二年（一八五五）一〇月、江戸下町を中心におよそ一万人もの人々が地震・火事で死亡した安政江戸地震が起こったさい、一枚摺や鯰絵が大量に発行されたが、そうした摺物の一種である災害をランクづけした番付のなかに松前大津波が登場してくる。

たとえば「聖代要廼磐寿恵（ゆるがぬミよかなめのいしずゑ）」と題した番付（不爺堂蔵版）がある。北原糸子『近世災害情報論』（塙書房、二〇〇三年）や新田太郎「災害への関心」（林英夫・青木美智男編『番付で読む江戸時代』柏書房、二〇〇三年）に掲載・解説されている。これは「慶長以来」の徳川の世に起きた出火（大火）と大地震を主に取り上げ、大洪水と大津波に大雷を加えた番付となっている。安政江戸地震を中心（当司）におき、そのかぎりでは安政江戸地震は序列のランク外にあるが、過去最大級であるとの認識によるのだろう。飢饉体験でもそうであるが、マグニチュードや津波の高さのような客観的な比較基準をもたない限り、自らが直接被った想像を超える災害が主観的には未曽有の体験として認識されるのであった。地震・大火などは省略するが、西の方（左側）の最下段に「津浪部」が設けられ、大関・文化元年奥州大津波を筆頭に、関脇・同（文化元）出羽大津波、小結・寛保松前大津波、前頭・安政元年豆州大津波、以下同じく前頭として安政元年の駿州・摂州・紀州・土州・播州・阿州・泉州・勢州の各大津波が記載され、合わせて一二の津波があげられている。

前頭の大津波はいずれも安政元年（一八五四）に連続的に発生した安政東海地震、安政南海地震に伴う津波を国別ごとにあげたもので、安政江戸地震の前年にあたり、摺物を含め被害情報が飛び交った記憶の新しさが反映している。しかし、大関・関脇にランク付けされた文化元年（一八〇四）の陸奥・出羽の大津波は、同年そうした大津波が発生しておらず誤解を与えるものとなっている（『新編日本被害地震総覧』）。あえていえば、六月の出羽（秋田県）の象潟地震が想定されているのだろう。津波が一部で発生したようであるが、被害の中心は振動による潰家であり、景勝地の象潟湖が隆起し陸地化した。この地変を大津波に相当すべきものとみたのかもしれない。実在の津波としては寛保と安政の津波があげられているにすぎず、寛保の松前大津波は安政を上回る津波災害として歴史的にランク付けされ受けとめられたことになる。

津波を記載した安政江戸地震の番付は他にもある。石川英輔『大江戸番付づくし』（実業之日本社、二〇〇一年）に「地震出火競」と題した番付が紹介されている。これは右の「聖代要酒磐寿恵」の一部を少し改変しただけのもので「津浪部」の箇所はまったく同じである。また、「珍事一覧」という「大日本」の有史以来の災害・変事をランク付けした番付には（前出『近世災害情報論』）、西方筆頭の永正七年（一五一〇）遠州大津波をはじめとして、文政一一年（一八二八）長崎大津波、安政元年豆州・駿州大津波、安政元年摂州・紀州・播州・泉州・勢州、文化元年奥州・羽州大津波、寛保松前大津波、安政元年阿波大津波があげられている。「聖代要酒磐寿恵」と重なるものが少なくなく、文化元年奥州津波など誤ったまま踏襲されている。

津波だけの順位では第一位、第二位に新たにあげられている永正の遠州津波、文政の長崎津波は『新編日本被害地震総覧』によると、前者は詳しくわからず、後者も地震自体は存在するもののとくに津波被害を記さず、いずれも高位にランクすべき津波であったかは疑わしい。津波の被害・規模より何か「珍事」があってのことであったろうか。ここでも大きな津波災害というべきは寛保と安政の津波に限られる。江戸の地であれば、元禄地震の津波があげられてもよさそうだが（千葉県郷土史研究連絡協議会編『房総災害史―元禄の大地震と津波を中心に』）、当時の「日本」最北端の僻遠の地で発生していた寛保の松前大津波が記載されたのはどのようなわけなのだろう。よく読まれたという橘南谿の『東遊記』の記述が情報源であったのかもしれない。

結びにかえて

北日本地域での近世の津波被害は寛保津波にとどまるものではない。北海道を中心にみれば、すでに触れたものとしては寛永一七年の内浦嶽噴火に伴う津波や、寛政四年の積丹半島の地震津波があった。後者ではヲショロ（忍路）で漁事中のアイヌが津波により五人死亡し、ビクニ（美国）でもアイヌ、日本地の人とも大勢水死したという（串原正峯『夷諺俗話』）。また、天保一四年（一八四三）には道東（釧路・根室）で地震津波によりアッケシ（厚岸）の向こう岸のアイヌ男女三四人が流死、またポロトでも一一人死亡し（『国泰寺日鑑記』）、八戸でも網納屋などが流失するという被害が出ている（『遠山家日記』）。安政三年（一八五六）にも北海道・北東北で大きな地震が起き、太平洋沿岸に津波が押し寄せ、八戸藩や盛岡藩などに溺死や流家・船流出被害が出ている。津波は発生しなかったが、天保五年（一八三四）の石狩場所の被害地震もあった。

北海道の太平洋側でも日本海側でも大きな津波が発生してきた。これらの被害津波に対して年表の一項目くらいにみてきたにすぎず、近世史料のなかに津波の記述を見出しても想像力を働かせることは乏しかった。アイヌの人々の地震・津波伝承についても同様である。歴史認識のなかに地震や津波、飢饉、疫病、戦争などによって生ずる「非命」をどのように組み込んでいけるのか、さまざまな災害に関心を持ち、政治史や経済史など全体の歴史から切り離すことなく、今後ともいくばくかの考察を続けていきたいと思う。

（二〇一一年五月七日稿）

第三章　蝦夷地のなかの「日本」の神仏―ウス善光寺と義経伝説を中心に―

はじめに

近世の蝦夷地の様相は二百数十年の間に大きく変容した。経済史的には列島経済の展開が蝦夷地の産物やその生産に関わるアイヌの生活・労働を巻き込んでいき、政治史的には一八世紀後期以降ロシアの接近により異域としての蝦夷地が日本の異国境となり、アイヌの人々に対する内国民化の圧力が強まっていく。このような蝦夷地の「日本」化のプロセスは蝦夷地に入り込む和人と先住民であるアイヌとの間に接触の場や機会を増やし、それに伴ってさまざまな局面で齟齬や軋轢を生み出した。その多くは交易や雇労働、あるいは和風化（同化）強制に対するアイヌの反発・反抗であるが、信仰や宗教、慣習など精神的な領域にもそれは及んでいよう。ここではそうした精神的な局面に焦点をあて、蝦夷地に持ち込まれた「日本」の神仏がどのように作用・機能していったのか、和人の側の一方的意思だけでなく、アイヌの人々の受け止めかたに多少とも踏み込んでみようと思う。

以前、松前・蝦夷地における信仰・宗教の展開ないし存在態様を通観してみるために、「蝦夷」（アイヌ）に対峙する松前藩・和人地社会の神仏や、場所請負制の展開とともに広まっていく運上屋・番屋の弁天・稲荷・恵比寿・金毘羅、伊勢信仰の浸透と伊勢参詣、蝦夷地内国化に伴って創建された寺社、そしてアイヌ文化の神道的文脈での解釈について考察したことがある（菊池　二〇〇八）。したがって、ここでは重複をできるだけ避け、蝦夷地のなかにおける日本の「神仏」の展開をアイヌ民族との関わりを含め、歴史的な変化の側面で捉えていくのにふさわしい二つの対象、すなわちウス善光寺と義経物語を取り上げて検討する。

ウス善光寺は一般には蝦夷地の前期幕領時代（一七九九～一八二一年）に幕府が建立した「蝦夷三官寺」として

知られていようが、蝦夷地のなかの「日本」の神仏としては最も早くから存在し、廻国の宗教者はむろん、和人民衆やアイヌの人々が関与してきた歴史がある。そこで幕領化以前の善光寺信仰の展開を跡付けることに重点をおき、官寺善光寺への連続・非連続について考えてみたい。いっぽう義経物語への関心はアイヌの人々が判官義経を畏れ敬ってきたとする言説の批判・解体である。シャクシャインの戦いを契機とし、元禄期(一六八八〜一七〇四年)頃から義経蝦夷渡り説が京坂や江戸の知識人、作家たちの着目するところとなり、さらに韃靼・満洲渡海説へと展開を遂げていくが(菊池　二〇〇六)、そうした中央の動きはさておき、もっぱら蝦夷地のなかのアイヌ社会を取り巻く物語ないし信仰の領域のみを扱うこととしたい。

一　ウス善光寺如来の信仰

1　一七世紀の蝦夷地の堂社

近世前期の一七世紀まで遡る蝦夷地の寺社は少ない。一八世紀初頭の文献であるが、松前藩は正徳五年(一七一五)幕府へ提出した『正徳五年松前志摩守差出候書付』に、①蝦夷地には弁才天堂・弥陀堂が三〜四ヵ所ある、②「蝦夷人」には神社がない、③クワサキを神とも仏とも敬っている、④仏法はない、と述べている(高倉新一郎編『犀川会資料全』一三五頁、北海道出版企画センター、一九八二)。この弁才天堂や弥陀堂は一七世紀以来のものであろう。また、松前広長『福山秘府』(安永九年〔一七八〇〕脱稿)が掲載する、宝永七年(一七一〇)春の「改

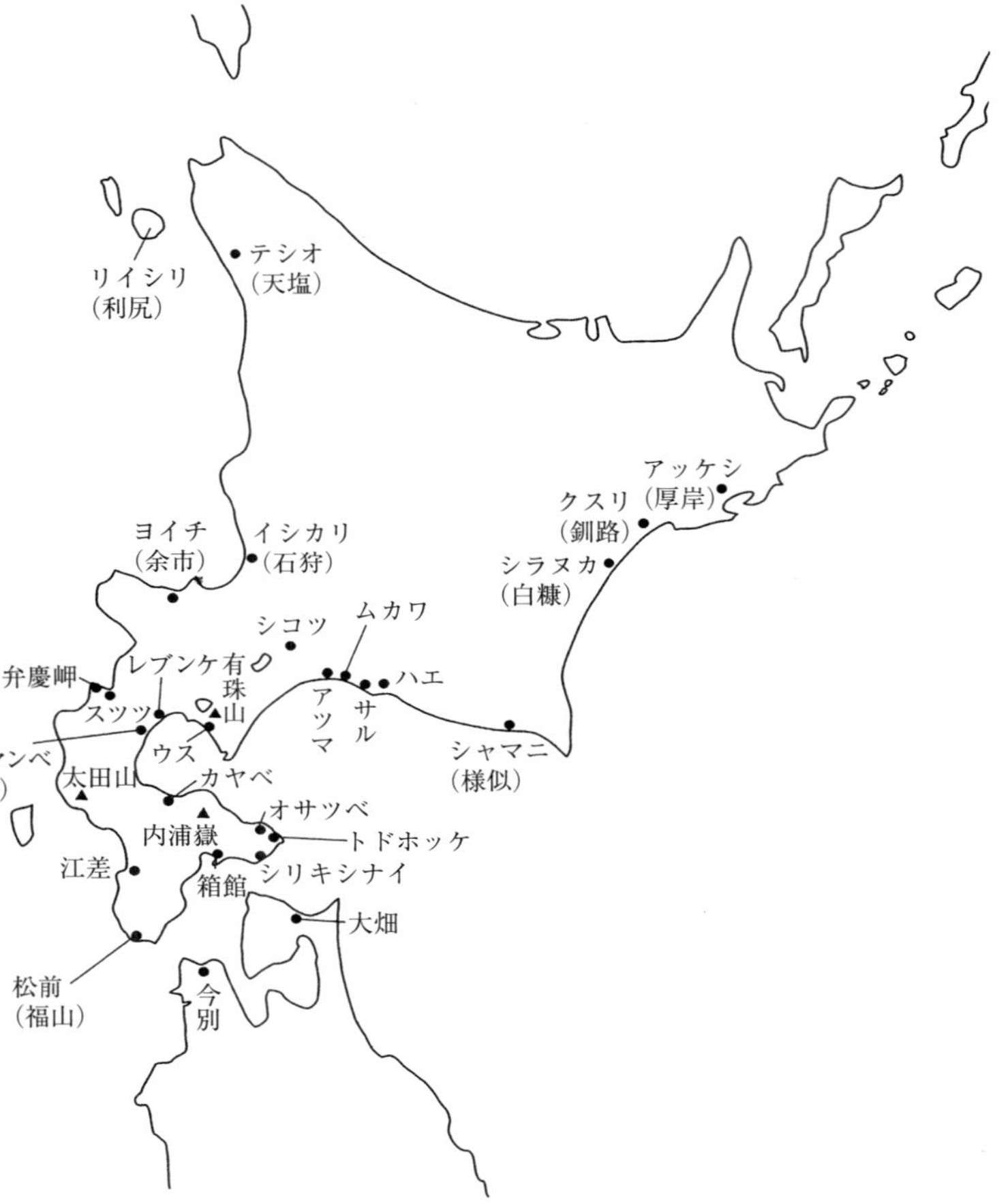

北海道関係地図

正」かと広長が推定する書上には、東夷地（東蝦夷地）碓（ウス）の如来堂（造営の由緒年号不分明、按ずるに慶長一八年〔一六一三〕建立なり）、同志古津（シコツ）の弁財天小社（万治元年〔一六五八〕造営、同三年神体安置、按ずるに万治三年の建立なるべし）の二堂社がみえ、享保三年（一七一八）六月の堂社改めの扣には、東蝦夷地宇須（ウス）の如来堂（造立年号不明、古来よりあり）、同所の観音堂（造立年号不明、神体円空作）および志古津の弁財天社の三つがあげられているにすぎない（北海道庁編『新撰北海道史』第五巻史料一、一一一頁、一二〇頁、北海道庁、一九三六年）。後世につながっていく蝦夷地の堂社が創建されはじめるのは旧稿（菊池　二〇〇八）で述べたように、おおむね元禄期以降のことであった。

数少ないなかでも、一七世紀の文献にはっきりと登場するのは東蝦夷地内浦湾沿いにあるウスの善光寺に限られ、松前景広『新羅之記録』（正保三年（一六四六））が現存するその最も古い記述である。そこには大要、①宇諏（ウス）の入海は「佳景の地」で、島山が多く日域の松島の佳境に劣らない、②往古「人間」（シャモ、和人）が数百人住んでいた時の善光寺如来の御堂の旧跡があった、③時々称名の声や鉦鼓の音を「夷」（アイヌ）が聞くことがあり、奇異の思いをなした、④慶長一七年（一六一二）の冬のこと藩主松前慶広が夢の告を蒙り、同一八年五月一日、船に乗って彼の所に詣でて再興、如来の御堂を建立した、ということが書かれていた（『新北海道史』第七巻史料一、五二頁、北海道、一九六九）。この後、寛永一七年（一六四〇）、内浦嶽（駒ヶ岳）が噴火して崩れたさいに津波が発生し、慶広が造営した善光寺如来の御堂の後ろ山にまで津波がのぼったが、御堂はつつがなく、奇特のことであったとしている（『新北海道史』第七巻、七〇頁）。寛永期のウス善光寺に関連することでは、菅江真澄が寛政四年（一七九二）六月一〇日にウスの善光寺如来堂を訪ねたさい、鰐口の鐸に「寛永五年五月　下国宮内慶季」と彫ってあったのを『蝦夷廼天布利《えぞのてぶり》』に書き留めている（内田武志・宮本常一編『菅江真澄全集』第二巻一三二頁、未來社、一九七一）。この慶季は下国重季の婿となり家督を継いだ人である（『新北海道史』第七巻史料一、三三〜三四頁）。松前藩主家をはじめ一族・重臣たちの信仰の場となっていたことの物証となる。

寛文九年（一六六九）のシャクシャインの戦いに関連して蝦夷地の現地情報が少なからず記録されたが、そこでも堂社は弘前藩の密偵の記事中に、ウスについて「四十八島、せんかう寺、やしろ有」と出てくるばかりである（海保嶺夫翻刻・解説『北方史史料集成』第四巻二七二頁、北海道出版企画センター、一九九八年）。しかし、他に和人がらみの堂社がまったくなかったのかといえばそうでもなかろう。当時、蝦夷地各所に松前藩家臣（知行主）の商場が設定され交易船がその地に到っているし、金掘りや鷹待ちなども入り込んでいた。一六三〇年代頃に松前地の範囲がほぼ確定し、蝦夷地との区分がはっきりしてくるが、それ以前には、『新羅之記録』によれば往古は松前以東ムカワまで、西ヨイチまでが「人間」の住むところでもあった（『新北海道史』第七巻一四頁）、それは一概に誤った認識であるとはいえず、いわば本州からの渡海人と先住民とが入り混じった境界人的な中世の「渡党」の世界を反映していよう。アイヌの側にもシャクシャインの時代、平左衛門（シコツ乙名）、にし助・大蔵（サル乙名）など和人名前を持つ者がいた。シャクシャインの身辺にも反乱に協力する和人がいた。このような状況を念頭におくと、和人によって建てられた小祠のようなものがその居住地にあった可能性がある。しかし、シャクシャインの戦いの戦後処理で、松前地と蝦夷地との境界の管理がきびしくなり、みだりに和人が蝦夷地のなかに入り込めなくなった。そのためシャクシャインの戦い以前にあったものはほとんど断絶してしまい、ウス善光寺などごくわずかな堂社しか残らなかった、推測ながらそのようにみておきたい。

2　円空の作仏

鉈彫りの仏像で知られる円空が松前・蝦夷地を歩いたのはシャクシャインの戦いの少し前のことであった。円空仏の墨書ないし刻銘に「願主松前蠣崎蔵人　武田氏源広林、寛文六丙午天六月吉日」（北海道広尾町禅林寺所蔵、観音菩薩坐像）、「うすおく之いん小島江州伊吹山平等岩僧内　寛文六年丙午七月廿八日　始登山　円空」（北海道伊達市有珠善光寺所蔵、観音菩薩坐像）とあり、また、寿都町海神社の「いそやのたけ」の仏像には寛文六年（一六六六）八月一一日の日付がみられる（名古屋市博物館ほか企画編集　二〇〇五）。寛文六年には確実に松前・蝦夷地にいたことになり、当時実権を握る家老蠣崎蔵人が願主となっている仏像もあるので、松前藩の許しを得ての作仏活動であったろう。現在北海道では約四〇体が円空仏として確認されているが、失われたり移動したり、必ずしも元から現在地にあったわけではない。松前広長『福山秘府』の享保三年（一七一八）東西堂社改によると、「神体円空作」とする堂社が松前の西在郷には一六（観音堂一〇、八幡社三、神明社一、権現社一、稲荷社一、造立年寛文五年〔一六六五〕一〇、延宝七年〔一六七九〕一、正徳二年〔一七一二〕一、同五年〔一七一五〕一、不明三）、東在郷には八（いずれも観音堂、造立年号不知）あった。他に東蝦夷地宇須の観音堂に造立年不明の一体があった（『新撰北海道史』第五巻史料一、一一一～一二〇頁）。西在郷では寛文五年造立が多く、円空の作仏が機縁になっているとすれば、同年にも円空が同地にいた可能性はある。

蝦夷地所在の円空仏は『福山秘府』ではウス一体のみであるが、菅江真澄『蝦夷迺天布利』寛政四年（一七九二）六月七日条の記述によれば他にもあった。レブンゲのケボロオヰにある「岩舎の観音」の窟の奥深くに五軀の木の仏を並べて置いてあり、その背中には「寛文六年丙午七月、始登山、うすのおくの院の小嶋　江州伊吹山平等石の僧円空」、「いわうのたけごんげん」、「くすりのたけごんげん」、「たろまへのたけごんげん」とそれぞれ記してあり、もう一体は背の半分ほどが朽ちて文字が読めなかった（『菅江真澄全集』第二巻一二六頁）。また、ウスでは二間ばかりの堂（如来堂か）のなかには円空仏が二軀あり、一は石臼の上に据えてあった。この堂のかたわらにある小祠（観音堂か）のなかにも円空仏が三体あり、その一体の背の部分に「内浦の嶽に必百年の後あらはれ給ふ」と書き、他の二体には「のぼりべつゆのごんげん」「しりべつのたけごんげん」と彫ってあった（同年六月一〇日条、同前書一三二頁）。真澄はこの東蝦夷地の噴火湾沿いの旅の前、寛政元年（一七八九）に西蝦夷地の太田山（太田権現）に登ることがあったが、『蝦夷喧辞辯《えみしのさえき》』寛政元年四月三〇日条によると、その窟の堂のうちに円空が籠って作ったという斧作りの仏が多く立ててあり、またその上にある岩の空洞にも円空仏があった（『菅江真澄全集』第二巻三三〜三四頁)。

これらの真澄が見た円空仏のうちケボロオヰのものは幕吏松田伝十郎が蝦夷地幕領化に伴う寛政一一年(一七九九)の持場見回りのさい実見したことを『北夷談』に記している。地名をケホユとしているが、その岩穴にある観音木像は「うすのおくのいん小嶋」「たろまゐ乃たけ」「くすり乃たけこんけん」「ゆうはりたけこんけん」の四体であった。真澄の記載と比べて一体少なく、「いわうのたけごんげん」が「ゆうはりたけこんけん」となっているのはどうしてであろうか。伝十郎はこれらの観音像について「時節到来して世に出し」と奉行へ届けて、仏の背に彫り付けてある山々へ送って安置したと記している(高倉新一郎編『日本庶民生活史料集成』第四巻九七〜九八頁、三一書房、一九六九年)。円空仏が幕領下で着目され、もとあった場所から地名にふさわしい場所へと動いたことになる。その一つ「うすのおくのいん小嶋」の円空仏はウス湖(洞爺湖)の湖中にある小島の小堂に安置された(松浦武四郎『新版蝦夷日誌』上巻七六頁、時事通信社、一九八四年)。

真澄や伝十郎の記述によれば、円空は東蝦夷地ウスの善光寺如来、西蝦夷地太田の太田権現まで到り作仏していた。円空の観音像は背面に山名を記して権現と称しているのが特徴である。『福山秘府』の円空仏は村の堂社の祭神として祀られ、村人の守護神となるものであったが、蝦夷地の山名を記した観音像には霊山・霊峰を御神体とみなしてその地一帯を守護する意味あいをもたせたのであろう。ウス山は噴火を繰り返してきた活火山であるが、『福山秘府』によると円空が来る三年前の寛文三年(一六六三)にも大噴火を起しており、アイヌの家が焼けたり降灰に埋まったりして死者がはなはだ多かった(『新撰北海道史』第五巻三四頁)。寛永一七年(一六四〇)には内浦嶽(駒ヶ岳)が噴火して津波が発生し、和人やアイヌに溺死者が多数出ていた(『新撰北海道史　第五巻』三二頁)。これらのことを円空は聞いていたに違いなく、焼山を鎮めるという意味がその作仏に込められていたといえるかもしれない。

善光寺の存在は円空の活動やシャクシャインの戦いの情報などによって全国に知られていったものと思われる。出版物では、元禄二年（一六八九）に刊行された井原西鶴『一目玉鉾』がおそらくは早い例であって、地図に「はなれしま」、本文に「臼善光寺あり」と記されていた。また図解入り百科事典として有名な寺島良安の『和漢三才図会』（正徳二年〔一七一二〕序）の「蝦夷之図」にも「善光寺」がみられる（高倉編　一九八七）。

3　廻国僧の蝦夷地行脚―空念など―

シャクシャインの戦い後しばらくは廻国の僧が蝦夷地に入ることは難しかったであろうが、一八世紀に入るとその動きが活発化してくる。元禄一七年（宝永元年〔一七〇四〕）に松前・蝦夷地を行脚した越前府中の正光空念が『納経記』（自筆本は福井市南山町普門寺所蔵）を残している（國東編　二〇一〇）。それによると、空念は元禄三年に、「ふそう国中天下御支配所并異国をかきらす島々嶽々」残らず、神社仏閣へ観音普門品《ふもんぼん》を奉納しようと廻国を始め、元禄一七年に「北奥州松前」に渡っている。国守へ願い上げ、夷が島うすの嶽を拝し奉ろうというのであったが、そのついでに蝦夷地にある「不登」の嶽々を踏み分け、それぞれに天照大神宮以下の神々を勧請し、本地仏の威力によって悪鬼を脅し、「夷」を仏道に引き入れ、天下太平国土安穏、国守武運長久を祈りたいというのが目的であった。とくにウス山などの噴火に驚愕し、あるいは寒国のきびしさを痛感したので、それらから人々を守護したいという気持ちが込められていた。

臼（ウス）嶽には伊弉諾《いざなぎ》尊、本地阿弥陀如来を勧請し、内浦が嶽には伊弉諾尊、北に陽の神、南に陰の神を、まつかりたよろしべの岳には天照大神、大日《おおひるの》蓮尊如意輪観音を、しるべつの岳には地神二代天忍穂〔耳〕《あまのおしおみの》尊、正観音をそれぞれ祭るなどとしている。太田山については絶頂の馬のいない所で馬が鳴き、天狗の岩屋があり、龍神があらわれ不思議の霊地、もしくは魔所とし、特別な雰囲気を感じていた。大田（太田）東嶽大権現には本地観世音、大田西嶽大権現には本地地蔵菩薩、同中沢青龍大権現には本地如意輪観音を配置し、その全体に大己貴尊《おおなむち》を勧請している。

空念は「夷《えぞ》ヶ島」のみならず「からふと」、「らつこ」、「鬼満国」にまで到りたい存念であったが、「夷地」のアイヌ居住地で普門品（観音経）を奉納した堂社として、東蝦夷地では塩泊村観音堂、尻きしない八幡宮、かやべ夷三郎、於古津内夷堂、ゆうびの嶽金山山神、おしやまべ村西宮蛭《ひる》児《こ》尊本地観世音菩薩、善光寺如来堂（慶長年中若州武田末葉源姓慶広の建立）、ゑ共（エトモ）弁才天女、伊ぶつ大明神、さる村義経宮、おんべつ村西宮蛭児尊夷堂、とがち村夷堂、しらぬか村龍宮権現夷三郎があり、西蝦夷地では、うすへち海底間大明神御神体海神罔象《もうしょう》女神・夷鎮守岩屋、いしかり村弁才天女、利尻嶋弁才天女があり、それぞれにアイヌの「おとな」「小使」の名前が記され、そのなかにはアイヌ自身が印（イトクパ、シロシ）をつけているのが見られる（さる村、うすへち）。アイヌの人たちを仏道に導く実践といえようか。円空よりは奥深く蝦夷地のなかに入り込んだことになる。

享保一九年（一七三四）六月、松島瑞巌寺の天嶺和尚が著した『狄島夜話記』（東北大学附属図書館所蔵、原本・写本の二冊あり）がある。これは大和当麻の巡国の僧で梅氏なる者が「松前狄千島」の臼岳にある善光寺如来の遊舎に参礼し、その帰りに松島に立ち寄ったが、そのさい語った松前滞在中の見聞を童侍に命じて書き留めさせたものという。北高麗・韃靼とのアイヌの交易、義経伝説、アイヌの習俗などに関心が向けられた筆記となっている。ウス山については松府（松前城下）より四五里隔てたところに「臼之岳ノ一座山」があり、「松府ノ道俗糧ヲ齎シ之ニ詣ス」とあるばかりだが、「道俗」が善光寺如来に参拝している様子が窺われる。

それより少し前、幕府巡見使の『松前蝦夷記』（享保二年〔一七一七〕）には、ウス山には信州善光寺如来があるので廻国の者が参詣していると書かれており、享保初めには目指していくべき霊地として知られるようになっていた。大難所の陸路ながら往き来し、飯料持参でアイヌの家に寝起きしたり、船渡しなどの所があればアイヌが渡してくれたりして到ったという。(『松前町史』史料編第一巻三九三頁、松前町、一九七四年)。そして、元文期(一七三六～一七四一)頃には、坂倉源次郎『北海随筆(一名松前鳥)』(元文四年〔一七三九〕)が、蝦夷地への往来は制禁にもかかわらず廻国の僧は忍んで参詣している、西は太田山、東は臼ケ嶽まで信心の者は参詣すると述べるように、太田山とウス山はいわば東西の霊場を極めるセットとして巡礼のかたちができあがっていた(大友喜作編・解説・校訂『北門叢書』第二冊六〇頁、国書刊行会、一九七二年)。さらに、幕領化前の寛政期、菅江真澄もまた太田山、ウス善光寺・ウス山までの蝦夷地の旅を敢行し、アイヌの人々の生活文化に触れ、円空仏を「発見」することとなった。『蝦夷喧辞辯』によれば、太田山の旅にさいして、島の法が厳しくて蝦夷が千島を旅人などがみだりに見物して歩くことができないが、国廻りの修行者、みそかくだの輩は、忍び忍びに出かけて詣でていると人に聞いている。出羽村山郡千歳山の超山法師とともに太田山に登ったが、平時なら建前の厳しさも比較的ルーズであった(『菅江真澄全集』第二巻一一頁)。

4　善光寺如来の仏像

ウス善光寺にはどんな仏像が安置されていたのか。前述のように菅江真澄によると、如来堂には円空仏が二軀あり、その一つは石臼の上に据えてあった。他に竹笈のなかにこがねの光る仏が入っていたが、国めぐりの修行者がここで死んださい、そのまま納めたのだという。そして、「鎮西沙門貞伝《ていでん》作之」とある、すすけた紫銅(青銅)の阿弥陀仏が安置されていた。貞伝という法師は津軽今別の本覚寺(浄土宗)にあり、『念仏利益伝』という書によってよく知られている僧侶であると真澄は記している。

『念仏利益伝』は正確には『貞伝上人東域念仏利益伝』といい、洛東獅谷蓮社（その前には磐城相馬興仁寺住職）の宝洲が著し、享保一六年（一七三一）に貞伝が没して後、七周忌にあたる元文二年（一七三七）に上下二巻本として版行された（『近世往生伝集成』第三巻三～九一頁、該当部分は圭室文雄校訂・解説、山川出版社、一九八〇年）。貞伝は外浜今別村の産で諱を良船といい訪蓮社と号した。弘前の誓願寺、本州（磐城平）の檀林梅福山専称寺で修行の後、享保三年二九歳のとき旧里に戻って本覚寺の五世の住持となり、数々の利益や奇蹟を民衆に与えた。それは津軽人が多いものの、八戸の漁民、あるいは讃岐塩飽の船主長喜屋善四郎や、松前に米穀商売のために下る能登の又兵衛、といった廻船・商人関係の人にも及んだ。宝洲は「蝦夷が千島の爺老《しやも》とても、上人の平等無差の慈眼にはみすごすべきにあらず」と記し、「蝦夷ノ奥ニ長鬚国アリト、爺老、蝦夷詞ニ人物ノ事ヲ爺老ト云フトナリ」と説明している。爺老（しやも）はふつう和人のことであるが、この場合はアイヌを指していようか。判断が揺れるが、そうだとすれば貞伝の「平等無差」のまなざしはアイヌの人々にも向けられていたことになる。

貞伝の事蹟として有名なのは享保一二年（一七二七）五月中旬に成就した金銅塔婆の建立であった（本覚寺境内に現存）。古壊の金銅器物の類を七百貫目も諸方から集め、出羽国の鋳工北原氏に命じて作らせた。六月二三日より七月二日まで流灌頂など回向を遂げ、自国他方より結縁が群参したという。『山形日記』などは「南部秋田津軽ハ不及申近国ヨリ参詣群集」と記している（『青森県史』第二巻四二四頁、歴史図書社、一九七一年復刻）。さらに貞伝は金銅塔婆を作った余りの地金で弘前の冶工高屋氏に長さ一寸二分の弥陀の像一万体を鋳させた。自らが修行した弘前誓願寺が火事で焼けて仮殿のままだったので、それらの尊像を同寺に奉納し、有信の人に与えて謝恩の浄財を集め、再建の費用にあててもらおうというのであった。いわゆる貞伝の万体仏である。

この利益伝には貞伝がウス善光寺如来に行ったとか、作仏を安置したという事蹟はまったく出てこない。坂倉源次郎『北海随筆』（元文四年〈一七三九〉）には「善光寺の弥陀とて安置せり」（『北門叢書』第二冊六〇頁）、平秩東作『東遊記』（天明三年〔一七八三〕の見聞）には「善光寺をうつして霊仏た、せ給ふ」（『日本庶民生活史料集成』第四巻四二六頁）とだけあって、誰の作仏かはわからない。しかし、真澄が見たのと同じ年に書かれた串原正峯『夷諺俗話』の「ウス嶽の事」によると、「臼座に弥陀一尊の像にて、丈凡一尺五寸斗」の貞伝の作仏が阿弥陀如来堂の本尊として据えられていた。串原はその他にも、廻国巡礼の六部が納めた臼座の善光寺如来を写した三尊の如来があったとするが、貞伝の名だけが知られていた（『日本庶民生活史料集成』第四巻五一一頁）。

菅江真澄『蝦夷廼天布利』の観察によれば、さらにトクサが茂ったなかに「いしぶみ（碑）」があって、「善光寺三尊如来　開眼　善光寺十三世　定蓮社禅誉上人智栄和尚　享保十一〔一七二八〕丙午年正月五日　願主　上総国市原郡光明寺八世　天蓮社真誉禎阿和尚」と刻まれており、ほど近いあたりに窟のような穴があった。夜籠りすると大鐘や鉦鼓の音が聞こえるとして知られた所であった（『菅江真澄全集』第二巻一三二頁）。この碑に関係して、近藤重蔵の配下だった木村謙次は『蝦夷日記』寛政一一年（一七九九）一月八日条に、慶長一八年（一六一三）の頃善光寺如来を移したが、その後零落し享保一一年（一七二六）再建したとし、「碓善光寺石仏の背文」を書き取っていた。真澄の読み取りと比べると、正月廿五日、善光寺一光三尊如来開眼道場、市原郡古敷谷村光明寺、天慶社真誉弁知頓阿和尚、などと多少読みが違っている（山崎栄作編・出版『木村謙次集』上巻二五四頁、一九八六年）。謙次は「石仏の背文」を書き記した後に、「碑ノ側」に穴があり、「夷俗」に「地獄」まで抜けると言うと記しており、真澄が記す位置関係と同じなので、碑と石仏は同じものであろう。この碑文にいう三尊如来は弥陀一尊の貞伝仏とは別物で、串原の記す三尊如来であろうか。

ところが、幕末の松浦武四郎になると、幕府が「新寺」として建立した善光寺の臼座三尊弥陀如来は貞典（伝）作の「金仏《かなぶつ》」で、その背文に、木村謙次が書き取ったと同一の文があるとしている（文久三年〔一八六三〕、『新版蝦夷日誌』上巻六六頁）。金仏自体の背文となっているが、貞伝がまだ存命中の享保一一年（一七二六）に、市原郡の頓阿（禎阿）が大願主となって貞伝作仏を据えたと断言されることになった。いずれにしても『貞伝上人東域念仏利益伝』に何も記されていないのが気になる。貞伝の伝記を書いた宝洲の納経塔（大乗妙典）が有珠善光寺に現存しているという（須藤　一九六五）。宝洲がウス善光寺に行ったとすれば、宝洲と貞伝作仏との関わりも何かあったのかもしれない。

5　北奥民衆およびアイヌの人々の信仰

串原正峯は前出の「ウス嶽の事」で、貞伝はたいそう道徳のある和尚で、ウス善光寺の作仏を「奥筋の者」たちがはなはだ信仰しているとし、南部大畑村の伝七という者の体験を紹介している。伝七は貞伝作の銅仏一寸八分の弥陀尊像、すなわち万体仏の一つを所持して信仰していたため、その霊験によって大難から逃れることができたという。大難というのは寛政元年（一七八九）に飛騨屋請負場所のクナシリでアイヌが蜂起したさい、現地にいて捕まりながら殺されずに生き残ったことを指しており、正峯はその伝七の「口書」を入手して写していたのであった（菊池　二〇一〇）。ウス善光寺・貞伝仏が蝦夷地で働く和人民衆にふかく信仰されていたことを示す体験談であった。

伝七は飛騨屋の雇人であるが、飛騨屋もウス善光寺に半鐘を寄進していた。木村謙次や松浦武四郎がその刻文に、「宝暦三〔一七五三〕癸酉五月大吉日　奉献松前臼嶽善光寺如来　願主南部大畑武川《たけかわ》氏久兵衛謹敬白」とあるのを筆写している（『木村謙次集』上巻二五四頁、『新版蝦夷日誌』上巻七三頁）。宝暦三年頃の飛騨屋はまだ道東やクナシリの場所請負に乗り出していない。大畑に拠点をおいて松前に進出し、蝦夷地の尻別山、石狩山などを請け負って材木を伐り出しており、経営の担い手、労働力として大畑近辺の人々を雇っていた。飛騨屋は早くからウス善光寺を下北からやってきた雇人たちの信仰の場として位置付けようとし、伝七の万体仏所持もそうした展開のなかにあったのであろう。

菅江真澄によれば、先の続きになるが、再び堂の中に入って休むと、莚が清らしく敷かれていた。それは夜籠りする人たちのためのもので、いつも、月の半ばから末にかけて念仏を唱えて円居し大数珠を繰り廻らした。また、年を越して住居するシヤモ（和人）は春の彼岸にこの堂に集まり夜念仏を唱えるのだともいう。海士《あま》、山賤《やまがつ》が語るには、月の初めに臼の御嶽の御仏が信濃国に飛行していき、十六夜にこの浦に帰ってくるとのことであった。これはウス場所やその近辺で働く和人たちのウス善光寺の信仰を示しているのだろう。

松田伝十郎『北夷談』の寛政一一年（一七九九）の記事にも、ウスにある小社内に臼に乗った如来の木像があり、これをうすの善光寺と称して、南部、津軽辺より臼善光寺参りの参詣人があり、ひじりの僧なども参詣に来ると記している。ウス善光寺の如来信仰が北奥民衆の間にさらに広まっている様子が窺える。

こうした北奥民衆ばかりでなく、アイヌの人々と善光寺の関わりもまた存在していた。右の松田伝十郎が善光寺の由来を土地の「老夷」に尋問し書き留めている。それによれば、①何時の頃であったか年歴が知れないが、潤内で網をおろして漁をしていると、今ある木像のような鉄仏の像が網に掛ってあがった、②その光明は火が燃えるごときであり、今の社の所に草小屋を掛けて納めておいた、③所の不漁または悪い病気などがあったとき参詣して祈ると、そのしるしが顕れると、親たちが話し伝えている、④右の草小屋がいつの頃より板屋になり、鉄仏もいつの頃に木像に変わったのかもわからない、ということであった（『日本庶民生活史料集成』第四巻九八頁）。

元来は鉄仏であったが、これが貞伝作仏と同じものだとすれば、松浦武四郎が断定的に述べた寄進事情とは違って漂着仏であったことになる。漂着した物に霊力を認めて神仏として祭る例はよくあるが、アイヌの人々もそのように聞いて病気治しなどの奇蹟を信じて参詣し祈ったのであろうか。坂倉源次郎『北海随筆』が、善光寺の弥陀をアイヌが尊敬し不思議の奇瑞もあると記していたのと合う（『北門叢書』第二冊六〇頁）。それがある時誰かによって貞伝作仏とされ流布したのであったかもしれない。

伝十郎が見た如来像は「木造」であった。伝十郎のいう、鉄仏が木造に入れ替わった事情はわからない。同じ頃訪ねた木村謙次は仏像そのものについては何も記していなかった。『東蝦夷地各場所様子大概書』（文化三年〔一八〇六〕調べ）によると、文化元年（一八〇四）ウス場所に「新規取建」（蝦夷三官寺の一つ）となった大臼山道場院善光寺の本尊とされたのが貞伝作の鉄仏（金仏）阿弥陀如来で、貞伝作仏の三体のうちの一体であったという（『新北海道史』第七巻五二五頁）。以前からあったもののようであるが、貞伝仏の来歴についてはその真偽を含め、さらに検討を必要としている。

串原は「ウス嶽の事」で、アイヌの人々による如来信仰の受容について、①ウス嶽山の絶頂をゴテンと唱え、地蔵尊が置かれている、②ウスの浜辺にある如来堂の内には百万遍の数珠や鉦があり、アイヌも集まってきて百万遍を繰っている、③ウスはシヤモ地（日本地）に近いので、アイヌには「日本言葉」を覚えた者が多く、念仏も唱え、回向なども日本言葉である、④廻国六部が時々来るので、案内に出たアイヌの人たちは六部の唱えているのを聞き覚えた、と指摘している（『日本庶民生活史料集成』第四巻五一一頁）。木村謙次『蝦夷日記』によると、多いときには六部が三〇人位、ヲシヤマンベからウスへ往来し、舟賃や山案内代として煙草や米が支払われていた（『木村謙次集』上巻二五四頁）。廻国の僧や六部を道案内するなかで、念仏や回向の仕方を自然と習い覚えたとしておかしくない。

松田伝十郎は、遠国から聞き伝えて参詣してくるが、泊屋がないために「夷家」に止宿して、双方迷惑に思うこともあると聞き、そこでこの地に一宇を建立して鍋釜を置付にすれば参詣の者が「通夜」すなわち徹夜して祈願するのに思いがないと思い立ち、和人通行者から寄付金を募ってそれを実現しようと図っていた。伝十郎の意図とは無関係に官寺善光寺が建立されるが、それ以前の善光寺如来は無住であったこともあり、和人にもアイヌの人々にも開かれた共同の信仰の場であったといえそうである。

寛政一一年（一七九九）に始まった東蝦夷地の幕府支配のもとで、享和二年（一八〇二）より新寺建立の審議が始まり、文化元年（一八〇四）にシャマニの等澍院（天台宗、本山寛永寺）、ウス善光寺（浄土宗、本山増上寺）、アッケシ国泰寺（臨済宗、金地院）のいわゆる蝦夷三官寺が創建された（ただし官寺という呼び方は当時存在しない）。その設立の目的は、天下泰平・国家安全の勤行はむろんであるが、主として蝦夷地勤番の武士や出稼ぎ和人の死者供養と、蝦夷地へのキリスト教の浸透を防ぐことにおかれ、アイヌの教化についてはそれほど積極的ではなかったとされてきた（高倉　一九七二、田中　一九九七）。

それに対して、三官寺にアイヌ教化・改宗の一貫した姿勢を確認し、とくにウスの善光寺においては徹底的・先鋭的にアイヌ改宗が推進されたとする見解もある（佐々木　二〇〇四）。その例証として「念仏上人（念仏カモイ）」といわれた同寺三代弁瑞によるアイヌへの布教を目的とした「子引歌」（アイヌ語訳付）の作成や、幕末のことであるが、善光寺が執行する百万遍のさいウスのアイヌの人々にまで「名号札」を配布していた事実などをあげている。また、二代鸞州上人のとき文化四年（一八〇七）にロシア来寇事件が起こったが、鸞州は所々に仏幡（ハタ）を立てて、「土人」（アイヌ）に土地を守らせ、身に砲丸があたって死んでも、「外夷」の恥を受けてはならないと「教撫」したり、「一紙の垂誡」を作って、これを法然の「一枚起請」になぞらえて「夷言」（アイヌ語）をつけて版行したり、『後世の枝折』という書を著して施したり、さらには大きな数珠で「夷民」（アイヌ）に百万遍をさせたりしたという事蹟を、松浦武四郎の『東蝦夷日誌』から引用している（『新版蝦夷日誌』上巻六七頁）。アイヌの独自の伝統的な神観念への配慮がなく、一方的な宗教行為として全体的な改宗を徹頭徹尾図ったというのが、佐々木馨氏の評価であった。

三官寺としての善光寺がアイヌの改宗、別な言い方をすれば仏教を通じての同化に熱心であったのは確かであろう。しかし、それがある程度可能であったのは、官寺以前の善光寺如来の信仰がアイヌの人々の間にも受け入れられ、浸透していたからではなかったのか。その点が等澍院や国泰寺とは違っている。あながち強要とばかりとはいえない、「日本」の神仏を受け入れていくアイヌの人々の宗教観の変容という問題はまだ手つかずである。

二　蝦夷地の義経物語

1　義経不死蝦夷渡り説の登場とその展開―『御曹子島渡』の影響―

源義経は『吾妻鏡(東鑑)』によると、文治五年(一一八九)閏四月三〇日、衣河(衣川)館にいたところを藤原泰衡に攻められて敗れ、持仏堂に入って自殺した。『義経記』など中世における義経物語の展開のなかでは、義経が死なずに蝦夷へ逃れたという話はまったく存在しなかった。義経不死・蝦夷渡りが初めて登場するのは林鵞峯らによる『本朝通鑑』続編巻第七十九である(岩崎編輯・発行　一九四三)。義経自刎の記事に続けて、「黒面大眼」で「七武器」を負う弁慶の図・像が邪気を逐い、啼く児を止めるとして「蝦夷韃靼」に到り鐘馗とともに並び行われていると記し、その後に「俗伝又曰。衣河之役義経不死。逃到蝦夷島存其遺種」と書いていた(『本朝通鑑』第九冊二七〇〇頁、国書刊行会、一九一九)。本書は寛文四年(一六六四)一一月に起筆され同一〇年六月に成立しているから（『国史大辞典』）、その間に入手された「俗伝」といえようか。

情報源として可能性があるのは、寛文七年（一六六七）六〜七月に松前を視察した幕府巡見使である。その巡見使の一人であった中根宇右衛門（正章）の「松前渡海の話」を新井白石が『退私録』に書き留めている。話の内容は、アイヌに対して酒を祭るのは誰かと問うとヲキクルミと答え、ヲキクルミとはどんな神か問うと判官殿と答える、なお由来を問へば「彼国」に判官殿が住んでいた礎跡が今に残っているなどと答え、また弁慶崎という所もあるといい、他にカラフト島・ラッコ島や、「蝦夷のたから」であるクワサキ・エモシツホウなどにも話題が及んでいる（『新井白石全集』第五、五七六〜五七七頁、国書刊行会、一九〇六）。『本朝通鑑』のように義経不死伝説が語られているわけではないが、このような話が聞きようによっては不死伝説として受け止められることはありえよう。中根は元禄九年（一六九六）に没しているが（『寛政重修諸家譜』）、寛文七年当時中根本人からその話を聞いて白石が書き留めていたとすれば、いち早く義経＝オキクルミ説を江戸にもたらしていたことになる。しかし、白石晩年の記述であり、本人から直接聞いたのでもなさそうだからそのままには信用できない。

寛文九年（一六六九）六月シャクシャインらが蜂起し、幕府が派遣した幕臣松前泰広（藩主家一族）の指揮のもとに、同年一〇月騙し討ちにして鎮圧するという大事件があった。アイヌ蜂起をめぐる松前・蝦夷地情報が各方面から江戸にもたらされたに違いなく、そうした情報のなかに義経についての「俗伝」が混じっていた可能性もあろう。

ただし、寛文九年（一六六九）ないし一〇年時のシャクシャイン蜂起関係の記録のなかに義経が蝦夷に渡ったとする記事を見出すことはできない。弘前藩が収集した蝦夷地情報に「弁慶、船澗有」（『北方史史料集成』第四巻一九八頁）、「弁慶山と言山有。嵐はけしき也」（『北方史史料集成』第四巻二一五頁）、「へんけい、間有リ」（『北方史史料集成』第四巻二六八頁）と、日本海に突き出した後志《しりべし》地方寿都《すっつ》町の弁慶岬が出てくるのみである（地名解釈の諸説については、山田　二〇〇〇）。この弁慶という当て字地名は慶安四年（一六五一）、北条氏長が編集した日本総図『正保日本図』（国立歴史民俗博物館所蔵秋岡コレクション）に「弁慶崎」とあり、シャクシャインの戦い以前から存在していた（『青森県史』資料編近世1、付図、青森県、二〇〇二）。このように弁慶の名はみられるものの、『本朝通鑑』の記す義経の不死蝦夷渡りが当時どれほど語られていたのかはかなり疑問である。

文献的に松前・蝦夷地の義経伝説が具体的に知られ始めるのは、元禄元年（一六八八）の水戸藩徳川光圀による快風丸の蝦夷地探検をまたねばならない。『快風船渉海記事』中の「蝦夷中にて風聞に申伝候覚」（戊四月廿八日）に、①松前城下より上口の弁慶が崎（弁慶岬）へは陸地六日程で、そこには弁慶甲石がある、②松前城下より下口の宇須へは陸地五日程で、この宇須には義経公の甲石がある、③松前城下より下口の「さる」へは陸地九日程で、この「さる」に義経公が渡って、所の大将蝦夷の婿になり、「さる」の近所の「はへ」という所に館を構えた、その後大将の宝を盗み取って陸地へ帰った、蝦夷の言葉には義経公を「うきくるみ」、弁慶を「しやまにうくる」というと記し、「右の趣前々より蝦夷共申伝候得共、尤分明ならさる御事」だとしている。また、「御船快風丸（里見甚五郎筆記）」のうちにも、④「判官殿ノ車舟」として「エゾニテ判官殿ノ車舟トテ、舟ノ中ニ車ヲ仕カケ、車ヲウゴカセバ二丁ノろ一度ニ動也、判官エゾヘ渡ルトキコシライ始ルト云フ」と書かれている。

北海道郷土資料研究会の翻刻による『快風丸記事』（『北海道郷土研究資料』第五、北海道郷土資料研究会、一九五九）から引用したが、これは旧水戸藩主徳川家蔵本を謄写した北海道大学附属図書館所蔵の写本を翻刻したものである。この水戸徳川家本も「御船快風丸」に「文政十一年（一八二八）戊子五月写」とあり原本ではない。安達裕之氏はこの写本とは別の旧海軍文庫所蔵史料（現在東京大学教養学部蔵）の、二冊ある『快風丸渉海紀事』のうちの「原本のすべてを写したと思われる」一冊を翻刻しているが（安達　一九七〇）、それには右の義経に関する記事はまったく見出せない。写本によって転写の誤りなどがあり、書誌的な検討を必要とするが、ここでは果たせない。「戌四月廿八日」という日付も気になるが、元禄七年（一六九四）かとする見解にしたがっておく（岩崎克己編輯・発行　一九四三）。

まず、①弁慶が崎の弁慶甲石と②宇須の義経甲石であるが、以後の文献に両地の甲石をあげたものは見当たらない。ウスに関していえば、前述の元禄一七年（宝永元年〈一七〇四〉）に蝦夷地を廻った空念が、善光寺如来堂に源義経公御影二幅を奉納し、その後、伊ぶつ大明神宝前に義経公御影二幅を、さる村の義経館（義経ノ宮ト号ス）に義経御影二幅を奉納していた。義経伝説を知り得ての行為といえようが、『北海道の古地図』所収の、「元禄はじめの作製図」と推測されている「松前島図」には、「善光寺　此寺ノ本尊義経、脇立弁慶」という書き込みがされていた（高木　二〇〇〇）。宇須の甲石というのも、そうした義経語りと関係があったのかもしれない。しかし、前節でみたように、善光寺は貞伝作仏が信仰対象となっていくので、義経物語との結合の試みは元禄頃のごく一時的なものにとどまり、消え去っていく運命にあったといえようか。

先に④の「車舟」について述べておくと、アイヌの人々はむろん、東北地方北部の漁船でも使用されていた北方系の「車櫂」の舟を指しているものだろうか。秦檍丸撰『蝦夷生計図説』によれば、舟の左右の縁にタカマジと呼ぶ突起をつけ、これにカンジを差し込み、舟に座って左右の手を回し回しカンジを漕ぐが、車が回っているように見えるので車櫂の名がつけられたものという（『日本庶民生活史料集成』第四巻五八六〜五八七頁）。本州の船とは操作法が違うことからくる、義経にこじつけた尤もらしい説明であったのだろう。

そして、③サルでの義経物語である。いくつかのポイントとなる話で構成されているが、その後に語られたサルの義経物語の原型はすでに出揃っている。一八世紀前半、松前あるいは蝦夷地に足を踏み入れた人が書き残した義経物語と比べてみよう。快風丸派遣から二〇年ほども経ってからであるが、宝永七年（一七一〇）幕府巡見使に随行してきた松宮観山の『蝦夷談筆記』は次のように記す。義経は「うきくる」、弁慶はそのまま「へんけい」

という。義経はこの国の「はゐ」へ渡り、「ゑそ」の大将の娘になじみ、秘蔵の巻物を取ったが、これを「しゃうるり」（浄瑠璃）に作って、智恵に勝れた者たちが語っている。義経を殊の外尊敬し、その城跡に足を踏み入れることはしない。城跡の石垣は「しりかく」という魚の嘴で築立て、その魚の嘴の長さは八、九尺あり鉄のごとくで何百年経ても腐ることはない（『北方史史料集成』第四巻三九頁）。

この話は、義経の居所ハイといい、秘蔵の巻物を盗むといい、快風丸記事と変わりがない。義経の城跡の説明が詳しくなっている。ここには直接義経＝オキクルミとは出てこないが、シリカク（シリカプ、つのざめ、めかじき）という魚の嘴云々の場所は、アイヌの始祖で、人文神であるオキクルミが外界に君臨したという、サル川の高い崖にあるハヨピラ（角鮫の角が頂きにある崖）のことである（金田一　一九一四）。オキクルミはアイヌに衣食住、儀式・風習まで含めてさまざまな生活の知恵など授けてくれた存在で、アイヌラックル、アエオイナカムイなどと呼ばれた。

さらに同様の義経物語を詳しく書き留めていたのが、蝦夷地の金山調査に来た坂倉源次郎の『北海随筆』（元文四年〔一七三九〕）である。義経が幼年の時小船に乗って蝦夷へ来て八面大王の娘と通じ、大王が狩に出た隙に秘蔵の虎の巻物を盗み、小船に乗って、本国へ逃げ帰った。大王は狩から帰って追いかけたが、津軽の地で暴風にあって吹き返された。そのような作りの「上留理」といい、文言を翻訳すればその根元がわかるだろうが、アイヌ語がよくわかる通辞もいない、義経がウキクルミといわれているが、本当にアイヌから「崇敬」されているのか確証を得ないと懐疑的であった。また、ある筆記に、義経社が東蝦夷のクルにあるとしているが松前では誰も知らない、サルの山中に岩窟があり仙人が住んでいたとの言い伝えがあるものの、そこにも義経社はないと指摘している（『北門叢書』第二冊六六〜六七頁）。同じ元文頃の『蝦夷商賈聞書』には、サルには蝦夷が島の総大将のエゾがいて、その名をシヤマユンクルといって「悪鬼」のような存在であり、この浜に津軽三馬屋から渡ってきた義経はアツマという所に城跡を構え、ウキクルミと今に申し伝えているとし、やや違った話になっている(『松前町史』史料編第三巻、九頁、松前町、一九七九)。

こうしてみると、『快風丸記事』、『蝦夷談筆記』、『北海随筆』に語られている義経の話は、衣川館で死なずに蝦夷地に逃れたとする義経の蝦夷渡り(入夷、北行)説とはまったく無縁の物語であり、御伽草子の『御曹子島渡』そのものにすぎないことが了解されよう。『御曹子島渡』は一八世紀初め、享保頃に刊行された「御伽文庫」二三編の一つとして知られるが、成立時期は江戸時代初期あるいは室町時代の末頃と一般には考えられている。したがって、近世前期の蝦夷地(蝦夷島)が舞台になった物語といえば、これ以外にはほとんどなかったことになる。物語は秀衡のもとにいた御曹子(義経)が、蝦夷が島の喜見城の内裏に大日の法という虎の巻(兵法書)があると聞き、四国「とさのみなと」(津軽の十三が本来か)から出船し、馬人島、裸島、女護の島、小さ子島などを経て島渡りし、かねひら大王の娘と契を結び、その娘(天女)の協力によって巻物を入手し、奥州に無事帰り、源氏の御代にすることができたという粗筋であった(市古貞次校注『御伽草子』日本古典文学大系、岩波書店、一九五八)。近世前期、東北地方や松前の人々がこの物語にどれほど慣れ親しんでいたのか、そのことを示す史料は見い出せないが、シャクシャインの戦いの頃には交易船のみならず、砂金採りや鷹待ちが蝦夷地に入り込んでいたから、『御曹子島渡』系の物語がそれらの人々に受け入れられていったとして不思議ではない。

2　契機としてのシャクシャインの戦い

蝦夷地の義経物語が高揚していくためには『御曹子島渡』だけでは不足し、もう一段階、シャクシャインの戦いが大きな契機となっていた。『快風丸記事』に、渡海先のサルという地名、ハヘという館を構えた地名があり、

『蝦夷談筆記』にもハイに渡ったという。『北海随筆』は、前述のある筆記に、シヤムシヤキンの時の勇者ヲニビシもクルの蝦夷というとあるが、ヲニビシの出処はサルという所であり、クルはサルの間違いであろうとしている（『北門叢書』第二冊六六〜六七頁）。

　ハイという地名は、松前泰広『渋舎利蝦夷蜂起ニ付出陣書』に「しふちゃり大き成る沢故、同沢の内三里程沢上におにひし在所はゑと中所に館を拵へ罷在候」（『北方史史料集成』第四巻一五頁）、『津軽一統志』に「はへ黒と中所の鬼菱と申狄」「鬼菱先立にてハイクル方の狄共魚取にしふちやり川へ参」（『北方史史料集成』第四巻一三〇頁、一五七頁）とあるように、シブチャリ川（静内川）上流のオニビシの居所として知られていた。『北海随筆』後編の「シヤン〔ク〕シヤイン討取聞書」にも、ヲニビシはハイという所に生まれ、豪勇智力がともにあり、道理をよく弁えた人物で、近辺の多くのアイヌがヲニビシに親しんでおり、「ヲニビシ元来本邦ヲ尊信し、松前領主え服従して、能く夷人をも撫け治めて、松前領主えは忠義あり」と記されていた（『北門叢書』第二冊九一頁）。

　オ（ヲ）ニビシは鬼びし、鬼菱とも書かれたように鬼が連想され、『御曹子島渡』の喜見城のかねひら大王の鬼形と重ね合わせていくのは容易なことであろう。シャクシャインの戦いの物語化、軍談記化が進むなかで、たとえば『松前狄軍記』のように、鬼菱の子鬼菊の先祖はこんひら鬼王というが、その一人娘の十郎姫と、奥州の高館の軍に打ち負けて、この島に逃げ渡ってきた判官義経とが相なれ、おかもひ崎に居城を拵えて判官を置き、弁慶が守護して年月を送り、これによって島の「狄」は兵法を極めずということはない、と接ぎ木したような物語が生まれている（『北方史史料集成』第四巻四二一頁）。ほぼ同様の記述が『松前蝦夷軍記』にもみられるし（『北方史史料集成』第四巻二七八頁）、『蝦夷一揆興廃記』にも、義経公が蝦夷嶋へ落ち、後に神と崇められ、太儀公官と名付て、日本人の氏神を祈るがごとくに参詣し尊崇されたとある（『北方史史料集成』第四巻三九一頁）。

　オニビシの集団はハイクルと呼ばれていたが、ムカワやサルのアイヌの人々とともに同系統のサウンクル

（シュムクル）の集団をなし（海保　一九七四）、サル川の聖地ハヨピラが義経関係地として想像され、オキクルミに付会されていくという、連鎖の思考回路が成立していた。オニビシという名前が『御曹子島渡』とシャクシャインの戦いとを媒介し、サル・ハイの土地と結びついて義経物語が作り出されたといえるかもしれない。『蝦夷談筆記』や『北海随筆』のアイヌが語る浄瑠璃というのは文化神アイヌラックル（オキクルミ）のオイナ（神謡）であって、『御曹子島渡』様の物語がアイヌの間で語られていたわけではあるまい。オキクルミの物語があるだけであって、判官義経の巻物盗みの物語が語られているかのように勝手に思い違いしていただけであった。なお、三都の中央の作家らの作為ではシャクシャインを義経の末裔だとする語りもあったが（『本朝武家評林』、『義経知緒記』など）、松前・蝦夷地では必ずしも展開しなかった。

3　クワサキについて

義経に関係ありとして、一八世紀前期に語られていたものに「鍬先」がある。正徳五年（一七一五）に松前藩が幕府に提出した『正徳五年松前志摩守差出候書付』によれば、蝦夷地に義経の旧跡はないものの、アイヌは義経を判官と呼んでことのほか敬い、昔語りにしている、弁慶が崎というところもある、アイヌはまたクワサキというものを神とも仏とも恐れて敬っており、それは「義経の甲の鍬形」であると言い慣わしていると、書き上げていた（『犀川会資料全』一三五頁、一四〇〜一四一頁）。また、『北海随筆』も東蝦夷地に鍬先というものがあり、義経の甲の鍬形であるとして、宝物とし崇敬するアイヌがいると聞かされているが、義経の甲という証拠はなく、いにしえの奥羽戦争で負けた落人がアイヌをあざむき、古来の英雄の名を借りて威勢を張ったものかなどと解している。アイヌの宝物であって神宝のように崇敬し、多くあるものではなく、秘して深く隠しておくものであった（『北門叢書』第二冊六七頁）。

新井白石の『蝦夷志』（享保五年〔一七二〇〕）は、『蝦夷談筆記』などの情報にもとづいて著した当時の集大成的な蝦夷知識であり（宮崎　一九八八）、前述してきたような、義経オキクルミ説、ハイの義経「居止之墟」、ハイクルという呼称、弁慶が崎などを取り上げているが、クワサキについても、盟約や結信をする場合、それぞれが持つ宝物をその印として用い、罪を贖う場合にも同様に行い、その宝器は、形が燕の尾に似て、長さは一尺五寸、鉄質金鏤で、両岐にそれぞれ鈴一個を懸け、これを地室に納めて祈禳して祭り、その名をクハサキというと記している（『新井白石全集』第三、六八四〜六八五頁、国書刊行会、一九〇六）。詳細なクワサキの付図もあり、「クワサキ　蝦夷人煩ノトキ祈祷ノタメ枕本ニヲク、亦飾物」と説明書きされている（佐々木利和　二〇〇二）。松前広長『松前志』によれば、「祈祷の法」として、病気のとき枕辺に置くという。別な箇所では、「男夷の重器」で、「神霊」ありとして崇敬し「深山巌窟中」に秘蔵しておくが、「夷中合戦闘争の変」があった時にはこれを出して祭をなして「発足」すると説明している。アイヌ語では「ヘヲ《ママ》ウシトミカムイ」といい、戦のときの守り神であった（『北門叢書』第二冊一一五頁、二九五頁）。いくつかの宗教機能があったことになる。

クワサキといえば、蠣崎波響『東武画像』（天明三年〔一七八三〕六月、「紋別酋長東武」を描く）が鍬先を手にしているところを描いているのがよく知られていよう（井上監修　一九九一）。「ツクナイ」の品としては、シャクシャインの戦いでシャクシャインが和睦に応じたとき、「千品のつくのひを城中より取寄せ、浜端に積立て」たが、その宝のなかにエモシツポウ、エモシ、タンネエムシ、つば、などとともにクワサキが含まれていたと『蝦夷談筆記』のうちの「しやむしゃゐん一揆之事」に出てくる（『北方史史料集成』第四巻四九頁）。クナシリ・メナシの戦いでも、松前藩鎮圧隊長の新井田孫三郎が蜂起アイヌの処刑の翌日、鎮圧に協力したイコトイ・ツキノエ・ションゴの三人へ「所繁栄」のため「ヘラウシトミカムイ」が下されている（『日本庶民生活史料集成』第四巻七一四頁、その意味については岩崎奈緒子　一九九八）。鎮圧隊は予めこれらを用意していたことになる。これは松前藩が与えた例であるが、戦の守り神として判官、義経の名とともにアイヌの首長層にもたらされた結果が、義経の鍬形とされたのであったろう。白石は義経を「士人最好勇、夷中皆畏之」（『蝦夷志』）としているが、アイヌの人々を脅かすとき軍神の代表のように義経を通俗的に語ってきた歴史を窺わせるものがある。

こうしてみると、一八世紀前期の松前・蝦夷地には義経不死伝説など何も存在せず、『御曹子島渡』にシャクシャイン事件が重なった程度の物語が展開していたにすぎなかった。義経は『快風丸記事』では「陸に戻る」、『蝦夷談筆記』では「本国に逃げ帰り」とあり、本州（日本）に帰ったとしか解釈できない。白石が『蝦夷志』に「西部地名、亦有弁慶崎者、或伝、廷尉去此而踰北海云」として韃靼方面に赴いたように書き、『北海随筆』も「西蝦夷地六条の間と云所に弁慶崎と云所有。義経此所より北高麗に渡りたまふとも云り」と、京坂や江戸での知識人ないし作家たちの想像や創作に影響を受けて（『蝦夷勲功記』『鎌倉実記』など）、不死伝説ないし大陸逃亡説に引っ張られていく。松前藩きっての史書に通じた松前広長も『松前志』で「義経異国へわたれる由往々符合のことあれば其説尤も信ずべし」（『北門叢書』第二冊一一六頁）と述べるに至るが、それは松前・蝦夷地での語りのなかから紡ぎだされたものではなかった。中央から地方への一方的な回路のなかでの物語の展開であった（菊池二〇〇六）。

4　義経蝦夷渡り説への疑問

蝦夷地幕領化以前の一八世紀後期、松前あるいは蝦夷地を歩いた人たちは、義経がアイヌに崇敬されていたとする物語や、大陸に渡ったとするような言説をどのように受け止めていたのであろうか。まず幕府巡見使に随行した地理学者古川(古河)古松軒『東遊雑記』(天明八年〔一七八八〕序)であるが、「世に云、義経公蝦夷渡りの事蹟」を尋ね聞いている。武田悪太郎という商人の案内で渡り、夷人と戦い、ついに今の松前の地を開いて悪太郎に与えたなどと言い伝え、中には信じがたい奇説も数多あり、馬鹿らしい事は省略したとしながらも、義経＝ヲキクルミ、弁慶＝シヤマクルミ説に言及している。

それらはいずれも、東蝦夷内浦の辺にある弁慶畑は弁慶がアイヌを集めて粟を植えることを教えた所であるとか、弁慶を兄、義経を弟としているとか、昔咄にヲキクルミが誰々家の先祖へ入聟になって何とかの娘を愛したとかいった、言い伝えだけの「奇説」であった。また、アイヌは食事の前に、義経公・弁慶を祭ってから食べるとも聞いたようで、真偽をたしかめているが、海の神なのか山の神なのか、実のところは何も知りえないのであった。飲酒のさいのイクパスイ(酒捧箆)を用いたカムイノミ(神への祈り)を指しているのだろうが、随分といいかげんにすべてを義経のことにしてしまう松前人の習性であった。ある書にいう義経の韃靼行や、ある人のいう清の太祖(ヌルハチ)は義経の子孫だとかの説については、多少考証を加えながら、「好事家の説なるや、未詳」、あるいは「信じがたき説」として同調していない。地理学者としての見識であった(竹内利美・森嘉兵衛・宮本常一編『日本庶民生活史料集成』第三巻五三五頁、三一書房、一九六九年)。

幕府による天明の蝦夷地調査隊に加わって以来、当時としてはアイヌの生活文化を最もよく観察していた最上徳内はどうであったか。『蝦夷国風俗人情之沙汰』(寛政二年〔一七九〇〕序)に、エトロフの地名の語源について、往昔ヲキクルミ、シヤマイグルの神ともいうべき二人が蝦夷地に渡ってきて、その大刀の柄の鐶に提げた鼻緒の形に似ているのでヱトロフというようになったとし(ヱトロは鼻、フは緒、ワタラは岩という意味)、その二人は義経と弁慶であるという説があるが、「いまだ詳なる事を得ず」と、慎重な物言いであった(『日本庶民生活史料集成』第四巻四六五頁)。その後に書いた、徳内のアイヌ文化理解の到達点ともいうべき『渡島筆記』(文化五年〔一八〇八〕）では、ウキクルミ＝義経、シヤマユクル＝弁慶とするのは、和人の付会から出たことで、「ゑぞの旧来の伝」ではないと、明確に否定している。

ウキクルミ、シヤマユクルの兄弟は、「軽捷にして高所より飛などする術を得、巧智ありて網を結〔び〕魚を捕〔ふる〕こと」など、種々の「利器」はこの二人が作って教えたことであると、人文神としての本質を捉えていた。兄ウキクルミは専ら東浜にいるので東地の開祖とし、弟シヤマユクルは西辺の祖と心得え、これを神として祭るが、それは心のうえのことであって、イナオ（イナウ、木幣）を作って捧げ崇敬しても、祠をつくり、かたしろを置くなどということは、アイヌの習俗にはないと指摘している。ただ、義経、弁慶が軽捷で智恵のある点でオキクルミ、シヤマユクルと合致するところもあるので、アイヌの人々はこのことをどのように伝えているのか、テシオ番家の喜右衛門という者に聞くと、オキクルミ、シヤマユクルの二人は兄弟で、この島に生まれた者であって、所によってその呼称が違っている、終には北の方の海を渡ってシヤモの国に入ったと伝えていると答えてくれた。そこで、いよいよ義経に牽附しがたいと徳内は考えたのであった（『日本庶民生活史料集成』第四巻五二三〜五二四頁）。

『渡島筆記』はアイヌが語るユウカリ（ユカラ）の内容を上原熊次郎に翻訳させ、初めて記録に留めたことでも知られるが、源義経の物語もユウカリであるとしてやや踏み込んで紹介・検討している。その物語は、殊に「古調」で、聞いても理解できない所が多く、わかっても後が続かず、また物語の始終を覚えている者も稀であるとしている。物語は掻い摘んでいえば、ホウガニシあるいはホウガンドノと称する人物が、家難を避けるために逃れてここに来て、人の家の婿になったが、翁のひまをうかがって宝を盗み、舟に乗り海に入った。翁が帰って婿が見えないのを怪しみ、追ってホロベツまで到ったが、俄に風波が起こってきたので引き返した、といった内容であった。

徳内が考えるには、この物語からは女子（義経の妻）がうなずいて義経を逃したようには受け取れない、また『北海随筆』には義経幼時という説があるが、ユウカリの文句には出てこない、ホウカンと称しているのは幼時ではない証である、同様に大王が津軽のほとりまで追ったとあるが、津軽にはホロヘツがなく、あるのはホロツキである、両者を混じたのであろうかなどと疑われ、従来語られていたこととは違っていた。そして、義経の事はユウカリの文には「髣髴」として確実なところがないが、しかし拠り所がまったくないわけでもなく、したがって人々が好んで付会の説を作ってしまうので、多くは信じることはできない、と結論づけている（『日本庶民生活史料集成』第四巻五三三〜五三四頁）

このホウガン物語は、ホウガンという呼称から判官義経を思わせるものの、『蝦夷談筆記』や『北海随筆』の『御曹子島渡』様の物語からはかなりかけ離れており、婿に入って物を盗むというばかりが共通しているにすぎない。部分的に類似することはいくらでもありえよう。徳内は、はなから嘘だと突き放すのではなくて、一歩踏み込んで、アイヌが語っているとされる義経伝説の不確からしさを指摘し、和人の付会であることを明らかにした初めての人であったといえよう。

もう一人、菅江真澄の見聞についてもみておこう。渡島半島の東海岸、内浦湾を旅した真澄はいくつか義経語りの遺跡に遭遇している。『蝦夷迺天布利』によると、寛政四年（一七九二）五月二八日、トドホッケから舟に乗ってヲサツベに向う途中、銚子の碕という岩の上に五尺ばかりの石が立っていた。この立石をアイヌが「神鬼」（カムヰ）と恐れ尊んでいるが、九郎判官義経がここに隠れており、義経を追ってきた多数のアイヌがこれを見て驚き、身をふるわして礼儀し逃げたという「むかし物語」があった。その先には判官殿の屋形石という窟や、判官の兜石もあった（『菅江真澄全集』第二巻一〇一頁）。翌二九日、イタンギという磯ではその地名について、イタンギは飯椀の名前で、むかし、源九郎義経が水を掬った器が波に取られてここに打ち寄せたという話を書き留めている。真澄はここで、アイヌの間では判官義経をヲキクルミと言って畏み尊んでいる、あるいはアイヌが判官といって恐れ畏み、神としているのは小山悪四郎判官隆政ともいわれているとし、判官＝小山隆政説に傾斜した考えを披歴している。小山統の紋は双頭の巴で、アイヌは三巴を家の守りとし、同じ巴であることからの推測であった。したがって源九郎義経については、決してこの島に渡って来たのではないだろうが、義経の高名を利用してアイヌを脅かした「名もなき、ひたかぶと（直兜）のもの」の行い、振る舞いではなかろうかと解し、アイヌは義経と小山判官を混同しているのだろうと述べていた（『菅江真澄全集』第二巻一〇三～一〇四頁）。

一八世紀後期は義経が蝦夷からさらに大陸に渡ったとする言説が跋扈していく。松前や蝦夷地を実際に歩いた人たちは、一八世紀前期に語られ出した蝦夷地の義経物語をかなり冷静にみており、義経物語の不確実さやその機能について批判的に捉えていたといえるだろう。オキクルミやシャマイクルの物語をいくら義経だの判官だのと言ってみても、しょせん和人が言っているにすぎず、アイヌの人たちがそれを受けて語ったとしても、アイヌ自身の物語とはもともと無関係だったということである。

5　蝦夷地内国化と義経社創建

しかし、幕府が蝦夷地直轄化に動き出すと、蝦夷地の義経物語は新たな展開を見せていく。寛政一〇年（一七九八）、幕府の松前蝦夷地御用取扱となった近藤重蔵は蝦夷地のなかに神国イデオロギーを持ち込み、神社を創出していった人物である（菊池　二〇〇八、高嶋　二〇一〇）。ここではサル場所の義経社を取り上げるにとどめておく。

重蔵は木村謙次『蝦夷日記』によると、寛政一〇年（一七九八）のエトロフ島調査の帰途、一一月一五日にサル場所の義経の故地とされるアヨヒラ（ハヨピラ）に義経の小祠を建てた（『木村謙次集』上巻二二六頁）。重蔵の「古河古松軒老人に与ふる書」（寛政一一年六月二一日）には小祠建立に触れていないが、去る一一、一二月の頃、サル・ムカワ・シコツへ行き義経の古跡を尋ねたとし、サルの川上のハイヒラは、昔判官が山上にハイと呼ぶ魚吻を立てて祈祷し居を構えたところで、八面大王の女に通じて、これに怒った大王に追われたとき、長刀を取り櫂にして逃げ去った、今の車櫂はその遺風だと、世に言い伝えていると記していた。前述した義経物語に変わりないが、車櫂の話が『快風丸記事』とは違う場面で付け加わっている。ムカワの川上のキロノイの山上に、判官が来て魚を釣り、幣を建てた跡が今に残り、また古い甲冑を所蔵するアイヌがいるとも書いていた（「近藤守重事蹟考」、『近藤正斎全集』第一、二四頁、国書刊行会編、一九〇五）。

このときは小祠を建てたばかりであったが、翌年の蝦夷地出張のさい義経の木像を安置した。「寛政十一年己未四月二十八日」の日付とともに「近藤重蔵藤原守重　比企市郎右衛門藤原可満」の名前が木像の台座背面に墨書されている（『平取《びらとり》町百年史』二六三頁、平取町、二〇〇三）。現在、平取の義経神社の本尊となっている。近藤は祠や偶像を作らないアイヌの信仰の場所に、オキクルミに付会された義経社を創出したことになり、精神世界への新たな介入の始まりとなったといえようか。

秦檍丸『東蝦夷地名考』（文化五年〈一八〇八〉）は、右の比企可満が享和二年（一八〇二）夏、シノタイに義経の神廟（源廷尉廟）を建ててアイヌに祭らせ（廟を描くシノタイの地図あり）、その地より東山奥には源廷尉の神を祭る地（ハヨピラを指すか）があり、アイヌの人々が木幣（イナウ）を奉って尊崇していると記している（佐々木利和編『アイヌ語地名資料集成』二三～二四頁、草風館、一九八八）。また、同年の仙台藩の『高屋養庵クナシリ警固日記』九月一日条にもシノタイのヒラ（ヒラカ）に公儀衆近藤重蔵が建立した堂・鞘堂に「義経之木像甲冑を着し候像」があるとしているから（村上直・高橋克弥編『文化五年仙台藩蝦夷地警固記録集成』四〇三頁、文献出版、一九八九）、ハヨピラの義経社はほどなくしてヒラ（ヒラカ）に移ったことになる。

さらに、蝦夷地の幕府再直轄化後の安政三年（一八五六）、松浦武四郎がサル会所元（モンベツ）を尋ねたさい、そこにヒラカに祭る義経大明神が勧請され、宮が「美々敷」建てられていた（高倉新一郎編『竹四郎廻浦日記』下巻、北海道出版企画センター、一九七八年、五二七頁）。どんな事情で、いつ誰が移したのか不詳だが、同年訪ねた佐倉藩士窪田子蔵の『協和私役』九月五日条によると、義経の祠はサル会所の後ろの岡にあった。そこには二祠あり、前の祠には弁天、稲荷、および義経像を配し、後の祠は義経社となっていた。義経像は木像で一尺余り、「戎衣を着け、鍬形龍頭の冑、緋縅金小札の鎧」といった姿で、世間に伝えているところと異ならないとし、もとは後ろの義経社にあったのを、人が拝むのに都合がいいように前祠に移したのだという（『日本庶民生活史料集成』第四巻二六〇頁）。翌四年八月朔日には関宿藩士の成石修がサル会所の義経社を写生しているが、会所と有司の建物の背後の山に石段の参道があって、三つの鳥居をくぐったさきに前後二つの社が描かれており、窪田らの記述を裏付けるものとなっている（大野良子校註『東徼私筆』二〇五頁、二一〇頁、政界往来社、一九七八）。聖地ハヨピラに近藤が建てた小祠が廃れ、シノタイ、会所元へと移ったのは、義経社がアイヌの人々の信仰からはかけ離れており、和人の崇敬対象でしかなかったことを示していようか。

松浦武四郎などは蝦夷地の義経物語に親和的態度を示し、アイヌの同化に政治的に利用しようと考えていた一人である（菊池　二〇一一）。大内余庵『東蝦夷夜話《とうかい》』によれば、幕末の幕領下であるが、サル詰の役人大西氏穏の次のような例もあった。同地のアイヌが「数百年来判官義経の遺風を追慕」して風俗改めに従わず愁訴に及ぶのは、「御国の良民」として等しく撫育しようとするエンドカムイ（将軍）を有りがたく心得ていないからであると考え、呼び出した役付のアイヌを前にして、「尊崇」している判官は源氏の嫡流であり、エンドカムイも「源家祖宗の御裔」なので判官を奉斎することと同じであると説明したという（大友喜作編・解説・校訂『北門叢書』

第五冊四八八頁、国書刊行会、一九七二)。この役人はアイヌの人々が義経を崇拝していると思い違いしていた。

批判的な吟味が必要だが、その一方でアイヌのなかにもクスリのメンカクシのように自ら「源判官の子孫」と語る者も出てきていた(『北門叢書』第五冊四二八頁)。ただ、それは例外的であって、窪田子蔵のように、ヲキクルカムイ、シヤマヤングルは源判官、弁慶であるという「明証」は何もなく、この神をこの地に祀るべき謂れはなく、この祠はむだ事で、近藤重蔵らの謀にすぎないと批判していた。それがまだ幕末蝦夷地の義経物語の実情であった。

おわりに

一七・一八世紀の松前藩政期の文献史料は、同藩がその後転封・復領という歴史を辿ったために少ない。ウス善光寺にしても義経物語にしても、従来から比較的よく知られた史料に依拠するほかなく、和人とアイヌの人々とが織りなす生活・労働空間のなかでどのような機能を果たしていたのか検討するには限界がある。ただ子細に読み込めば、以上述べてきたように、ある程度の判断や評価ができないというものでもない。

官寺化以前のウス善光寺はアイヌの人々によるいっていいの自主的な信仰の関わり合いが窺われ、巡礼の宗教者たちは多少意識していたにせよ、アイヌの教化や支配という側面は希薄であった。クナシリ・メナシの戦い(寛政元年〔一七八九〕)の渦中にあって助かった南部大畑の伝七が、蜂起の中心人物マメキリから所持する貞伝万体仏を「尊き仏像」であるとして引き渡すよう求められたが、それもマメキリらの善光寺如来や貞伝仏に対する親近感を示すものでもある。

義経・弁慶伝説でいえば、オキクルミやシヤマイクルへの付会は、和人の勝手な願望や思い込みにすぎなかった。アイヌの人々にとってみれば、史実の義経がいかなる武勇者であったかはほとんど知らなかっただろうし、自らの民族的な精神生活が義経の侵入によって変容を受けたり壊されたりするものでもなかった。このように一八世紀(松前藩政期)の蝦夷地のなかの「日本」の神仏を理解してみると、こころや魂の領域における「日本」の神仏の影響はまだ緩やかであって、軋轢や葛藤も大きなものではなかった。

しかし、幕領化以後となるとそうはいかない。蝦夷地内国化という政治的プレッシャーが重くのしかかってくるからである。アイヌの教化や同化にも関与していく蝦夷三官寺の建立や、義経伝説の政治利用にとどまらない。場所請負制のもとでアイヌの雇労働化が進み、請負人や詰合役人によって編成された場所(運上屋・番屋)の生業のサイクルや年中行事の体系のなかに否応なしに組み込まれ、日常的な生活の場で「日本」の神仏に接していくことになる。その過程でアイヌの信仰・宗教観に「日本」の神仏がどのように入り込んでいくのか、近代史を展望しながらの検討が必要となってこよう。

参考文献

安達裕之　一九七〇「史料紹介・快風丸渉海紀事」『海事史研究』第一四号、日本海事史学会
井上研一郎監修　一九九一『蠣崎波響とその時代』(図録)、北海道立函館美術館ほか
岩崎克己編輯・発行　一九四三『義経入夷渡満説書誌』
岩崎奈緒子　一九九八『日本近世のアイヌ社会』校倉書房
海保嶺夫　一九七四『日本北方史の論理』雄山閣
菊池勇夫　二〇〇六「義経蝦夷渡り(北行)伝説の生成をめぐって―民衆・地域が作り出したのか―」『研究年報』第三

九号、宮城学院女子大学附属キリスト教文化研究所
同　二〇〇八「持ち込まれる『日本』の神仏―近世の松前・蝦夷地の場合―」（近世史サマーフォーラム二〇〇七実行委員会『近世史サマーフォーラム二〇〇七の記録―信仰から広がる世界―』）。その後、拙著『アイヌと松前の政治文化―境界と民族―』（校倉書房、二〇一三年）に収録
同　二〇一〇『十八世紀末のアイヌ蜂起―クナシリ・メナシの戦い』サッポロ堂書店
同　二〇一一「松浦武四郎と義経蝦夷渡り伝説」『研究年報』第四四号、宮城学院女子大学附属キリスト教文化研究所
金田一京助　一九一四「アイヌ始祖オキクルミ伝説」（『アイヌ文化志』金田一京助選集Ⅱ、三省堂、一九六一年、再録）
國東利行編　二〇一〇『松前・蝦夷地納経記』北海道出版企画センター
佐々木馨　二〇〇四『北海道仏教史の研究』北海道大学図書刊行会
佐々木利和　二〇〇二「アイヌの工芸研究への一試稿」『民藝』第六〇〇号、日本民藝協会
須藤隆仙　一九六五『北海道と宗教人』教学研究会
高木崇世芝　二〇〇〇『北海道の古地図』五稜郭タワー株式会社
高倉新一郎　一九七二『新版アイヌ政策史』三一書房
高倉新一郎編　一九八七『北海道古地図集成』北海道出版企画センター
高嶋弘志　二〇一〇「近藤重蔵の神社建立をめぐって」『釧路公立大学地域研究』第一九号
田中秀和　一九九七『幕末維新期における宗教と地域社会』清文堂出版
名古屋市博物館ほか企画編集　二〇〇五『円空さん』（図録）、中日出版社
宮崎道生　一九八八『新井白石の史学と地理学』吉川弘文館
山田秀三　二〇〇〇『北海道の地名』草風館

第四章　南部屋（浅間）嘉右衛門と飛騨屋―蝦夷地の利権をめぐる争い―

はじめに

寛政元年（一七八九）のクナシリ・メナシの戦いが飛騨屋久兵衛の請負場所でなぜ起きたのか、現地にいた飛騨屋雇人の横暴に関心を向けて検討してみたことがある。(1)飛騨屋の蝦夷地での経済活動は支配人以下、多くの下北地方出身者によって支えられていた。下北は桧（ヒバ・ヒノキアスナロ）の伐り出しがさかんな土地柄で、飛騨屋がその大畑を拠点として主に江戸市場向けに蝦夷地の唐桧《とうひ》（蝦夷松・エゾマツ）山請負に乗り出していったという事情があったからである。やがて石狩山などの運上請負から道東などの場所請負（アイヌ交易・〆粕生産）へ転じてからもそれは変わらなかった。雇人の立場からみると、彼らは漁業労働者（稼方）というより経営スタッフの一員（支配人・番人）としての側面を持ち、競い合うようにアイヌの人々を働かせる〆粕生産の新規開拓に取り組んだ。彼らの慣行破壊的な横暴行為は道義を欠くものであったが、飛騨屋という経営組織を利用しながら、生活実現のため能動的に生きようとした人たちであったのも否定できない事実である。

飛騨屋がまだ唐桧山の伐採事業を展開していたときのことであるが、飛騨屋を辞めて松前へ渡った大畑出身の嘉右衛門（南部屋）という人物がいる。飛騨屋大畑店の下代（支配人）を勤めていたから、運上山請負のノウハウや利益に目ざとい市場感覚を身につけていたと思われるが、松前藩の財政・勘定方を握る家老蠣崎佐士や湊源左衛門らと結びつき、蝦夷地の利権が複雑に絡むグレーゾーンに深く入り込んでいった。蝦夷地の山請負が飛騨屋から新宮屋へ移ることになった経緯に嘉右衛門が関与していたし、飛騨屋が伐木業から場所請負に転換した後も飛騨屋の活動をさまざまに妨害したとして、嘉右衛門自身が飛騨屋によって幕府に訴えられ、敗訴し死刑の判決を受ける。もと主人であった飛驒屋からみれば、嘉右衛門は悪巧みをもって飛驒屋の利権を奪おうとする「不埒」な存在に他ならなかった。

飛驒屋による嘉右衛門公訴の顚末は、すでに白山友正によって、飛驒屋側の一件記録である『訴訟書留帳』に基づき、その主要部分の翻刻とともに、訴訟の経過に即して詳しく紹介されている。(2)『松前町史』通史編(第一巻上)などでも詳しく叙述されているので、史実としてはよく知られていよう。あらためてここで検討してみたいのは、大畑出身の飛驒屋の雇人にすぎなかった嘉右衛門が、最後には飛驒屋の用意周到な訴訟技術の前に敗北してしまったとはいえ、全国系商人資本である飛驒屋に執拗に挑むことがどうして可能であったのかという点である。「姦悪邪智に長じ」「賄賂を以て藩士を誘ひ(3)」という人格・行動評価は間違ってはいないにしても、問題はそうした人格・行動類型が嘉右衛門一人のものではなく、大なり小なり共通した性格であったろうし、置かれている力関係もあり、飛驒屋を清廉、嘉右衛門を邪悪という色分けで最初から見ていくのは正しくないということである。一八世紀は列島社会が貨幣・商人による経済社会化が進み、産業の発展や生活革命が促されていく時代であるが、嘉右衛門の経済活動のすがたをみていくなかで、そうした時代の申し子であったことを読み取ってみたいと思う。

以下、嘉右衛門の一生を、飛驒屋大畑店の時期、松前藩に渡った時期(南部屋嘉右衛門名前)、盛岡藩に帰国した時期、再度松前藩に渡った時期(浅間嘉右衛門名前)、の四つに区分して述べていく。これまで飛驒屋側の公訴史料や『福山秘府』などの松前藩関係の史料にもっぱら依拠して論じられてきたが、『盛岡藩雑書』など出身地盛岡藩側の史料を使って、嘉右衛門の身柄の受け渡しに関する松前藩と盛岡藩の間のやりとりや、飛驒屋公訴のさいの幕府の盛岡藩への身元照会などについても紹介していきたい。

一　大畑店の下代嘉右衛門

飛州湯之島村に本店を置く飛騨屋久兵衛(三代倍安)が弟久次郎と連名で、安永九年(一七八〇)六月、嘉右衛門の大畑店時代の不正などを告発して勘定奉行山村信濃守役所(奉行所)に公訴してから、判決に至るまでの経緯を克明に記録した『訴訟書留帳』(4)が残されている。飛騨屋の訴状や裁判の尋問の過程で、嘉右衛門の出生・養育に始まって、飛騨屋と嘉右衛門との積年の確執が明らかにされ、嘉右衛門自身の主張もそのまま記録されているので、嘉右衛門の人生を知りうる基本史料となっている。以下、たびたび使用することになろう。

まずは嘉右衛門の生い立ちからみていく。安永九年六月五日「久兵衛・久次郎訴状」(以下Aと略記)によると、祖父久兵衛が奥州南部の大畑村に出店し、やがて蝦夷地唐桧山に進出したが、本国から連れていった手代たちでは「土地不案内」であったので、六〇年以前、嘉右衛門の親で大畑村出生の儀兵衛を召し抱えた。その後儀兵衛は病死したので、同人妻と幼年の子供を家内が引き受けて養育した。子の嘉右衛門が成長するにおよんで手代役を申し付け、それより店支配をさせ諸向を任せた。土地出生の者であるので居屋敷を用意し別宅も普請してやり召し使ってきた、という経緯があった。同様のことは同年八月五日「久兵衛密々腹書」(以下Bと略記)、同年八月一〇日「久次郎口書」(以下Cと略記)にも書かれており、親儀兵衛に店支配をさせていたので喜右衛門も同様に店支配を引き継がせたこと(B)、嘉右衛門が下代となったのは二二歳の時からであったこと(C)がわかる。嘉右衛門自身による同年八月一〇日「嘉右衛門口上」(以下Dと略称)にも生い立ちが述べられている。親儀兵衛は年数を覚えていないが、「親久兵衛」の下代になり蝦夷地の唐桧山を取り計らった。「親久兵衛」が病死したのは三〇ヵ年以前で、それに引き続いて親儀兵衛も病死した。私が下代になったのは二二歳のときで、儀兵衛同様に勤めた、などとある。飛騨屋側とそれほど違わないものの、いくらか詳しく語られている。

これらを整理しておくと、飛騨屋が材木商として大畑に出店したのは八〇年以前祖父久兵衛(初代)というから(A)、元禄一三年(一七〇〇)にあたる。嘉右衛門の親儀兵衛は六〇年以前、すなわち享保五年(一七二〇)頃から親久兵衛(二代倍正、ただし初代倍行は存生)に仕え、下代として蝦夷地の唐桧山請負事業の進出に携わっていた。しかし親久兵衛が寛保二年(一七四二)に死去すると、(5)それに続いて親儀兵衛も病死してしまった。儀兵衛が実直に勤めあげたからだろう、妻子は死後飛騨屋(三代倍安)に引き取られて養育された。子の嘉右衛門が成長し、親儀兵衛と同じ大畑店の下代(支配人)となったのは二二歳のとき、白山によれば宝暦一〇年(一七六〇)のことという。(6)このような生い立ちをみれば、まさに飛騨屋が将来に期待をかけた子飼いの人物であったといえよう。

下代としての嘉右衛門の活動は、宝暦一二年九月、および明和元年(一七六四)九月の「勘定目録帳」(山方仕入金高并諸方取遣帳面万商物等)では山本嘉右衛門が石神伝治郎あるいは浜谷嘉助と連名で作成責任者になっていた(7)り、また、問屋与左衛門が弥市郎川御山の運上金一二五両を引負により上納できなくなり、飛騨屋が金二〇両を出金したさいの宝暦一二年一二月四日の「覚」証文に、飛騨屋側として武川伝次郎と嘉右衛門が名を連ねている(8)ことなどから、実際に確認することができる。

大畑店を切り盛りしていた嘉右衛門は、明和三年(一七六六)に突如支配人(下代)を罷免される。「久兵衛・久次郎訴状」(A)によればその経緯はおよそ以下のようなものだった。一五ヵ年以前(明和三年)の勘定改めのさい、元金三〇八九両余が不足していたので尋ねると、「脇方へ貸置」いたという説明であった。しかし、「実々貸遣候金子」のときには主人久兵衛に報告して許可を得るべきだが、そのことをせずに取り計らい、しかも勘定吟味のうえ不足金について尋ねると「取拵」えて申し、帳面も嘉右衛門任せになっていたのであれこれ言い訳はするものの、金子不足は「引負」（使い込み、損金）に相違なく「不埒至極之致方」であった。そのため店支配を取り上げた。その後も我儘で主人に対して「不埒」なことがあったが、「親代ゟ召仕幼年ゟ見立遣候者」なので「不便」（不憫）に思い用捨してきた。一四ヵ年以前（明和四年）、嘉右衛門は暇を願う。そのさい勘定して、嘉右衛門の引負金都合三二七九両余を早々に調達して返却することを条件に暇を許したが、後に四七七両余を返金したに過ぎなかった。こうして偽って得た引負の金子を持って直々松前表に渡海していったのだという。

久兵衛は嘉右衛門の引負の件について、嘉右衛門に店支配をさせていたところ、同人姉聟の同村安右衛門と「馴合」、金二八〇〇両余が引負となり、そのうえ悪事があり役儀を取り上げ、隠居させたとも記し（B）、姉聟安右衛門への資金融通を問題視していたことがわかる。「久次郎口書」（C）は訴状（A）とほぼ同じ文面であるが、嘉右衛門に暇を許したさい、金三二七九両の返金について「帳面ニ出入記有之候故、別ニ証文ハ不請取申渡斗」であったとしており、引負金の返済証文が作成されていたわけではなかった。嘉右衛門はその後亥年（明和四）より寅年（明和七）まで四ヵ年のうちに金四七七両余を返済したという。

しかし、嘉右衛門の供述（D）はまったく食い違っていた。飛騨屋久兵衛は、明和三年の嘉右衛門「不埒」により勘定したところ三〇八九両の勘定不足があり、また嘉右衛門隠居後の翌年の勘定で給金貸および引負金子一九〇両余があり、合せて三二七九両が嘉右衛門の引負であると主張しているが、自分にはまったく覚えのないことである。下代勤務のときは一ヵ月に三度ずつ勘定し、例年一〇月に一ヵ年の惣勘定を大畑村出店で行ってきた。惣勘定のさいには久兵衛はじめ下代たちが立ち会って金銭出入帳に記入し、久兵衛以下一同印形するが、その年の損金徳用を取り調べ一ヵ年限りに勘定してきた。明和三戌年までこのようにしてきたので、少分でも引負ということはありえない、というのであった。ところが明和三年の九月にどうしたわけか隠居を命じられ、心外であったが従った。そのさい引負金のことを言われた覚えがない。翌年嘉右衛門のほうから暇を願い許可された。

また、引負金のうち四年にわたって四七七両返済したというのも覚えがない。双方が印形してきた帳面を吟味すればわかることなので調べてほしい、そのように嘉右衛門は要望した。

山村役所から証拠となるものを差し出すよう久兵衛が求められ、安永九年（一七八〇）八月一三日、「金銭附訳帳」八冊、「金銭出入帳」七冊、「仕入指（差）引帳」一冊の計一六冊を提出したが、そのさい、「仕入指引帳」の尻に「覚」（同日付）を書き加えていた。三〇八九両余の不足金は嘉右衛門の親類伊勢屋安右衛門方へ「取替」（金銭の立て替え、用立て）たものであり、久兵衛の許しを得ず勝手にやった嘉右衛門の引負であると明記し、嘉右衛門に覚えがないという右の返済金に関して、大畑村の木置場に桧葉角二七五〇石目があり、その材木惣売代金四七〇余を久兵衛が受け取り、それの差引残二六一二両二分余の引負になると説明していた。

同年九月一七日、山村役所で提出諸帳面に基づいた不足金をめぐる対決があった。取り調べの役人から、いせ屋（伊勢）安右衛門への貸置三〇八九両の記載のある「金銭差引帳」には嘉右衛門の印形があり、支配中の不足金は引負金に相違ないと追及されるが、嘉右衛門はまったく引負ではなく久兵衛も立ち会って印形していると主張。久兵衛・久次郎は、久兵衛立ち会いの印形ではなく、店支配人に預けておく仕切判で、嘉右衛門が支配中には自由に使用できたものと反論。役人は仕切判と認定し、「嘉右衛門其方義色々申紛候段不届存候、上下モ剥取石為抱候而も明白ニ可為申候」と言う。嘉右衛門は、帳面には安右衛門ばかりでなく、武川与惣右衛門・与右衛門なども仕込金損分になっている、なぜ願書からそれを除き安右衛門ばかりなのか、私一家のことだから問題にされているのではないかと、なおも主張する。これに対しては久兵衛・久次郎、与惣左衛門らのことは飛州表からの差図であり久兵衛印形の書付を嘉右衛門が所持しているはず、安右衛門の件は嘉右衛門が勝手にやったことであると反論した。結局、久兵衛の許可を得ないで安右衛門に融通したと事実認定されて、嘉右衛門の言い分は通らず、損金ではなく嘉右衛門の「引負金」ということになり、口上書が作成された（九月一七日「浅間嘉右衛門口上」、以下Eと略記）。

この引負一件は安永九年（一七八〇）の訴訟のさいに、係争点として飛騨屋が嘉右衛門の不正だとして過去の古傷をあえて持ち出してきた事柄であったといえよう。おそらく、当時嘉右衛門が関わった損金に対して久兵衛は疑問や不信を抱き、それが支配人罷免（隠居）につながっていったとしても、証文を作成していないことから、引負金として嘉右衛門の負債であることを明確にはせず、良好な関係が維持されていったのであればあえて追及しなかったのではないかと推測される。結果的には損金として扱おうとしたのであろう。したがって、帳簿上は適正に処理されており、身に覚えがないとする嘉右衛門の主張が必ずしも一方的に間違っているわけではない。久兵衛側が訴訟にあたって用意周到に帳簿を精査し、不足金とその処理を調べあげ、嘉右衛門の独断であったとする主張に成功したのだといえよう。

嘉右衛門より融資を受けた姉聟安右衛門であるが、「浅間嘉右衛門口上」（E）に不足金三〇八九両についてやや詳しく証言されている。

宝暦八寅ゟ明和三戌迄、私親類南部領大畑村百姓安右衛門江仕入金ニ私ゟ相渡候分ニ御座候、并明和二酉年安右衛門江戸調物代と申金百拾四両三歩、私給金借過之勘定之金七拾六両有之、合三千弐百七拾九両余私引請中之勘定不足金相立、右之内四百七拾七両ハ材木ニ而相渡、残而不足金弐千八百弐両余ニ相違無御座候得共、安右衛門義山稼仕候者ニ而仕入金ニ私ゟ相渡（下略）、

これによると、「山稼」をしている安右衛門の「仕入金」として融通していたのが不足金の理由であった。このことは、飛騨屋の宝暦一一年（一七六一）菊月（九月）「惣元立差引目録」に、「いせや安右衛門殿二階瀧山仕入

金」三六四両二歩砂一分三厘七毛余、「いせ屋安右衛門殿秋田砂子沢山仕入金」二二五両、明和元年（一七六四）一二月改の同目録に、「伊勢屋安右衛門殿方大畑山并ニ秋田砂子沢山仕入元金」二六九〇両二歩砂二分五厘二毛、などと記載されていることでも裏付けられる。(9) 安右衛門は南部山・秋田山を飛騨屋の資金援助で伐木していたのである。

盛岡藩の『田名部惣御留山御山帳』（明和四年）(10)からも安右衛門が地元の有力な山師の一人であったことが窺われるが、飛騨屋との関係が切れると経営破綻に追い込まれた様子であった。安右衛門の運上山として、正津川村八瀧御山（明和九年より五ヵ年運上）、大畑村小目名沢御山（安永二年より五ヵ年運上）、同村釜野沢御山（明和七年より三ヵ年運上）、同村木和田川御山（安永三年より五ヵ年運上）の四ヵ所があったが、釜野沢御山を除き「御礼金不納ニ付御取上山」となっているからである。それはともかく、嘉右衛門の下代罷免の事態は、姉婿安右衛門への資金提供が増大して回収不能な損金（引負金）を生み出しかねず、さらには地元の山師たちの事実上の金主となって大畑店を乗っ取られてしまうのではないかと、久兵衛側が危機意識を抱いたことによるものかと推測される。先手を打っての隠居だったのではないか。

二　南部屋嘉右衛門と松前藩

安永九年（一七八〇）飛騨屋公訴の審理中、山村役所から盛岡藩に対して嘉右衛門の「欠落」の件について照会があった（『南部藩家老席日誌』天明元年一月二六日条、以下『雑書』と記載）(11)。これに関わって、安永一〇年（天明元）二月一三日付で、大畑町嘉右衛門親類文右衛門・同所本検断十郎兵衛・同所検断平八が事情を調べて田名部代官に提出した文書が『雑書』天明元年二月一七日条に掲載されている。それによれば、明和五年(一七六八)八月に松前へ稼ぎとして罷り越したことは承知しており、翌年一一月帰国、そして同月末には江戸に罷り越すと代官所へ申し上げ、「御境通御切手」を願い上げ、それを持参して出国していった。明和九年の不調法の件(後述)のさいには地元にいなかった。「風説」には上方筋や松前で「木山働」をしているとのことであったが確かではなく、安永三年まで「数年居所并生死之程」も分からない、という親類の者たちの話であった。幕府からの「欠落」かとの尋ねには、親類が「欠落」の訴えをしていても嘉右衛門はそのことは知らないので、「欠落」ではないと地元の検断らは判断していた。いずれにしても、明和六年一一月に江戸に向ってから、安永三年の送還まで、大畑の親類らとの間の音信が途絶えていたことが判明する。この時期、妻・子供たちの所在は分からない。

「久兵衛・久次郎訴状」(A)によれば、飛騨屋を偽って引負として拵えた金子をもって、直々松前に渡った(明和四年)。飛騨屋は年々六〇〇両の運上を納め蝦夷地の唐桧(エゾマツ)を伐採してきたが、そこに嘉右衛門が割り込んできて、その運上金額に加え年々米一万俵宛を御用立てするという条件で唐桧を一手に請け負い、セリ取ろうとした。松前藩は請負年数内でも嘉右衛門に認めるとのことだったので、飛騨屋は従来の運上金六〇〇両に四〇〇両を上積みして、一ヵ年一〇〇〇両上納することとし、しかも二〇〇〇両先納という条件で「御領内唐桧並類木共」の伐採権を願い、聞き届けられた。亥(明和四年)八月二五日の「覚」には「蝦夷桧葉并椴《とど》惣山願書」(二〇日付)を出したとあり、右の「類木」とはこの「椴」のことを指していよう[12]。

しかし、明和六年になって、嘉右衛門は「請負山之類木」の伐り出しを藩に願い出、藩はそれを許可しようとした。飛騨屋はそれが認められれば渡世から離れ難儀すると訴えたものの承引なく、やむなく先納金二〇〇〇両、御用立金二七九五両、合せて四七九五両を返金してくれるなら返山すると申し出、受け入れられ請負証文を返上した。『旧紀抄録』[13]は明和六年一一月五日の日記中に、「飛騨屋久兵衛石狩山方囲材木不残取揚ニナルヨシ」

みえるとするが、このように請負中伐採した材木も嘉右衛門に渡したのでその分の先納金・材木代金二三〇〇両、他に当地(江戸)の松前藩屋敷月割上納金一〇八八両があり、それらも含め合計八一八三両にも及ぶ松前藩側の返金額(負債)であった(A)。松前藩がこれを調達・返済できなかったので、飛騨屋はやむをえず二七八三両をこれまでの渡世の冥加金として差し出し、残金五四〇〇両の引き当てとして、下蝦夷地四ヵ所の運上場所(エトモ、アッケシ、キイタップ、クナシリ)を、一ヵ年上納金二七〇両宛の積りをもって受け取った(翌安永三年より二〇ヵ年の約束)。こうして飛騨屋は山稼ぎから場所請負に転換していく。

飛騨屋は嘉右衛門のそうした行動について、隠居させている内に、松前様御家来の湊源左衛門という人と「内通」し、久兵衛方を「無理」に暇を取って直々松前へ罷り越し、久兵衛の祖父代より渡世してきた唐桧山について、湊源左衛門と馴れ合って「色々故障申掛、親代〻の厚恩を忘却」し、「主人之商職を奪取」ろうとしたときびしく非難している(B)。松前藩の運上山の召し上げにはすべて嘉右衛門の請負奪取の野望が絡んでいたことになるが、嘉右衛門の言い分はやや違っている。去る丑年(明和六年)久兵衛稼ぎの山の「類木」をせり取りたいとの願を嘉右衛門が出したと飛騨屋は主張しているが、そう願ったというのは私ではない。松前藩家中湊平左衛門(源左衛門の父、明和八年六月隠居し、源左衛門家督、『旧紀抄録』)が「勝手向益筋之儀」から運上金六〇〇両の他に毎年米一万俵ずつ差し出させようとしたもので、嘉右衛門にそれを命じるのであれば「請負人を附候積りニ而申立」たが(直接嘉右衛門が請負人になるより別人を立てるという意味あいか)、久兵衛請負中は難しいことであって、久兵衛へ運上増しを要求したことは知らなかった。嘉右衛門が飛騨屋の「引負」の金で松前藩に取り入ったなどということもありえない、と否定していた(D)。

この飛騨屋返山の件については、湊源左衛門が安永九年一二月九日山村役所へ差し出した「一存ニ而書付」(九月一七日尋への返答、以下Fと略記)によると、蝦夷地唐桧山は久兵衛に請負稼ぎを申し付け、その他に椴山を留山にして無運上で久兵衛に渡したが、松前藩が勝手向不如意であったので椴山を返すよう久兵衛に求めた、しかし久兵衛はそれを聞き入れず、元利金四七九五両を返してくれるなら唐桧山・椴山とも返すとして合意に至ったとしている。

飛騨屋が請負証文を返上したあと、丑年（明和六年）一一月より蝦夷地の唐桧山一円が嘉右衛門の請負となった（C）。一ヵ年の運上金は一二五〇両であった。嘉右衛門によれば、この請負は江戸の霊岸島四日市町家主久右衛門（新宮屋）と申し合わせて稼いでいたが、相対の上卯年（明和八年）正月より久右衛門名前に変更し、久右衛門が引き継ぐこととなったという（D）。しかし、松前藩の湊源左衛門によると、嘉右衛門に請負を申し付けたというのではなく、江戸町人の望人を糺したうえで、寅年（明和七年）より久右衛門に稼ぎを申付け、今も同人の請負であると答えており、飛騨屋・嘉右衛門とは多少食い違っている（F）。

このあたりの事情がやや不明瞭だが、『旧紀抄録』明和七年九月二〇日条に「江戸伊藤久右衛門手山申付、支配人南部屋嘉右衛門ヨリ石狩杣入申立ル」とあり、名目は「手山」で、嘉右衛門は杣方の手配などの支配人役であったことになる。『北海道史』第一によると、新宮屋から融資を受け、伐採した蝦夷桧（唐桧）をすべて新宮屋に送り、その代金で償還するという方法であったようだ。これが「手山申付」の内実かと思われるが、しかし資金に窮し、明和八年より一〇ヵ年一万二五〇〇両、および幕府払い下げ米代二四三両の調達を条件に新宮屋が請け負うことになった(14)。

しかし、安永元年（一七七二）二月の大火で江戸藩邸が類焼したさい、藩邸の建築を命じられた新宮屋はその費用を運上金や幕府払米代金から引くよう主張したが、藩は許可しなかったという（『北海道史』第一）。このため、同年一二月になっても新宮屋は運上金、払米代金を上納しなかった（『旧紀抄録』）。この混乱の責任を取らされ、同月、松前藩の家老蠣崎佐士退職、桧山奉行明石半蔵、勘定役島田団右衛門・蠣崎十郎左衛門、目付湊源左衛門の四人が退役処分となっている(『旧紀抄録』)。

松前藩は翌二年四月新宮屋より石狩山を取り上げ、手山名目で飛騨屋久兵衛に支配方を任せることにした(同上)。そのさい飛騨屋は山方伐り出し金一四〇〇両と公儀への石代上納一四五六両を用立てている。同年一〇月新宮屋は幕府に公訴し、翌三年七月内済となり、再び新宮屋の請負となった。飛騨屋は伐り出した材木も新宮屋へ渡すことになり、松前藩に用立てた二八五六両の引き当てとして宗谷場所を請け負うことになった(一ヵ年一九〇両、一五ヵ年季、A)。新宮屋は松前藩から「南部屋嘉右衛門同然之山師」(『旧紀抄録』)とみられていたが、運上金不納や幕府への訴訟で対抗する新宮屋がかなり上手であったことになろうか。

嘉右衛門は辰(安永元年)四月、サル山(申山、猿山)での赤松伐り出しの請負を願い許可となったが、運上高も定めず、試しに伐り出したのだという(D)。しかし、『旧紀抄録』には「猿山支配人」とあり、また湊源左衛門も、無運上の場所で、去る卯年(明和八年)赤松伐り出しを嘉右衛門に申し付けたとあるので(F)、藩の直営で嘉右衛門の請負ではなかった。これについても、飛騨屋は安永九年の公訴のさい、サル山は漸く一ヵ年二〇〇～三〇〇両くらいの元入れにすぎないのに、六〇〇〇両程の損亡があったと家老蠣崎佐士、湊源左衛門が申し立て、藩より謂れのない一二〇〇両を受け取り、嘉右衛門が六〇〇両、佐士、源左衛門、島田団右衛門など嘉右衛門手引きの役人中で残る六〇〇両を配分したという風聞まで幕府に内密に書上げている。そのままには信用しがたいが、藩役人と結託した嘉右衛門の悪事ぶりを暴露している(B)。

三　盛岡藩引き渡しと松前藩貰い受け

下夷地（東蝦夷地）サル山の支配人嘉右衛門は、安永元年（一七七二）の杣入のさい松山官府が知らなかったことから、安永二年八月五日、国法に背くか否かの尋問を受けている。そして同年九月二五日、去年中の蝦夷地への無断杣入り、および無判船直颿は国法に背くこととされ入牢処分となった（『旧紀抄録』）。嘉右衛門はこれについて、松前城下を経由しないで山内に直接向かうのは「直走（スクハシリ）」と唱え「制禁」されているが勝手がよい、「直走」を「不届」だとして辰年（安永元年、同二年の記憶違いか）九月二五日から一二月九日まで入牢となったが、それは元来願い置いたことで役人の「手違」であった、サル山は取り上げられてしまったものの、出牢となり構いもなかったと弁明している（D）。嘉右衛門には利益あるいは合理性から規制破りをためらわない「山師」の強引さがあった。

安永三年八月四日、松前藩の留守居尾見兵七が盛岡藩の江戸屋敷を来訪して、留守居加嶋丹右衛門と出会し、大畑南部屋嘉右衛門の取り扱いをめぐって盛岡表で掛け合いたいと申し入れている（『雑書』安永三年八月一六日条）。そのさい「委細別紙書」として盛岡藩に「覚」が差し出されているが、そこには以下のようなことが書いてあった。

①御領内大畑南部屋嘉右衛門と江戸町人新宮屋久右衛門とが松前領内の蝦夷桧山の請負を願ったので、去卯（明和八年）の年より一〇カ年季に申し付け、両人名前で証文を遣わした。

②その後、久右衛門が一手証文を願達してきたので、その通りに申し付けた。

③久右衛門へ一手に申し付けたので、嘉右衛門へは東蝦夷地の「さる山」という所の新山支配人を申し付けた。杣人のさい無断で山入し、そのうえ蝦夷地へ無断で船を直乗した。これは前々より「公儀被仰出」によって禁止されている。嘉右衛門は懸り役人へ無届で夷地(蝦夷地)へ乗り廻したので、吟味を遂げ入牢を申し付けた。そのうえ志摩守の存入もあるが、一旦支配人も願った者なので「出牢渡海」を申し付けることにした。ただ、江戸表で久右衛門が山方一件について公訴し、訴状の表に嘉右衛門名前もあり、松前表に暫く差し留めている。

④当春中、志摩守江戸屋敷役人共へ花薗様の召仕女中より内々申し来った。南部屋嘉右衛門は京都西洞院様の御出入で、松前において商売体もある由、目を懸けくれるようにとの西洞院様より花薗様への御願の由であった。これを松前役人共が承知し、元来山方について不埒がちな嘉右衛門ではあるが、一旦願により支配人を申し付け、またそうした訳合もあるので、松前で前々の通り山方商売をするよう申し付けた。しかし、嘉右衛門は山方に望みがない趣で彼是難渋がましいことを言っていた。

要は嘉右衛門の「出牢渡海」にあたって、盛岡藩が協力して受け入れてほしいという依頼であった。ここには、嘉右衛門と新宮屋久右衛門とによる桧山請負、嘉右衛門のサル山請負と入牢理由、出牢渡海の措置、そして花薗様からの働きかけ、が簡略にまとめられている。山師嘉右衛門が「慈悲」によって出牢したのは安永二年一二月一〇日のことであったが(『旧紀抄録』)、出牢後、嘉右衛門の希望もあって「渡海」(帰国)となる予定であった。しかし、新宮屋が一〇月二三日に公訴した旨の江戸からの報が一二月一三日にもたらされ(同前)、新宮屋訴状に嘉右衛門の名前があったため、松前表に暫く差し留めとなっていたことがわかる。安永三年七月二六日、新宮屋との内済の知らせが松前に届き(同前)、嘉右衛門の盛岡藩引き渡しに動いたことになろう。なお、花薗様というのは「公儀御老女」（幕府大奥、『雑書』安永八年一月六日条）である。西洞院と嘉右衛門の関わりは後述する。

安永三年（一七七四）八月二〇日、江戸表より下って盛岡六日町半六所に止宿した松前家中因藤与惣治・氏家新兵衛の両人が盛岡藩の町奉行新田目佐兵衛・目付大矢三右衛門と掛け合っている（『雑書』天明元年二月一七日条）。因藤は御用人寺社御町奉行、氏家は惣山御奉行江刺（江差）郡代と肩書きにみえる（『雑書』安永三年八月二三日条）。両人の申し入れの内容が『雑書』天明元年（一七八一）二月一七日条に記されている。

御領分大畑村嘉右衛門義、先年松前表江罷越木山働方不埒之筋有之籠舎申付置候処、当春致容赦出籠宿預申付置候、右一通者相済候得共、兎角内々面倒之儀も有之候間、御領分御百姓之事故御引取禁足ニ而も被仰付置候様仕度候、急度御届と申ニハ無之旨、右両人申聞、承知之趣及挨拶申候。

これによると、木山働方不埒、すなわちサル山の一件は済んだが、「内々面倒」なことがあり、領分百姓なので盛岡藩で引き取って「禁足」処分にでもしてくれまいかという要請であった。ただし「急度御届」ではないとしているので、半ば非公式な扱いを求めていた。新宮屋公訴事件によって嘉右衛門と結託していた蠣崎佐士や湊平左衛門父子らのグループが謹慎中とあって、嘉右衛門に軽はずみな行動を取られたら困るという判断があり、わざわざ藩役人まで派遣して「禁足」措置を申し入れたということであろう。この江戸からの派遣とは別に、松前家中土屋仲が田名部代官所に来て、勤番代官三太夫こと下田兵部右衛門へも同様の掛け合いをしていた（『雑書』天明元年二月一七日条）。

松前藩足軽が山師嘉右衛門を大畑で盛岡藩の同心足軽に引き渡したのは安永三年八月二四日であった。搦捕え、手錠をつけて夜中に田名部へ引き連れていったという（『旧紀抄録』）。『雑書』によると、松前藩からは付添役人というのはなく、田名部給人小田七兵衛、徒目付寄木文蔵が受け取り、盛岡に連行し、九月二日直々牢舎となった(『雑書』天明元年二月一七日条)。引き渡しが済んだあと、松前藩の土屋より田名部代官下田・工藤へ嘉右衛門一件の進物として膃肭臍《おっとせい》一・鷲尾五尻が贈られてきている(『雑書』安永三年一〇月一一日条)

盛岡藩は嘉右衛門をどのように処遇すべきか多少の戸惑いはあったようだ。大畑村嘉右衛門は盛岡藩においても「不埒」な事柄があった。これは、飛騨屋公訴一件で山村役所から「不埒之筋并欠落仕候日限尋」があり、それへの回答中に出てくる(『雑書』天明元年二月一七日条)。嘉右衛門と同様の関係者六人(大畑村九右衛門、十兵衛、八郎治、藤左衛門、伝右衛門、万右衛門)が明和九年(安永元)二月、「田名部野辺地海辺役立請負」(明和六年一一月願)の「運上御礼金不納」、および「山方運上」(その後の願)の「御礼金不納」の件で、盛岡に引き付けられ籠舎となることがあった。六人の者は翌年五月に籠舎御免となっていたが、嘉右衛門だけは同罪になったものの在所におらず、欠落訴えとなっていた。嘉右衛門がこのたび帰ってきたとしても、同罪者はすでに出籠しており、さして重い咎の次第でもなく、また松前藩から「急度被送届」というわけでもなかったが、松前表で不埒を働いたということから、盛岡での「籠舎」になったのだという。

その後の盛岡藩での嘉右衛門の動向であるが、嘉右衛門自身は巳年(安永二年)より酉年(安永六年)まで大畑村にあり、松前・蝦夷地との「拘り合」はなく過ごしたと述べ(年が一年ずれているか)、湊平左衛門の「吹挙」(推挙)で亥(安永八年)正月一一日志摩守方に召し抱えられたと証言している(D)。松前藩が貰い受けのさい「出籠助命」を願い、盛岡藩も「永籠同様」に扱ったとしており、出牢も「白洲」へ呼び出して申し渡したとしているから(『雑書』天明元年二月一七日条)、盛岡の牢に収監されていたとみてよいだろうか。ただ、嘉右衛門の証言と大きく食い違っているので、もう少し確証が得たいところである。

先に進んでしまったが、嘉右衛門をめぐって松前藩側から新たな動きが始まるのは安永七年になってからである。安永七年一二月四日、松前家中土屋仲が江戸表に登るさい盛岡で、大畑村嘉右衛門の件で、御意を得たいことがあるといって宿半七を通して申し入れてきた。町奉行新田目佐兵衛が行くと、次のような話の内容であった。

公儀御役人中様御取次之内ゟ松前勘定役横井庄蔵と申者江沙汰有之候ニハ、此方様御領嘉右衛門一件表立候次第ニ而は、松前様御名も出候事故内済仕候様申聞候付、右嘉右衛門義ハ南部様御領江相渡、唯今ニ至松前ニ而ハ取扱兼候旨、此度拙者出府序右御取次之方江可及挨拶候哉、左候ハヽ、此方様御役人中江向方様より御糺も可有之哉、兼而御懇情も被下候事故、為御心得御咄申置候由、仲（土屋）申聞候（『雑書』天明元年二月一七日条）

公儀役人の「取次」から、嘉右衛門の処遇に関してのことかと思われるが、松前藩に沙汰（指示）があって、嘉右衛門一件が表立ちになると「松前様御名」すなわち藩主にも響きかねないので内済してはどうかと言ってきた、しかし、嘉右衛門は盛岡藩に引き渡されており松前藩では扱い兼ねるので、盛岡藩に「御糺」でもあったときにはよろしくお願いしたいというものであった。

これだけでは具体的な内容はつかみにくいが、安永八年一月六日、松前藩家中湊源左衛門が盛岡城下の六日町半七所に到着し、家老より同席に宛てた書状を、半七を介して差し出している。前々と同じく「急度御取扱」にはしないでほしいとの要望であった（『雑書』安永八年一月六日条、一〇日までの経緯示す）。使者御用懸として町奉行新田目佐兵衛・相坂宇左衛門、目付川守田弥五兵衛が命じられ、八日にこの三人が源左衛門宿に訪れ応対した。使者湊源左衛門の「口上」には、大畑村嘉右衛門について「長々御頼申上気毒ニ存付、最早年数ニも罷成」り、「籠舎助命」ともに免許を得たい、そうであれば嘉右衛門が望むように妻子ともに引き取って養育、手当したいというものであった。また、「別段口上」には次のようにあった。

大畑村嘉右衛門事、先達而ゟ京都西洞院様并公儀御老女花薗様ゟ彼是松前江被仰越候故、御取扱申上居候内、去冬公儀御役人様ゟ猶亦内済ニ取計方御沙汰有之、御老中様方ゟ御響有之、其上志摩守国政之取扱方不宜之趣御内沙汰ニ而、甚心労昼夜此儀難凌程之事共ニ罷在候、第一嘉右衛門事籠舎助命得御免許直々御望来、妻子共於松前養育仕、其上西洞院様江早ク申上候得者、おのつから西洞院様ゟ江戸江も被仰越候事故、公義御役人方御聞済も有之志摩守申晴ニも罷成、常々此方様御懇意被成下候上嘉右衛門事先年頼上、今亦重キ次第罷成不得止事御無心申上候(下略)、(『雑書』安永八年一月六日条)

これによると、先の土屋が内済といっている内容がある程度知られる。京都西洞院様および公儀御老女花薗様が幕府の老中レベルまで働きかけ、嘉右衛門のしかるべき復権を求めていたことを指すのであろう。そうしなければ、松前藩の内情が暴露され、「国政」の取り扱いがよくないとして窮地に立たされる、そうした危機感のなかで、盛岡藩に籠舎助命の免許と貰い受けを、妻子ともども引き取って養育することを条件に申し入れたのであった。一月一〇日、盛岡藩は「公儀重キ御方様」よりの沙汰であることを重視し、しかも使者が急々にやって来て委細内密の話し合いであったので、松前藩主の心労を察し、松前藩の望みに任せて嘉右衛門とその妻子の勝手次第引き取りを認めている(『雑書』安永八年一月六日条)。同一〇日、使者旅宿六日町半七所で新田目ら懸りの三人が立合い、嘉右衛門を白洲に呼び出して申し渡し、源左衛門へ引き渡している。嘉右衛門妻子は田名部で引き渡すことになっていた(『雑書』天明元年二月一七日条)。

飛驒屋によれば、盛岡藩で六ヵ年も牢内にいる嘉右衛門を出牢させようと動いたのは京都で医師をしていた嘉右衛門の甥であるという。公家の西洞院に出入りし、その役人中を「取拵」えて、江戸の「見聞方」へ嘉右衛門を出牢させるよう「推挙」があり、「見聞方」から江戸松前屋敷の役人に「内意」があり、それを松前表に伝えたところ、どうしたわけか嘉右衛門の貰い受けになったとしている（B）。嘉右衛門出牢の背景には、嘉右衛門甥→公家西洞院→江戸大奥老女花薗→公儀役人（幕府老中筋か）→松前藩江戸屋敷といったルートの強い働きかけがあったことになる。一介の山師が公家や幕府の奥深いところに食い込んでいる様子が窺われるが、当然ながらそこには賄賂の授受や利権のもたれあいが随伴していたことが想像される。松前藩でもこの嘉右衛門の貰い受けを機に蠣崎佐士が家老職に復権し（安永八年三月）[15]、湊源左衛門も勘定奉行となる。後述のように源左衛門は幕府の勘定方の役人とも一脈が通じており、嘉右衛門の右のルートだけではない要路への働きかけがさまざまにあったに違いない。

四　勘定下役浅間嘉右衛門と飛騨屋公訴

浅間嘉右衛門を名乗った嘉右衛門自身の証言によれば、湊平左衛門の「吹挙」によって、亥（安永八年〔一七七九〕）正月一一日、松前役所で松前藩召し抱えを申し渡されたという（D）。ただし、湊源左衛門によれば、平左衛門の吹挙ではなく、嘉右衛門が毎度自分商で松前に来て、差し働きもある者だったので取り立てられたとしている（F）。嘉右衛門の家内も松前に引き移り、城下に屋敷を貰い、宛行は一〇人扶持二〇両で、徒格勘定下役の身分とされた。妻、忰一人、娘五人、下男・下女一三人の暮らしであった（D）。松前藩側の記録では、同年六月、内容は不明だが、浅間嘉右衛門の乞により「七箇条之大凡」を約したとあり、八月には一〇人扶持および金一五両を賜い、加えて邸第および庫地所も賜ったとみえている(『松前年歴捷径』)(16)。飛騨屋によると、家老蠣崎佐士と湊源左衛門の両人が専ら贔屓したために、嘉右衛門は図に乗って威光をかざし、松前国中に横行し、「有謂商職之品々一手ニ嘉右衛門願受、国中町人末々迄難儀ニ不拘、嘉右衛門申ニ随ひ被仰付、大勢之者共渡世ニ相離難儀仕候事」と憎悪されていたという(B)。『松前年歴捷径』に記す約とは、そうした嘉右衛門の専売特権をさしているのだろう。

嘉右衛門には松前家中堀川儀兵衛と名乗っていた幸右衛門という弟がいた。この弟が盛岡藩領大畑村百姓の幸右衛門であるとして、松前藩が盛岡藩の留守居に知らせてきた記事が『雑書』に掲載されている(天明元年四月一七日条)。嘉右衛門が飛騨屋公訴の吟味中に入牢(天明元年二月八日)となった頃のことである。弟は嘉右衛門の用向きで松前に行き、また嘉右衛門への用儀として江戸へ登り、二月一九日に松前屋敷に着いたというのであるが、二月六日、仙台領の山ノ目駅の勘七方に泊まり、夜に金子六一両と所持の色品を盗賊に盗まれてしまった。同一一日朝、松前藩の定宿である仙台脇本陣菊池屋平三郎に立ち寄り、松前家中堀川儀兵衛と名乗り、盗難の件を仙台藩のその向きへ達するよう依頼した。その後、仙台藩で盗賊が捕まり(類族ともに四人入牢)、四九両と色品一宇が出てきたので、それを儀兵衛が下向のおりに返却したいという菊池屋の書状(二月二五日付)が江戸の松前屋敷に送られた。

松前藩が神経をとがらせていたのは弟の身分であった。弟が松前出立のさい、何れに断って松前家中の荷札をつけて帯刀し旅行をしたのか尋ねたところ、何れにも断らず松前家中の趣に取り拵えたと答えたといい、無断で家中を名乗っていた点を強調している。身分は大畑村百姓として盛岡藩と了解しあっておきたいという、松前藩の意図がみえみえである。なお、弟はその後、嘉右衛門が入牢となっていたので、江戸の松前屋敷に差し留め置いているということであった。盛岡藩でも幸右衛門の身元調査が行われ、嘉右衛門弟に相違なく、松前では嘉右衛門と同居せず「別宅家持」で、盛岡藩の「百姓」であることが確認されている。

ところで、浅間嘉右衛門としての活動は長くは続かなかった。すでに述べてきたように飛騨屋久兵衛・久次郎が松前城下嘉右衛門を相手に「引負仕候金子不相返、其上渡世ニ差障り候出入」として、安永九年（一七八〇）六月五日、山村役所に訴えたからである（A）。飛騨屋が出訴を決意したのは飛騨屋手船の船頭が自殺に追い込まれたからであった。『訴訟書留帳』の冒頭に「公事発端之事」として次のように記している。

久兵衛らの一行は安永八年一〇月五日、南部店へ下るため江戸に着いた。松前店・南部店よりの書状が到来した。それによれば、浅間嘉右衛門が松前御家老蠣崎佐士、勘定奉行湊源左衛門と馴れ合い、飛騨屋の支配場所を願い出たが、年賦中であったので仰せ付けられなかった。それより「宗谷船手足方吟味役」を願い受け、先年なかった場所へ上乗・目付のほかに嘉右衛門名代の宇兵衛という者を乗船させ目付同様の取り扱いを命じた。飛騨屋は宇兵衛の乗船御免を願ったが、聞き済みにはならなかった。宇兵衛は宗谷場所で上乗・目付と一同立ち会い荷物改めをした。松前城下へ九月一三日着岸したところ「不法之改方」を受けた。そのうえ船頭・水主がこれまで「仕来之御口銭」を役所へ差し上げてきた「帆待荷物」を「過荷物」と唱えて理不尽にも奪い取られた。そして右の「無調法」を理由に、松前店は一〇月六日より二〇日まで「逼塞」を命じられた。この他、言語道断筆紙に尽しがたく、「嘉右衛門積悪ニ而難渋申掛ケ」たので、よんどころなく一〇月七日に船頭仁惣治が船中で自殺した。このままにしておいては、いかなる「悪事」がなされるか末々心配だと言ってきたので、栖原支配人の三郎兵衛殿、武兵衛殿と相談した。嘉右衛門の「年来之積悪」はむろん、仁惣治の人命を奪ったことは、その主として捨て置かれないので、出訴することに相談が決した。この趣を飛州へ伝えるとともに、大坂より久次郎を呼び下すこととし、一一月一六日に書状を出し、一二月三日、久次郎が大坂より下着した。

弟の久次郎を呼び寄せたのは、久兵衛が病気がちで、長い訴訟を闘うには欠かせない存在であったからである。船頭自殺の原因となった松前での荷物改めについては、安永九年六月五日提出の訴状などにも記されているが、それによって補足しておくと、松前着船のさい役人立会で改め済みになったにもかかわらず、なおまた嘉右衛門が飛驒屋の手船に乗り込んできて、水主の者たちの帆待荷物を奪い取ったとしている（A）。「久次郎口上」（C）にはさらにその辺の事情が詳しく証言されている。

然は右（ソウヤ）場所荷物積廻し手船差遣候節、志摩守様御役人両人つゝ御乗添被成候而場所荷物御改、其後松前御城下着船之節又々御役人立会荷物高改有之候、右者私共荷物売払候上ニ而、百文ニ付壱文五分つゝ御口銭上納仕来ニ御座候、猶又船頭水主共遠路渡海仕候ニ付帆待荷物と申、銘々場所ニ而少々宛荷物積入来、松前表着船御改之節者右之分別段小宿と申拾軒有之、右之方ゟ相断り御口銭上納仕来ニ御座候、是ハ無断御口銭上納通と申帳面へ記し相納来候、右帳面ニ松前御役所之口銭受取印形を取小宿共所持仕居候、右帆待荷物無断と申儀者、船頭水主共場所請負人之方へ対し所持之荷物不残難顕候故、先年ゟ無断帆待荷物と唱来候、然ル処去亥（安永八年）ノ九月私共手船松前表着船之節、先例之通沖口御役人飛内亀右衛門殿下役衆立会御改相済候処、右嘉右衛門再改願候由、又之御改ニ相成、其節御役人蠣崎兵治右衛門、寺沢郡右衛門、嘉右衛門下代小治郎、宇兵衛、忠右衛門立会ニ而荷物ハ銘々切解、油はさしと唱長キかねを入改、俵物ハ竪横ゟさしを入試、皮類者壱枚〳〵ニ改、其上船頭水主共仕来之帆待荷物之分ハ久兵衛荷物ニ無之ニ付断不申候処、過荷物之由申嘉右衛門方へ取上、右躰先例無之不法之取計仕候ニ付、

請負場所で荷物を積み入れた船が松前に着船したさいには、沖の口役人の立会で、荷物売払高に応じて口銭を上納し、請負人が関与しない船頭水主の帆待荷物については小宿に口銭を上納する仕来りになっていた。しか

し、このたびは役人の荷物改めのあと、再度のきびしい改めがあり、船頭水主の帆待荷物が「過荷物」として没収されたという経緯が記されている。

嘉右衛門はこの飛驒屋の主張にむろん反駁している。安永八年五月二〇日頃に「船手方改」兼帯となった。久兵衛の荷物改めは不法というものでは全くない。船手改役に命じられたので、七月蝦夷地へ私名代の家来千葉宇兵衛を遣わし、久兵衛船積み荷物について柴田文蔵ならびに竹田勘平に差し添い、宇兵衛も荷物改めをした。九月松前へ着船のさいの船手改めは蠣崎兵治右衛門、寺沢郡右衛門で、私は出席せず、名代家来田中小治郎、宮崎忠右衛門を差し出した。宇兵衛は船中にあって改め、文蔵・勘平は上陸した。改め方は荷物何程、帆待荷物何程と荷主より書付を出させて引き合わせ、包みのままで済ませることもあれば、分りがたいものは切り解けて改めることもある。一同立ち会って改めたところ、書き出し員数より過荷物があったので取り上げた。私が奪い取ったわけではない。船手改役を申し付けられたさい、久兵衛支配人・船頭、および宿武左衛門を呼び寄せ、不調法のないよう久兵衛のためにもと思って注意を促したが、このようなことになってしまった。私の改めがきびしく船頭自殺というのは心得がたい。帆待荷物は元来隠荷物であるが、いささかのことは前々より許して書き上げさせ、改めのさいにも見逃してきた。中荷物・帆待荷物・過荷物三段に改めて役所に書き上げたまでであって、帆待荷物を取り上げたというのはあたらない、という主張であった(D)。

また、湊源左衛門も帆待過荷物没収について、山村役所からの「新規」の改め方ではないかとの尋ねに対して、正当な行為であったと答えている。蝦夷地に行く船の往還には上乗奉行・目付・添役各一人を差し遣わして諸仕置の筋を改めさせている。鷲尾・蝦夷錦・端物類・熊胆・青玉・猟虎《らっこ》などは「国禁の品」で商船に積むのは法度となっている。去る酉(安永六年)八月、久兵衛船が猟虎、鷲尾などの隠し荷物、国禁の品があったので、着船の節、例の通に改役が右の品を取り上げ、久兵衛支配人・船頭などに咎を申し付けたことがある。飛驒屋側が訴える亥年（安永八年）の件は、久兵衛船に限り新法に改めたということはない。沖ノ口下役に差し出した書付には中荷物・船頭帆待荷物があり、右書付の他に品々隠し荷物があった。仕来りの通り取り上げたまでである。船頭の帆待荷物に限って切り解いたのではない。中荷物や上乗の荷物までそうしている。帆待ち過荷物没収に誤りはないというのが湊の主張であった（F）。

ただ、飛騨屋側にしてみれば、嘉右衛門が絡んだ藩当局の一連の動きのなかに年限内の請負場所の奪取の危険を感じ、身内の船頭の自殺を契機に対抗手段を講じなければならないと感じたのは当然であろう。もちろん嘉右衛門の背後にいたのは、家老蠣崎佐士や勘定奉行湊源左衛門らの藩財政を握る一派であり、嘉右衛門だけではなく、松前藩全体の圧力であった。松前藩はたびたび公訴され、そのたびことに内済に持ち込み、痛み分けのようなかたちで商人側にも債務等の一部を放棄させて切り抜けてきた。そうしたリスクがありながら商人側も撤退しようとしないのはそれだけ大きな利権が蝦夷地場所にはあったからである。利権の喪失を覚悟して松前藩を直接の相手とするより、嘉右衛門にターゲットを絞り、そこを突いていくことによって蠣崎佐士らのグループの専横を暴き出し、飛騨屋の既存の権利を守ろうとしたのが、この公訴事件であった。

飛騨屋の訴訟準備から山村判決が出るまでの過程の詳細は省くが、以下『訴訟書留帳』によって大要を述べておこう。飛騨屋は訴訟の過程で「志摩守名目」に関わるとして、松前藩からの内済の圧力がたびたびかけられている。訴訟前には在所飛州益田郡湯之島村（幕領）を管轄する大原彦四郎代官所から内済を勧められ、訴訟後にも幕臣の中村孫四郎（船手組頭）や、田沼様役人を通して平井千阿弥といった人物などが介入してきていた。嘉右衛門の取り調べから松前藩の内情が暴露されることを恐れたためであるが、飛騨屋は嘉右衛門のみを相手にしていることだからとして一切の内済の申し入れを断っている。

勘定奉行山村信濃守（良旺《たかあきら》）の月番を待って出訴するという戦術をとったことも功を奏したといえよう。この信濃守の家は尾張藩に付属して木曽を支配した山村氏の分家にあたる。飛騨屋と山村信濃守との直接の関係はなかったようであるが、前述のように訴訟にあたって久兵衛は栖原屋の支配人と相談しており、当主の栖原角兵衛は山村信濃守へ「出入りの者」、飛騨屋は角兵衛の「親類」であると、大原屋敷に答えている（安永九年四月七日）。どのような親類関係か書かれていないが、飛騨屋は栖原屋の融資によって大畑、松前に進出しており、両者は密接な関係にあった。[17] こうした関係から山村ならば飛騨屋に有利に事を運んでくれるのでないかとの期待があったものと思われる。そして、実際取り調べは飛騨屋の思う方向に進んでいった。

安永九年六月五日の山村役所への訴状提出後の嘉右衛門であるが、前出の『松前年歴捷径』には同年九月「於江戸有官命。家臣浅間嘉右衛門下獄」、翌天明元年三月「嘉右衛門下本獄屋」と記載されている。飛騨屋が六月一〇日に聞いたところでは、嘉右衛門が帯刀で霊岸島伊勢屋伊兵衛方に来ていた。松前屋敷には六月五日に嘉右衛門を訴えた旨を伝えたから、おそらく嘉右衛門を同藩としても足止めしたのであろう。ただ、訴状には当初松前城下嘉右衛門とのみ記載したが、郡郷町名を書き加えるように言われ一旦訴状は却下（六月六日）、松前屋敷に尋ねて松前中町宿所と聞き、中町を書き加えて出した（六月九日）。しかし、嘉右衛門は志摩守家来、苗字帯刀と聞いて、訴状の名前が違っているので認め直して提出したいと願い（六月一二日）、これが認められ、再三の提出となっている（六月一八日）。嘉右衛門は松前商売を一手に引き受け、江戸や大坂ではその名前で取り組んでいたので町人だと心得ていたと飛騨屋は申し開きしている。このように訴訟当初から嘉右衛門の身分が裁判の行方を左右しそうであった。

飛騨屋と嘉右衛門の両者が奉行所に最初に呼び出されたのが八月二日で、身分違いから浅間嘉右衛門は「板縁」、飛騨屋の久次郎は「白砂」（白洲）に座らされている（久兵衛はこの日病気により出廷せず）。嘉右衛門が引負一件は覚えなしと否定したが、返答書を持参していなかったので皆々に笑われたといい、追っての持参を命じられた。八月一〇日の対決から本格化し、飛騨屋は引負金の証拠書類の提出を指示される。同一三日に諸帳面が提出された。九月一七日の対決では証拠書類をめぐって、安右衛門融資は嘉右衛門独断の融資か、久兵衛の同意があったかをめぐって両者が応酬した。取り調べ役人は飛騨屋側に理がありと判断し、嘉右衛門は「揚り屋」入りとなった。「揚り屋」は江戸小伝馬町の牢屋敷内にあり、御家人、陪臣などの未決囚を収容した。『松前年歴捷径』が九月下獄としているのはこのことをさしていよう。同日、南部家や松前家に対して嘉右衛門についての尋ねの書付が発せられた（盛岡藩の回答は『雑書』安永九年一二月二四日条にあり）。一〇月六日、嘉右衛門は引負に相違ない旨の口書に印形した。この日、嘉右衛門甥の権右衛門が引負金の返済願いに罷り出て、調達次第奉行所に来るように指図を受けているが、返済はできなかったものであろう。

一一月一一日、蠣崎佐士・湊源左衛門方より牢屋奉行所へ諸進物があったが、嘉右衛門は大病により、同日松前藩家来藤原恒右衛門へ預けとなった。一二月九日、湊源左衛門より一存の書付（F）が奉行所に提出された。九月一七日尋ねへの回答であった。一二月二〇日、松前藩の尾見兵七（留守居）、横井三吾、藤原恒右衛門、新井田（名前消去）の四人連名で奉行所に「密書」が提出された。そこには湊源左衛門は最初から嘉右衛門身分を取り計らった者である、在所に聞きもせず書付（F）を一存で回答した、嘉右衛門と同腹の者で家老蠣崎佐士と申し合い諸事取り計ってきた、このため領分の百姓町人は難儀している、これらのことは出府の家老松前木工、用人新井田金右衛門に聞けば明白なことである、と記されていた。松前藩はここで対応を大きく変えたことになる。嘉右衛門をこれ以上擁護できず、佐士・源左衛門らに専ら責任を負わせるかたちで事態の早期打開をねらったのだといえよう。

一二月二四日の対決では過荷物没収の件と嘉右衛門身分が問われた。荷物改めには病気のため名代を遣わし立ち会っていない、再改めはまったくしていないと嘉右衛門は否定した。南部家からの回答のあった領内の咎の件と欠落について、欠落ではなく松前渡海のさい大畑村検断十郎兵衛に断っていたと反論し、取り調べ役人に領主と争うつもりかと詰問されている。また苗字帯刀については志摩守直々ではなく湊源左衛門に申し渡されたと答えている。松前藩からの諸商売の引き受けの件については、商場は悴義八に譲っていると答えたが、久次郎は、嘉右衛門はまったく商人に相違なく、本材木町一丁目小林屋惣九郎と塩干肴内仲間となり、小林屋が嘉右衛門より塩干肴を仕入れているなどと主張し、その証拠として本舟町行事の四日市御行事衆中に宛てた文書（子四月一八日）を提出している。甥の権右衛門も同道したが、他出ばかりしていて伯父嘉右衛門のことは一向に知らないと証言を避けている。嘉右衛門の実体は商人であるとの認定に向い、嘉右衛門の身分について南部屋敷に問い合わせることになっている（盛岡藩への再尋ねは『雑書』天明元年一月六日条。前述のように盛岡藩の大畑町の検断らによれば欠落はしていないという見解であった）。

松前藩主が殿中で山村信濃守に対して天明元年（一七八一）一月一一日書付を差し出し、関係者を押し込め、出入りの裁許が済み次第仕置するとし、嘉右衛門に関しては不届き者なのでどのような処分となってもかまわない、外聞もありこれ以上家臣の吟味が広がらないようにしたいと伝えた。同二八日には嘉右衛門は町人に相違なく、佐士・源左衛門が馴れ合って決めたことで、その他の諸役人は全く知らないことであるとの返答書を提出した。こうして、裁許の方向性が固まり、二月八日の吟味で、嘉右衛門は町人（南部屋嘉右衛門）であるとして吟味中入牢となった。町人名前と武士名前を使い分けている例は珍しくはなく、松前藩の家老松前広長が『松前年歴捷径』に「家臣浅間嘉右衛門」と記載している事実をみても嘉右衛門を士分として処遇していたのは紛れもなかった。嘉右衛門にしてみれば、松前藩にも裏切られた気持ちであったろう。三月二九日には蠣崎佐士、湊源左衛門が呼び出され、松前屋敷預け、急度慎みとなっている。四月一四日、嘉右衛門は縄付で白砂に出、口書に爪判してまたまた入牢となり、あとは判決を待つばかりとなった。四月二一日、佐士は大原郡太へ、源左衛門は藤原恒右衛門へ預けとなったが、九月七日に佐士は病死した。

評定所での裁決は天明元年一〇月一一日のことで、嘉右衛門は死罪となった。罪状として、久兵衛下代のさいの多分の金子引き負い、松前での制禁を犯しての入牢、大畑に送られた後の入牢、そして松前藩貰い受け後にあっては、年来助成の者の稼ぎ方まで永久一手請負とする願い請け、元主人久兵衛の荷物に対する新法改方、侍分を心得苗字を名乗り帯刀したこと、があげられ、飛騨屋の告訴内容がほとんどすべて事実認定されていた。嘉右衛門を標的としていた訴訟であったが、その背後にいた湊源左衛門は嘉右衛門身分の偽りの取り計いにより重追放、佐士は重追放のところ病死、留守居尾見も役儀取り放ち、押込となった。一方、久兵衛・久次郎は不埒の儀なしとされ、全面勝訴であった。引負金は相手仕置きにつき沙汰に及ばずとされ、帳面一六冊が返却された。判決後、嘉右衛門がいつ処刑されたのかなどはよくわからない。

おわりに

後年、盛岡藩の横川良助は『見聞随筆』のなかで武川久兵衛と大畑産浅間嘉右衛門のことについて書いている[18]。時代がだいぶ経っているので、前述の事実関係とは齟齬するところもあるが、久兵衛(三代)幼少の後見となった、祖父久兵衛の大畑妾腹の文助は、番頭嘉右衛門が邪欲で計策をめぐらし、飛騨屋の家の横領を謀っていることに気づき、松前侯へ訴え出、盛岡藩へ付け届けして召し寄せ牢舎にしてもらった。一三年もの牢舎で大畑の親族が渡世に行き支えて迷惑し、江戸に登って手寄を求めて取り拵え、盛岡藩へ付け届けし、入牢一件につき松前侯の政事を悪しざまに讒訴し、これにより、その筋からも松前侯に御内響もあり、用人湊源左衛門が使者として来て、松前藩に貰われていったとしている。松前へ帰国した嘉右衛門はいずれ安堵すべき地を下されると仰せ渡されたがそれに承引せず、松前一円一手商売を願った。しかし、松前侯の叱りをうけ、向後心を改めて渡世せよと仰せ含まれ、イシカリの秋味場所一円を当座預けられたという。この秋味場所請負については『熊野屋忠右衛門前々由来書』（函館市中央図書館所蔵）に、熊野屋は西蝦夷地イシカリ秋味跡買添船四〇〇石積一艘を運上金三五両で請け負っていたが、安永七年（一七七八、安永八年が正しいか）嘉右衛門へ一手に仰せ付けられ、切囲秋味・添船共に引き上げになったとしており、間違いない。

その後、以前の遺恨からイシカリに向かった飛騨屋船の船頭に越度《おちど》ありとして自殺に追い込み、これに飛騨屋は立腹してその筋に訴え出た。詮議中に嘉右衛門・蠣崎三士（佐士）は老病で死去し、両人の死骸は斬罪に処せられた。源左衛門は三ヶ津御構厳重で雑人となったが、佞智にすぐれその筋に取入り、松前隠居大炊助が極密に異国と交易をしていると讒訴した。およそこのような事件観が語られている。遺恨から飛騨屋に敵対する「邪欲」な嘉右衛門という評価が、盛岡藩にも確かな記憶として伝えられていたことになる。

湊源左衛門についていえば、工藤平助の『赤蝦夷風説考』が天明四年（一七八四）老中田沼意次に献上され、幕府の蝦夷地調査のきっかけとなったが、その書物は湊源左衛門が語った「松前の物語」に多くを拠っていた。平助は自分のもとにいた松前の前田玄丹を通じて湊源左衛門を知ったのだという。田沼意次―勘定奉行松本秀持のラインで、蝦夷地の情報収集をした勘定組頭土山宗次郎によれば、宗次郎は前々から湊源左衛門とは懇意にし、また宗次郎の札差である浅草蔵前札差大口屋平十郎は「松前狄獵」を引き受け松前屋敷には心安く出入りして源左衛門とは懇意であり、そうした関係で三人は親しく、源左衛門はよく松前の話をしていたという。源左衛門は幕府勘定方の中枢にまで深く食い込んでいたことになる。源左衛門は上述のように「松前一件」から追放処分となり対面もできなくなっていたが、天明四年一〇月には、これから派遣する蝦夷地見分の普請役と応対させたなら渡海に役立つという松本の発議から恩赦となっている(以上『蝦夷地一件』[19])。おそらく嘉右衛門もこのような人脈のなかに連なっていたとしてもおかしくはない。

一方の飛騨屋も連携する栖原屋が勘定奉行山村のところへ出入りしており、その関係を利用して有利に裁判を進めることができた。権力と商人がさまざまにもたれ合い、あるいは入り乱れて大きな利権の獲得に動いていたのが田沼時代の特徴であった。そのなかでも、蝦夷地は江戸の商人資本が乗り込んでいく新規開拓のかっこうの投資先であった。嘉右衛門もまた飛騨屋の手代として培った経営感覚や交渉能力を生かして、そのなかに割って入ろうとした「山師」であったのは間違いない。嘉右衛門は江戸や大坂、京都を中心とした蝦夷地産物の全国的な流通ネットワークを築こうと、江戸の新宮屋や小林屋、あるいは大坂の商人らと結びつこうとし、人脈は京都の公家や江戸城の大奥にまで及び、田沼派の公儀役人にも通じていた。しかし、飛騨屋のような巨大資本が前に立ち塞がっているとき、松前藩の蠣崎佐士・湊源左衛門らの財政方役人を後ろ盾としなければとても対抗できるような相手ではなかった。しかも財政に窮していた松前藩は蝦夷地の利権を利用して他国商人に借財を重ねて、借金踏み倒しのようなかなり無謀な財政運営をしており、幕府への公訴事件をたびたび引き起こしていた。江戸系の商人資本は幕府への訴訟技術に熟知しており、その面からも太刀打ちしていくのは難しかった。藩権力の一部と結びつき、暗部を知る地方系の「山師」嘉右衛門はこの訴訟を乗り切ったとしても、幕府を背景とした江戸系の資本や権力によっていずれ潰されていく運命にあったであろう。

嘉右衛門は飛騨屋の外に飛び出して自らの才覚で生きようとした。そうした人格・行動を生み出した背景には下北が桧(ヒバ)の特産地で、姉聟の安右衛門のように他国商人からも融通を受ける中小の山師たちがうごめいていた。そのなかで木材伐り出しの資金を調達できずに破綻していく者も少なくない経営競争のなかにあって、投機的な気風がおのずと醸成されていたといってよい。飛騨屋の支配人・番人たちがやがてクナシリ・メナシのアイヌの戦いを引き起こしてしまう危うさは嘉右衛門自身の生き方からも予想しうるものである。嘉右衛門にこだわってみたのも、そうした関心があってのことであった。

註

（1）拙著『十八世紀末のアイヌ蜂起―クナシリ・メナシの戦い』（サッポロ堂書店、二〇一〇年）。
（2）白山友正「奥蝦夷地場所請負人の自衛手段―安永九年の飛騨屋の公訴を中心として―」（飛騨屋久兵衛研究会『飛騨屋久兵衛』、下呂ロータリークラブ、一九八三年）。
（3）河野常吉編著『北海道人名字彙』下、「飛騨屋久兵衛」の項（北海道出版企画センター、一九七九年）。
（4）『訴訟書留帳』、岐阜県歴史資料館収蔵。『武川久兵衛家文書目録』（岐阜県所在史料目録第三四集、一九九四年）には「（嘉右衛門不届に付）訴訟書留帳（控）」（1―乙―G―1）とある。
（5）白山友正「飛騨屋武川久兵衛年表」（前掲『飛騨屋久兵衛』所収）。
（6）同前。
（7）『武川久兵衛家文書目録』1―乙―C5・6。
（8）同前、1―甲―D―4。
（9）『松前町史』史料編第三巻九八二頁、九八八頁（松前町、一九七九年）
（10）『田名部惣御留山御山帳』、雄松堂書店マイクロフィルム版『日本林制史調査資料』のうち盛岡藩リール1所収。表題に宝暦六年四月としているが、明和四年六月の書上である。
（11）雄松堂書店マイクロフィルム版『南部藩家老席日誌』による。
（12）「飛騨屋蝦夷山請負関係文書」二五八頁（『新北海道史』第七巻、新北海道史印刷出版共同体、一九六九年）。
（13）『松前町史』史料編第一巻四二三～四三八頁（第一印刷出版部、一九七四年）。
（14）『北海道史』第一、「山師新宮屋の公訴」二九三～二九四頁（北海道庁編纂兼発行、一九一八年）。

(15)『新北海道史年表』(北海道出版企画センター、一九八九年)。
(16)『新撰北海道史』第五巻史料一、七七～七八頁(北海道庁、一九三六年)。
(17)田島佳也「北の海に向かった紀州商人―栖原角兵衛の事跡」(『日本海と北国文化』海と列島文化1、小学館、一九九〇年。その後『近世北海道漁業と海産物流通』〔清文堂出版、二〇一四年〕に収録)。
(18)横川良助『見聞随筆』上(岩手史叢第六巻)一三三～一三四頁(岩手県文化財愛護協会、一九八三年)。
(19)『新北海道史』第七巻史料一、二七五～二七九頁、三一五～三一六頁(新北海道史印刷出版共同企業体、一九六九年)。

第五章　ラクスマン来航と下北の人々―菅江真澄を手掛かりに―

一　菅江真澄とラクスマン来航

菅江真澄の日記『牧の冬かれ』の寛政四年(一七九二)一〇月六日条によると、松前城下(福山)で「この頃もはら人の語りてける」は、四〇人余の可無散都加(カムサツカ)の人が、漂流した「きの国のふな人」の生残りを伴って東蝦夷の枳為太都婦(キイタップ)に来航してきたことであった。「くにのかみに、みつぎ物奉る」とか訴えているといい、松前の人々は、「むかしより、かゝるためしおぼえざることなれば、よきことにやあらん、又、あしかりけることにやなど」と、先行きの不安を語りあっていた(菅②二七一頁)[1]。

帰国した漂流民はよく知られているように、大黒屋光太夫、磯吉、小市(ただし根室で死亡)の三人であるが、正しくは紀州の出身ではなく、伊勢国南若松村(亀山藩、鈴鹿市)の百姓であった。光太夫が伊勢国白子の彦兵衛船神昌丸の沖合船頭となって、天明二年(一七八二)一二月一三日白子を出帆し、江戸に向う途中駿河沖で難破した。翌年七月にアレウト(アリューシャン)列島のアムチトカ島に漂着するが、その後のロシアでの数奇な人生をここで述べる必要はないだろう。伊勢白子は紀州藩領に属し、しかも神昌丸には紀州藩の上乗が同乗し紀州藩の蔵米(城米)などを運んでいたので、紀の国の人々と間違われてもおかしくはない。

ロシア使節アダム・キリーロヴィチ・ラクスマンらが乗るエカテリナ号がニシベツ(西別)近くのバラサン沖に現れたのが寛政四年九月三日(ロシア暦一〇月七日)、ネモロ(根室)に入港したのが五日であった。松前藩は松前志摩守(道広)の名前で、一〇月一九日、江戸の月番老中松平和泉守(乗完)に来航一件を届け出ているが、その松前における一〇月六日の日付のある書付には「ネムロと申す所へ差置き候私家来方より、一昨四日申越し候」とあるので、松前(福山)に事件の一報が入ったのは一〇月四日のことになる(『魯西亜人取扱手留』大①一四九～一五一頁)[2]。

別史料では、早飛脚がアッケシ(厚岸)から松前藩庁に到着したのが一〇月六日で、殿様(松前道広)以下「大いに御騒ぎ遊ばされ」、まずは江戸表へ注進しなければということで、松前弥蔵・南条郡平の二人が早打を命じられ、一〇月八日に松前を出帆したという(『御私領ノ節魯西亜船入津一件』大②三頁)。折りしも、何かと風評のあった道広は病気を表向きの理由として国隠居し、家督を嫡子勇之助に譲ることが幕府に認められ、それにより勇之助(章広)が江戸に登る旅の途中のできごとであった(一〇月二八日将軍家斉に拝謁、従五位下若狭守となる)。真澄は『牧の冬かれ』一〇月一日条に、「きさらぎやんまの楠木を(下略)」という船歌とともに、新藩主の乗る「ふなよそひ」した船が松前を出港していく様子を記していた(菅②二七〇頁)。

藩主交代という大事とも重なって、松前藩がラクスマン来航への対応に大騒ぎしているさなか、真澄は一〇月七日、松前での四年余りの滞在に終止符を打ち、対岸の下北の奥戸《おこつぺ》に渡海した。兼ねてよりの予定の行動であった。したがって、真澄の日記・記録類からは、冒頭に紹介した記述以上には、松前で見聞したラクスマン情報は存在しないことになる。

ラクスマン来航以前、真澄はロシア人についてどれほどの知識を持っていたのであろうか。残存する松前滞在期に書かれた日記・記録類で、ロシアに関する記述はそれほど多くはない。寛政元年春二月のまえがきのある『かたゐ袋』と題する雑記集があるが、後篇部分にはその春二月以降にも知ったであろう「あひの」(アイヌ)に関する知識が豊富に記されている。そのなかに、三つのロシア関連の記事が混じっている。一つは千島のロシア人について述べたもので、「赤人《あかひと》の国は、はるけき処にて、こゝなるあひの、嶋よりは、いぬゐに行てければ、紅毛ちかきほとりに、ヲロシヤといふ嶋ある也。こゝなりといふ」とその所在を記し、「らつこ嶋」も「おろしや」

に取られたこと、また「あひの」が「おろしやがすみたるや」に忍び込んで鉄砲を二つ盗み、「かもひとの」（松前藩主）に奉ったが、それは火縄をかけない「火のいづる火矢」で、紅毛のビストルのたぐいだということ、さらには「シヤモ嶋《シリ》」（シモシリ島か）に「あがたのまつりこちける」（県知事のような）おろしや人」が住んでいるといった知識が書きとめられている（菅⑩四七八～四七九頁）。千島を南下するロシア人の動向について比較的確かな知識を真澄は持っていたことになる。

もう二つは、「むかし、テメテレラヤコウフイチ、アブナスイエン」という二人の「おろしや人」が来たことがあり、これは「あか人」というものであろうという記事、そして、「ヲロシヤ人」は筆記用具に「水鳥の羽」を二つに割ったものを使い、その「たくなは」（栲縄）のような文章は紅毛の「ゑびす」の文字のすがたに等しい、と述べた記事である（菅⑩四九〇頁）。真澄は誰かにロシア文字を教えてもらったのであろう。

真澄研究家の内田武志は松前藩医の加藤寿（肩吾）がそれらの情報源であったろうと推測する（菅別巻①「菅江真澄研究」、二一〇頁）。肩吾が真澄に和歌を寄せることがあったのは確かだが（菅別巻①一六四頁、一九六頁）、真澄の日記を見るかぎりでは歌会の常連の親密なメンバーのようには窺われない。和歌よりは、「ちかとなりの赤石吉満のやにいたれば、加藤寿の画がきたる、山に朝日のさしのぼるかたあるに」（『智誌麼濃胆岨』寛政四年一月七日条、菅②一七六頁）、あるいは「老てのちまてもわすれぬ料にと、かくはせりけるに此くになる加藤寿といふ人此書を見て、こは興あれとねかはくは是にかたあらんはいか丶とかた」って、真澄の歌に肩吾が絵をつけて『愛《え》瀰《み》詩《し》歌合』という本がつくられた経緯が述べられているように（『かぜのおちば』六、菅⑪一九八～一九九頁。『愛瀰詩歌合』は未発見、現存しないか）、画人としての肩吾のすがたがみられる。肩吾はラクスマン来航のさい、松前藩から現地にいち早く派遣されラクスマン・光太夫らと接触しており、『魯西亜実記』（大①）を書いた人物でもある。内田が推測するように、真澄にラクスマン来航以前にロシアやアイヌなどに関する知識をいろいろ提供していたとしてもおかしくはないが、藩主道広の継母文子を頂点とした藩士、神官らの和歌グループ（下国季豊・佐々木一貫・吉田一元など）との親しい交際全体のなかで真澄のロシア・北方知識の情報源を考えなくてはならない。真澄はしかしそのことを作品としての日記に書き記すことはなかった。

二　『かたゐ袋』の断章とその典拠について

内田武志がさらに重要と認めて紹介しているロシア関係の真澄の遺文に、『かたゐ袋』の前篇と後篇の中間に挿入された四丁の雑葉のうちの一丁の裏面に記された前後欠の断章がある。

この断章は「申たるやいまたうたえなきにや、けふはかへらん」にはじまり、「都うつし、あるは民をうるふさん」で終っている（菅別①二二一～二二二頁、および菅⑫二二四～二二五頁掲載）。内容は大黒屋光太夫らがロシア国内を移動した節目の年月日がネモロに到着するまで記され、その到着日がロシア暦一〇月九日、和暦九月五日にあたると正確に書かれている。それに続けて漂流民一七人の境遇、ラクスマン一行の人名や「ヲロシヤ」の国名・都についての簡単な記述がみられる。

真澄のこの断章は何に依拠して書かれたのか。大黒屋光太夫関係の史料を可能なかぎりすべてを集成しようとした山下恒夫編纂『大黒屋光太夫史料集』全四巻（ただし、桂川甫周『北槎聞略』を除く）に収録された諸史料と比較してみると、『亜魯斉人来朝記』（国立公文書館内閣文庫所蔵転写本、大①所収）の「勢州白子住人、神昌丸幸太夫船、上乗《うわのり》、水主《かこ》共十七人乗り、漂流発端、并にヲロシイヤ国中往来道矩日記」「聞説」「今度来朝人名」の箇所、あるいは『異舶航来漂民帰朝紀事』（大②所収）中の「勢州白子神昌丸幸太夫船、上乗・水主共十七人乗り、漂着発端ヲロシヤ国往来道法記」「聞書（渡来のヲロシヤ人交名）」「ヲロシヤ国の大概」の箇所と、とりわけ近しい関係にあることが判明する。なお、前者の「聞説」が後者の「ヲロシヤ国の大概」に相当する。後者によれば、この三つの部分はひとまとまりをなしており、「漂流人聞書」と題されている。前者は「寛政五癸丑年亜魯斉亜国幸太夫漂流日記ノ写」のなかに「勢州白子住人（中略）道矩日記」、「聞説」のなかに「今度来朝人名」が含まれているような構成になっている。いずれにしても、三つの部分がワンセットで通用していたのは確かだろう。

真澄の断章をAとし、『亜魯斉人来朝記』をBとして、類似する箇所を例示的にあげてみよう。

〈A〉未秋七月十八日、やをらアミシヰスカを舟出しておなしとしの八月廿三日、上シヰスカにつきたり、こゝよりはくかつゝき家数八十あまり軒をつらねて代官所領せり。申の七月十五日そのところをたちておなし月の三十日チキリへにつく。おなし八月朔こゝをたちて、三十日オホツカに入津す県令の舘あり。九月十三日このあかたをたちて、山路はる〳〵と行くれて野中にふし明してヤコウツカにつく（菅⑫一二四頁）。

〈B〉未七月十八日、アミシイカ（アムチトカ）出船。此の処（カミシヤツカ）より地続きにて、家数八十軒有。代官支配なり。（中略）同八月廿三日、カミシヤツカ（カムチャッカ）え着。申七月十五日、カミシヤツカ出立。（中略）同七月廿九日、チギリえ着。同八月朔日、同所出船。（中略）同八月三十日、ヲホツカ入津。（中略）同九月十三日、ヲホツカ出立、此の通路、山路にて野宿致す。日数五十日、同十一月三日、ヤコウツカ（ヤクーツク）へ着。（「寛政五癸丑年亜魯斉亜《ヲロシイア》国幸太夫漂流日記ノ写」大①三九頁）

〈A〉国をヲロシヤと唱ふはあか日のもとをやまとなといへるにひとし。ヲロシヤの中に州と郡とをわかちてけり。諸牧有司は日本にひとしうむかしムスコツに都をうつし今又ヲロシヤにうちにへテテルに都をうつしてける。そのひろさ四方にひらきて八百里及ふといふ。かくところ〳〵都うつし、あるは民をうるふさん（菅⑫一二五頁）。

〈B〉ヲロシイヤ国トハ総名ヲ唱ブ。我国、天朝ト云フガ如シ。ヲロシイヤノ中ニ、郡州別々アリ。諸侯アリ。司、天朝ニ同ジ。先年、ムスコツカ（モスクワ）ニ都ヲ遷シ、今亦、ヲロシイヤ内ヘテルホル（ペテルブルグ）ト云フ所ニ遷都ス。亜魯斉亜ニテハ方、天朝ト異ナリ、百里ハ天子ノ地ニシテ所々遷都シ、民ヲ潤サンガ為メナリ。（「聞説」大①四三頁）

AとBは表現がかなり違うが、AはB（あるいは同系統の写本）を見ていなければ書き表せない文章であると判断してよい。Aの文章は擬古文の文体になっているので、真澄が目にした写本をそのまま転写したのではなく、真澄なりの文飾を加えて一文を草しようと試みたのであろう。ただし、送還三人の漂流民について「ヲロシヤの人四十一人にましり居るは、いつらを此日の本の人とも見わくへうもあらねと、眼の黒くうるはしきこと、声のさへきなきをもてしりたるといふ」（菅⑫一二四～一二五頁）と記すAの文章のように、それに該当する箇所をBに見出すことができない部分もある。別な情報も入り込んでいたとみるべきか。

真澄が残した断章はいずれにしても『亜魯斉人来朝記』や『異船航来漂民帰朝紀事』に収められた記事と深い関わりを持っていることは明らかである。『亜魯斉人来朝記』の成立自体よくわかっていない。編纂者山下恒夫の解題（大①六八〇～六八三頁）によると、写本は内閣文庫の他に北海道大学附属図書館北方資料室にもあり、その著者は道広隠居の理由を病気としていることから松前藩関係の人物とほぼ断定できるとし、松前道広の二弟武広が編者である可能性を指摘する。その根拠として水戸藩医吉田篁墩《こうとん》『北槎署聞』に「松前藤助源武広の説話」（大③二七頁）とあることをあげている。

ところで、盛岡藩の野辺地《のへじ》代官所に勤務する野坂忠蔵が書き写した『魯西亜人来朝記』と題する史料が翻刻されている。右の『亜魯斉人来朝記』と比較してみると、同系統の写本であることは疑いないといえるが、『亜魯斉人来朝記』にある、真澄の断章が依拠したと思われる、「勢州白子住人(中略)道矩日記」など三つの部分は含まれていない。その部分は成立事情(執筆者など)が異なり、後で『亜魯斉人来朝記』に付加されたと考えるのが自然かもしれない。野坂は「右ノ本、松前より持参の者有之、不分明の処、万々相見得、虚字も有之候得共、元のごとく写置之者なり」と記し、文政九年(一八二六)の「孟冬」(一〇月)に上野半弥より借り受けたものであることを明かしている。(3)『亜魯斉人来朝記』『魯西亜人来朝記』の共通部分(本体)は、少なくとも松前藩関係者が著したものとみてよいであろう。

もうひとつの『異船航来漂民帰朝紀事』は飛騨屋武川久兵衛家に伝わった史料で、四代益郷によって編まれたと解題者は推定している(大②六六九頁)。飛騨屋は周知のように寛政元年(一七八九)のクナシリ・メナシのアイヌの戦いを引き起こしたことによってクナシリ場所、キイタップ場所などを没収されており、ラクスマン来航当時のキイタップ場所は村山伝兵衛の請負であった。「勢州白子神昌丸幸太夫船(中略)往来道法記」など三つの部分は「漂流人聞書」と題されていたと前述したが、それについて『異船航来漂民帰朝紀事』は、「漂流人聞書と題せる一冊あり。ネモロより箱館福山迄、幸太夫と交わり親しく彼が事を聞きて書留めたる由なり。本の侭、左にこれを記す」と成立事情を書き、、また「ヲロシヤ国の大概」の最後には「右幸太夫より承る処、聞書仕り置き候」「丑七月　寛政五ノ丑年ナリ」と書かれている(大②九六頁、一〇三頁)。この「漂流人聞書」は益郷の『北信記聞』にも同じ説明がつけられ収録されている。(4)ただし「漂着人聞書」としている。

この記述から、「漂流人聞書」を書いた人物はかなり限定され、解題者(山下恒夫)も指摘するように、根室から箱館までエカテリナ号に乗って光太夫と同行したのは水先案内人となった船頭ないし楫取であった久八と石松

（『北槎聞略』では岩松）以外にはいない（大②六七二頁）。「魯西亜人取扱手留」によれば、久八は先に幕府御用船政徳丸に乗った経験があり（大①二五六頁）、また『魯西亜人一件別録』によると、松前藩領主手船長者丸がアッケシに向ったさいにネモロからの海路を沖《ママ》右衛門（幕府船手水主組頭長川仲右衛門）に伝授されていたことから選ばれ（大①三三二頁）、「足軽より少し上役」の身分で「水先」を勤めた。石松は松前藩がネモロに派遣した禎祥丸に以前から乗り組んでいた「水先手伝ひ」の水主で、「小船頭」の名目であった（大①二五六頁）。漂流民儀吉が語った『魯西亜国漂船聞書』には、「松前の船頭喜八」（大②六一七頁、六一八頁）とあるから、久八（喜八）は松前の人とみてよく、聞書はこの久八の手になるといえようか。

菅江真澄はこの「漂流人聞書」を誰かにみせてもらう機会があり、それをもとに書いた一部分が『かたゐ袋』の断章として残ったことになる。寛政五年（一七九三）の七月から一〇月にかけては田名部を出て大畑、下風呂、異国間あたりの知人のもとを泊って歩いているときで、海峡側にあって松前・箱館方面の情報がいちばん入りやすい場所にいた。大畑は飛騨屋久兵衛が根拠地を置いた所でもあり、船頭や水主のもたらす風聞が飛び交っていたに違いない。

大畑の村林鬼工（源助）の『原始謾筆風土年表』にも「漂流人聞書」系統の写本に依拠して書いたのではないかと推察される箇所がある。たとえば「未七月十八日同嶋出船海路千四百里、八月二十三日家数八十軒の加莫西杜加入津、申《ママ》六月十五日出立半分山半分川三百七十里」の部分であるが、[5]『亜魯斉人来朝記』で対応する箇所をあげると、「未七月十八日、アミシイカ出船、此の道矩、海上千四百里。同八月廿三日、カミシヤツカえ着、家数八十軒有り。申七月十五日、カミシヤツカ出立、此の処、半分は川船、半分は陸地にて通る。道矩三百七十里」（大①三九頁、引用一部省略・変更）とあって、「漂流人聞書」を見て書いたのではないかと判断される。もちろん、「自鳴鐘」についてのやや詳しい記述などは「漂流人聞書」には記述がなく、別な情報も参照していたに違いない。

真澄と鬼工も当然ながら接触しており、『牧の冬かれ』寛政四年一〇月二二日条に、「此里のをさ、むら林鬼工といふ人」との和歌の贈答が記されている（菅②二八一頁）。また、『をふちのまき』寛政五年一〇月一九日条にも鬼工が他の真澄の友人とともに、大畑を出立する真澄に和歌を贈っている（菅②三九五頁）。一方、鬼工の『原始謾筆風土年表』にも白井英二秀雄（菅江真澄と名乗るのは後年のこと）の名が出てくる。真澄には大畑、田名部などに和歌を通じた数人の親密な交際仲間が形成されており、鬼工もその一端に連なっていた。真澄と鬼工は同じ転写本を見ていた可能性が高い。「漂流（着）人聞書」は、松前の船頭久八、大畑の村林鬼工、飛騨屋久兵衛、菅江真澄、そういった人々をつなぐ廻船・商人的ルートに乗った情報ととらえることができ、真澄はそれを下北で、もっと絞るならば大畑あたりでみていた可能性が大きい。真澄は、大畑でクナシリ騒動の生き残りで、飛騨屋の支配人であった北村伝七とも会っているが、伝七もそうした情報網に連なる人物といってよい（寛政五年一〇月一六日条、菅②三九三頁）[6]。

ところで、内田武志の大胆な仮説がある。真澄に同断章のもとになった情報を提供したのは前述の加藤肩吾その人であろうと推測している。寛政五年（一七九三）正月頃、松前福山城下の肩吾から田名部の真澄に、新年の挨拶を兼ねて事件の実情を書き送り、その書面に添えてロシア銀貨も送られたというのである（菅別巻①二一五頁）。享和元年（一八〇一）に陸奥津軽深浦にいた白井英二（菅江真澄）から三河吉田の植田義方《よしえ》にロシア銀貨が贈られているが（菅別巻①六〇頁、二七一頁）、その銀貨の入手先であるとも推察している。寛政五年正月から三月までの真澄の日記が未発見とされるが（『蝦夷がいはや』という書名か）、別巻「菅江真澄研究」の後に書かれたその未発見本の内田の解題は右の説明とはかなり相違している。そこには、「根室から松前へ一時帰還する途中の加藤肩吾と下北大畑で面談することができたのであった。肩吾の乗った船が下北の大畑へ寄航した」と述べて、そのさいに断章として残る「光太夫帰還の記」を記録することができ、ロシア銀貨一枚を入手したと述べている。『蝦夷がいわや』の日記が残存しないのは、真澄が肩吾との面談記事を慮って廃棄したからだと主張するのである（⑫四九四〜四九六頁）。

加藤肩吾が松前藩の目付鈴木熊蔵に随行してネモロに到着したのは、ラクスマンの『日本来航日誌』によれば一一月一〇日（ロシア暦一二月一二日）のことであった（大③四二八頁）。鈴木は有能な役人だったが、ネモロで病死している。肩吾がいつまでネモロにいたのか、「弥来る丑年五月頃迄、随分叮嚀に取扱ひ候為」に派遣されたとあるので（『御私領ノ節魯西亜船入津一件』大②四頁）、禎祥丸で帰ったとみるのが自然である。しかし、『北槎聞略』などに記載される禎祥丸乗船者（主要人物）の名前のなかにはみえないので、それ以前に松前（福山）に戻った可能性がないわけではないが、肩吾が大畑に寄航し真澄と面談したというのは、どのような根拠によるのか、内田は何もあげていない。肩吾に引き付け過ぎた解釈になってはいまいか。いち早くラクスマン・漂流民に接触することができた肩吾が寛政四年冬月、東蝦夷地ネムロにおいて記したという『魯西亜実記』にもロシアの道法を書いた箇所があるが、「カミシヤツカ、家数百四、五十軒、代官アリテ守ル」とあるなど（大①九八頁）、情報源が同じであることを窺わせても、「漂流人聞書」とは文章表現が明らかに異なっている。したがって、加藤肩吾が真澄の断章の直接の情報提供者であったとみるのは根拠が薄弱といわざるをえない。

内田の指摘でもうひとつ見逃せないのは、『淤遇濃冬隠《おくのふゆごもり》』寛政六年閏一一月一五日条に出てくる医者の今井常道である。彼が語った「ロシヰヤの言葉」を聞いて、真澄が「うちたはれて」ロシア語ぶって「モノウ《多》カノ、スネ《雪》ヤカ、テ《木》レポ、ウ《朶》ヱツウエ、ツ《花》ウエト、ウ《見》エシヤウ、セ《人》ホウウエッカ」（けふいくかふりもをやまぬ白雪を梢の花と人や見るらん）と和歌を詠んでいる（菅②四七六頁）。この今井常道と、ラクスマン応接のさい幕府の医師としてネモロに派遣された今井元安との近親関係が推測されている（菅別巻①二二一頁）。内田が紹介するように、『原始謾筆風土年表』に当地の「医術に関る人々」の名前が列挙され、その中に今井元安がある。(7) 元安・常道といった医者を通して下北の人々にロシア情報がもたらされる経路もあったとみなければならない。真澄もまた薬草についての知識を持ち、真澄の交際相手には医者が多かった。

三　佐井漂流民の子孫帰国の風聞

寛政四年(一七九二)一〇月八日、下北半島北西部の佐井を通行していると、行きかう人たちが、「此佐井の浦人竹内善右衛門とやらんいふもの、赤人といふ島にながれつきて、いま、そが洲に入まじりて、そのむまごあるが、此とし可武左都加(かむさつか)人にいざなはれて来けるなど」物語していたのを書き留めている(菅②二七六頁)。同月四日ないし六日頃に松前城下(福山)にラクスマン来航の第一報があったというのに、海峡を隔てた対岸の佐井にもほとんど間をおかずにその情報が入っていたことになる。松前と佐井は船路で直接つながっている。ただし、佐井の人々にとっては、ラクスマンの通商要求や他国の大黒屋光太夫などより、佐井の漂流民の子孫に関する風聞のほうが身近でホットな関心であったことを、この真澄の記述が示している。

ロシアで暮らし帰らぬ人となった佐井の漂流民というのは、佐藤玄六郎『蝦夷拾遺』や最上徳内『蝦夷国風俗人情之沙汰(蝦夷草紙)』などによって、ラクスマン来航以前からすでにその存在が知られていた。徳内の記述によれば、延享元年(一七四四)一一月一四日、奥州南部佐井村の竹内徳兵衛は手船の新造船一二〇〇石に大豆と鰯〆粕などを積んで、水主とともに都合一七人、商いのため東都(江戸)に向け出帆したが、難風に遭い、北方へ漂流し「赤人」の国に漂流したものであった。その赤人国の「土人」になり「存生」している者は、船頭徳兵衛の親類である勝右衛門、奥戸《おこっぺ》村伊勢屋安兵衛の親類である利八郎、大間村の長松、宮古村の伊兵衛、同じく宮古村の長助の五人であった。(8) なお、佐藤『蝦夷拾遺』も五人の名をあげるが、佐井の勝左衛門、宮古浦の長作と人名が少し違っている。(9)

このうち、利八郎はカムサスカ(カムチャッカ)国の「土人」で、日本通詞ビヨドロ(ピョトロ・ビョウトロ、ピョートル)という者の妹聟になった。また、勝右衛門はイルクツコイ(イルクーツク)国に住居し、その地の吏となり銀銭二百箇の家禄をもらい、男子を儲けた。この男子は器量がすぐれた傑物で、ベイタラレ・ヲンセイチヤという名を帝から賜い、天明三年(一七八三)一七歳のとき帝の命を受け、船師として役人・水主七〇余人乗り組みの新造大船を預り、ゴロヲタラハンヱリスコイの港を開帆し南方に向ったが、行方知れずになった。そのように徳内はイシュヨとサスノスコイから聞いたという。徳内は、その船が東蝦夷諸島(千島列島)に赴こうとして誤って唐太島に着いてしまい、現地の住民と争いになり射殺された、それがウルップ島のアダツトイに漂着したのではないかと、推測している。エトロフ島の乙名ハッパアイノは当時猟業でウルップ島に来ていたが、その漂流船を見つけ、積荷(宝物)を奪取して深山に隠し、船を焼き払った。しかし、ロシア船が来るのを恐れ、その宝物を蝦夷船に積んでエトロフ島に逃げ帰る途中難破して全員溺死したという。

徳内が田沼時代に蝦夷地に派遣された普請役佐藤玄六郎らの幕府の調査隊の一員として千島に足を踏み入れ、エトロフ島でイシュヨら三人のロシア人に初めて会ったのは天明六年(一七八六)五月のことである。徳内はそのさい勝右衛門ら漂流民の消息をイシュヨらに尋ねたことは確かであるが、徳内自身も「勝右衛門を始十七人の者、モスコビヤ近所のヤクツコイ(ヤクーツク)といふ国に一廓を構へて撫育する事を、安永の頃よりの風説あり」と、右に続く後段の記述で書いているように、ロシア人に会う前に佐井漂流民の情報を得ていたことは間違いない。

木崎良平がすでに検討を加えている史料であるが[10]、普請役佐藤ら四人が勘定奉行桑原伊予守に差出した「蝦夷地の儀に付奉申上候書付」(天明六年閏一〇月)には次のようにある[11]。

イシユヨは六年以前庚子年(安永九年・一七八〇)、初てウルツフ島え来候由申之候。且戌年(安永七年)渡来いたし候赤人の通詞、ビヨドロと申候もの、日本言葉少々相通し候付、不審に存、其節相尋候処、奥州南部領佐井湊直乗船頭徳兵衛船、彼国に漂着いたし、乗組拾六人の内五人助命いたし、右五人の内壱人は役人に被取立、壱人はビヨドロが妹聟にいたし、外三人とも一同ムスクバの帝より扶助し被置候付、此もの共に日本言葉を習覚候由物語致候段、蝦夷人共申立候付、南部領佐井湊にて承合候処、右徳兵衛船、延享元子年致漂流行衛不相知由、兼て商人共申之候に付、此儀をも相尋候処、右の漂着の日本人爾今三人存命にてイルクツコイに致住居罷在、尤日本にての名は不存、右三人の内壱人は帝よりヘイタラレヲンセエイチヤと名を給り、年来八十歳計りとも相見候得共、健にて役儀相勤罷在、其子(名は失念)、若年より才知有之候に付、三、四年以前船役人に相成、七十人の船手を召連、一船に乗出し、当海え趣候処、何者にか右乗組のもの不残被殺害、船はウルツフ島に致漂着候付(下略)

徳内の報告に基づいていることはむろんである。これによると、安永七年(一七七八)に渡来したビヨドロなる者が日本語を少し話すので、現地で応対した者たち(場所請負の飛騨屋の雇人たちをさす)が不審に思って尋ねると、佐井徳兵衛らの漂流民のことが出てきた。佐井湊で聞いてみると確かに延享元年(一七四四)に出航した徳兵衛船が行方知れずであることが判明した。そのように商人たちが以前から言っているのを徳内がイシュヨに問い確かめたという事実関係であったことがわかる。

周知のように、安永七・八年(一七七八・七九)にシャバリン(ドミトリー・ヤコウレヴィチ・シャバリン)がキイタップおよびアッケシに来航し松前藩に交易を求めてきた。そのなかに右のビヨドロが通詞として乗組んでおり、佐井漂流民の消息が語られ、存命の五人の名前が伝えられたのであった。当時、キイタップ・アッケシ両場所およびクナシリ場所を請け負っていたのは飛驒屋久兵衛である。その配下のクナシリ場所支配人喜多右衛門、キイタップ場所支配人庄次郎の二人が安永九年一二月に認めたロシア人渡来の記によると(『異船航来漂民帰朝紀事』大②七二~七七頁)[12]、シャバリンらを水先案内してきたのはクナシリ島のツキノエで、シャバリンにはクルミセ島のロシア語のわかるアイヌがいた。ここにいうクルミセのアイヌはシモシリ島のアイヌをさしている[13]。アイヌ語を媒介にして、喜多右衛門とシャバリンらと会話が成り立っていた。ロシア側は通詞ビヨドロ(奥戸村利八郎妻の兄)がいたので日本語をある程度理解できたようだが、和人側は彼らの言葉は一切わからないと言っているから、ビヨドロの日本語をよく聞き取れなかったようだ。現地に松前藩の上乗役新井田大八がいたので、彼を通して事件が松前藩に通報された。

そうした情報を確かめるために、佐井に漂流の事実を尋ねたというから、出身地の佐井にただちに伝わったことになる。また、飛驒屋は大畑を拠点に松前・蝦夷地に乗り出し、支配人以下の雇人も大畑出身など下北の者たちが多かったから、下北地方に佐井漂流民の噂はかなり広まったのだと思われる。地元下北の記録としては、前出『原始謾筆風土年表』があり、その延享元年(一七四四)の項に佐井の竹内徳兵衛多賀丸一件が書かれ、佐井勝右衛門、奥戸利八、大間長松、宮古伊兵衛、宮古長助の五人の漂流生存者の名前が上げられている[14]。徳内の人名と比べると、利八郎が利八になっているだけの違いである。本書の編述は鬼工晩年の文化元年(一八〇四)に開始されたようであるから、延享元年当時の記述ではないが、多賀丸の船名を記しているのは現在この記録しか知られていない。右の大畑出身の飛驒屋支配人らからの情報を記した記録類が手元にあったとみてよいだろう。

表１　トラペズニコフと佐井漂流民との血縁関係に関する諸説

A　久助の子供とするもの
(1)　総理(もとじめ)同(官セリサンド)イワン・ヒーリッポウィチ・タラッペジニノーフ　子三十六歳　先年南部より漂流せし久助といへる者の子なり(桂川甫周『北槎聞略』岩波文庫、20頁)
(2)　俗に日本人の子　馬　ヘルホイチ　先年、南部領佐井村久助といふ者、漂流船にて、彼の国にてもふけし子なり(松前藩関係者「亜魯斉人来朝記」大①25頁)
(3)　南部久助子　通詞同役ナル由　イワンヒリホヱチタラペイシニコウフ(幕府役人「小人目付冨山保高聞書」大①396頁)
(4)　南部久助子イワンヒリホヱチタラベスニコフ　此者ハ日本人ノ種故、髪毛、眼玉黒シ　※人物図の説明文(幕臣小柴研斎編「海外異聞」大①626頁)
(5)　賄方　イワン、ヒリツホイツ、タラヘイチニコウフ　年廿五、六才　此の人、先年南部より流れ参り候久介と申すものゝ悴也(松前藩関係者「御私領ノ節魯西亜入津一件」大②32~33頁)
(6)　先年流され候南部宮古村久助実子、此の度渡来候由。年齢二十二、三と相見へ候由(武川久兵衛「異船航来漂民帰朝紀事」大②88頁)
(7)　ロシア使節一行歩行図　南部宮古村水主久助男・イワンヒーホウヱツタラホシニコブ(飛騨屋武川家蒐集品、大④519頁)
(8)　ラクスマン渡来の図　宮古市立図書館、南部宮古村水主久助男、イワン・ヒリポヴェツ・タラポジニコフ(木崎良平『光太夫とラクスマン』18頁)
B　徳兵衛の子とするもの
(1)　日本の言葉は、二十四、五年以前、南部佐井村の竹内徳兵衛と申すもの、小船に乗り流寄り候由。右徳兵衛一人助り、其の国の王の娘を妻に致し、役人に相成り候て、日本のひらがな、片仮名、いろはを以て言葉を通じ候由。仍つて通辞仕り候事に御座候。右徳兵衛義は二、三年以前に病死仕り、同人子供に男子一人これあり。此の度、右船に乗参り候(幕府役人関係「松前表より江戸への来状」大①415頁)
(2)　此時赤人船乗組の中に、ゴウフといふもの有り候て、是は四十余年前南部領の商船赤人国へ漂流して存命のもの五人有て、其内徳兵衛といふものゝ子なり。姓はイワンピクヘポイチタラベイチュとて、丑年三十六歳にて、セイザンといふ役を勤むる山野の検地をするものなり(最上徳内「蝦夷草紙後篇」『北門叢書』第三冊471~472頁)
C　勝右衛門の子とするもの
(1)　象胥には延享に彼国へ漂着有し佐井勝右衛門悴なるよしにて摩凝岩野市と云るを来し(村林鬼工『原始護筆風土年表』上171頁)
D　三之助の子とするもの
(1)　役人ノ首領イハンハ先年漂流ノ南部サイノ三之助ガ悴ナリ(「魯西亜文字集」内閣文庫蔵、木崎良平『光太夫とラクスマン』18頁)
E　久兵衛の子とするもの
(1)　南部の久兵衛の倅、イワンヒリフイチタラペヱヂニコウフといふ者、父久兵衛より日本辞を習ひ覚へしに付き、是れ又通辞の相へに差添へしか(幕府関係者か「魯西亜国漂船聞書」大②605頁、その他563、629頁参照、磯吉からの聞書
F　竹内善右衛門の孫とするもの
(1)　菅江真澄(前述)

三　佐井漂流民の子孫帰国の風聞

G　別人を漂流民の子とするもの

(1)　道先　シャハリン　異国間兵内云ふ。是れは佐井の徳兵衛が赤狄にて生みたる子なりと沙汰あり。目色、此の人ばかり日本人に似たりと云ふ（木村謙次「北行日録」大③71頁）

此ノ夜、畂（田）名部ノ内、異国間村兵内ト云フモノニ逢フ。此ノ人ノ話ニ、此ノ度、赤人ノ舟ニ来ル道先ハ、佐井ノ徳兵衛、赤狄ニテ生ミタル児ナルベシ。赤人中ニテ、道先一人ノ眼色、日本人ニ似タル故ナリトイヘリ。（同上93頁）

赤人ノツレ来ル道先ハ（或ヒハ通辞トモ）、佐井ノ徳兵衛ガ子ナルベシト云フ。此ノ一人ノミ、眼色日本人ニ似タルト云フ（田名部異国間兵内話）。又通辞也トモ云フ（唐津内七百石舟主、張江茂兵衛手先キ阿部源五郎話）。（同上144頁）

したがって、真澄が聞く土地の人の「物語」はロシア漂流の初耳の驚きというよりり、そうした前提となる忘れかけた曖昧な知識がベースにあって、それが記憶からたぐりだされるように漂流民の子孫の帰国に関心が向ったのだといえよう。それでは、真澄が竹内善右衛門の孫とかいう噂の佐井ゆかりの人物とは誰なのか。その点をつぎに述べてみよう。

多賀丸乗組員の消息は、木崎良平の『漂流民とロシア』によれば、およそつぎのようなものであった。[15] 乗り組み一七人のうち漂流中六人死亡（名は不明）、延享二年（一七四五）五月北千島オンネコタン島に上陸後、船主・船頭の竹内徳兵衛が死亡。生存者一〇名はその後ボリシュレックに連行され、滞在中に利助（水主）が死亡。ヤクーツクで彼らは二班に分けられ、磯治、八兵衛（七五郎）、勝右衛門（楫取、竹内徳兵衛親族）、伊兵衛（宮古浦）、久太郎（晦、喜十郎、佐井）の五人がペテルブルグへ移り、日本語学校教師になった。そこで、磯治（水主）・八兵衛（水主）が死亡、残る三人がイルクーツクに移されて日本語学校教師となった。ヤクーツクに留まった四人、すなわち三之助（水主、佐之助、佐五兵衛）、利八郎（水主、利八、奥戸村、伊勢屋安兵衛親族）、久助（水主、長助、長松、長作、長之助、宮古浦）、長助（水主、久助、長松、長八、大間村）も後にイルクーツクの日本語学校に合流した。そこで七人全員が生涯を終えた。彼らの子孫のうち三之助の子供三八は「レキシコン」という露日辞典を編集し、漂流民の子イヴァン・フィリポヴィチ・トラペズニコフ（測量士、軍曹＝セリザント、渡来時三六歳）がラクスマンとともにネモロに来航してきたのである。

トラペズニコフ（タラペズニコフ）は誰の子か、大間村の長助の子、あるいは宮古村の久助（または長助）であると理解されているが[16]、トラペズニコフが日本史料に佐井漂流民とどのような血縁関係を持つものとして登場しているのか、山下恒夫編纂『大黒屋光太夫史料集』などによって示したのが表1である。

表1によると、トラペズニコフを久助（久介）の子とするものが『北槎聞略』をはじめ多数を占めている。南部（盛岡藩または八戸藩をさす）の久助とあるだけでは判断できないが、出身地の村名としてはっきり書かれているのは佐井と宮古の二つである。佐井は漂流船多賀丸の船籍地であるため、その乗組員は一般に佐井の者とされてしまいやすい。一方、飛騨屋がいう宮古のほうは、飛騨屋が道東の請負場所を没収された後であるが、かつての雇人とのつながりから蝦夷地の現地情報に詳しかったと思われる、そのことを考えると、佐井より宮古の方が出身地である蓋然性が高いといえる。久助を大間出身とするものが当時全くないことは大間説には不利であり、久助以外の子としている場合でも大間の地名は出てこない。この宮古の久助を徳内らがあげる五人の名前に対応させるならば宮古の長助に該当することになる。

久助の子とする以外では、徳兵衛の子、勝右衛門の子、三之助の子、久兵衛の子、あるいは真澄の善右衛門の孫とするものがあった。また、それにとどまらず、トラペズニコフ以外の同行ロシア人を漂流民の子とするものがあり、道先のシャバリンが徳兵衛の子であるという風聞もあった。シャバリンは道東に渡来した経験を買われ、このたびは水先案内人として随行していた。木村謙次にシャバリンとする情報を与えたのは、下北の異国間の兵内という者であった。佐井で聞いた真澄は善右衛門といい、大畑の村林鬼工は勝右衛門といい、同じ下北地方のなかでも、佐井漂流民の子孫の帰国への関心が高まって、根拠のあやうい不正確な噂がさまざまに発せられていたことになる。何が実説なのかわからないままに時が経っていったのではないか。

トラペズニコフは、箱館からさらに松前（福山）までラクスマンらとともに来ているが、その行程のなかでどの程度に自らの境遇、父母のことを語り、あるいは父母の郷里のことを知る機会があったのだろうか。しかし、そのことを窺わせる史料はきわめて乏しい。わずかに最上徳内が『蝦夷草紙後篇』に、次のように記しているくらいである。(17)

日本は親徳兵衛が生国なれば、見もいたし、且は首尾よく帰国すれば昇進もなるべしと諸人も是を思ひけり。ゴウフ云、日本の末なれば賜り物もあるべし。羨しき事なりと、赤人どもかねて申暮たる事なり。然れども重立たるものにもなければ敢て対話するものもなし。是によつて又親へ土産の品を得て帰国いたし、誉等も残したく、何とぞ賜り物を受たき旨願出たり（下略）

これによれば、ラクスマン一行を応接した松前藩の役人、幕府の役人らは、身分の低い漂流民の子にほとんど話しかけることはなかった。光太夫・礒吉からロシアの国情、風俗を積極的に聞き出そうとしたのとは大違いである。日本の役人たちにとってロシア人となった漂流民やその子供の行く末などまったく関心の埒外であったのではないか。トラペズニコフの父の名前や出生地についてすら聞きただし明確にしようとする意思がなかったのだと思われる。ゴウフ（トラペズニコフ）はせめて親への土産として賜り物を幕府目付に願ったが、拝領したのは「縮緬の切れ五尺斗り」の麁末な品物にすぎず、同行のロシア人に誇られるなど面目を失った様子が記されている。そのような冷遇がトラペズニコフの身の上について、断片的でよく知られない理由なのであろう。

ラクスマンの『日本来航日誌』によれば、使節一行が松前の町に入るさい、ラクスマンは駕籠に乗ったが、トラペズニコフらは馬に乗り、両脇に警固の士がつき威儀を正して行列をなした。道筋では家々が開け放たれ、男女の見物人が鈴なりになっていたという（大③四七六〜四七七頁）。当然見物人の眼差しが「測地家」のトラペズニコフにも注がれたはずである。『松前藩医米田元丹物語の趣き』によれば、「アダムに付添ひ来たる通辞一人も日本の種也とぞ。其の人、甚だ若く美男子也とぞ」とされているが（大②一五六頁）、そのように実際見えたのであろうか。ほとんどが文字情報化されない関心のレベルにとどまり、時の経過とともに人の噂から消え去っていった。

四　「魯斉亜風俗距戯唄」について

さて、菅江真澄の佐井漂流民の記述で着目されてきたのは、竹内善右衛門の孫ということ以上に、『ひなの一ふし』（文化六年〔一八〇九〕成立か）のなかに採録された「魯斉亜風俗距戯唄《ロシイヤブリヲトリ》」によってであろう（菅⑨三四一頁）。ロシアに住む漂流民の子孫の間で、「よめをとろならにほんのやうに、めぐろかみぐろ《黒晴髪黒》とるかよい、サアハラ〳〵〳〵」と歌われているというのである。真澄の由来の説明はつぎのようなものであった。

むかし亭咩帝列邏椰巨紆府曳伎《テメテレラヤコウフヱキ》といふそのくうど、風にはなたれ福山に来しとき、父母のくに佐井の浦人は盆踊とて、は《（愛）》しきやし、をとめらうちむれて、よんごとに唄ひ舞ふおもしろさ、いふへうもあらぬよしをつたへ聞つ、さらばそのくにもなつかしければ、うちよりてまねしてあそばんと、わかきものらか、さる事作りいでて唄ひたるよしを、遠しま渡りするふな人ともか、梶枕の寝物かたりにせり

経緯の理解が厄介な文章である。真澄には『布伝能麻迩万珥《ふでのまにまに》』という随筆の八巻（文政七年〔一八二四〕成立）に

「をろしやのをどり」と題した別の一文がある（菅⑩二一四〜二一五頁）。これとほぼ同文のものが『風のおち葉』四の裏に書かれている（菅⑫二二八〜二二九頁）。こちらのほうが『ひなの一ふし』より文意が明瞭である。意訳して紹介すると、宝永・正徳（一七〇四〜一七一六）の頃であったろうか、年はさだかではないが、みちのくの南部田名部荘の佐井浦の伊勢屋五郎兵衛船が東蝦夷地に渡ろうとした。しかし、潮風に流され魯西亜という知らない国に漂着した。月日が経ち、つれづれに童に日本のいろはを教えているうちに、国王がそれをめでて五郎兵衛を国にとどめ手習の師とした。その地の人たちに師匠々々と称された。こうしてはや三代を経てその孫にあたる若い男らが、自分たちの先祖の日本の佐井の国では盆踊りをしてにぎわうと聞く、ことしは佐井の国のまねをして踊りして遊ぼうと、うち群れて踊った。その盆踊の唄は「嫁をとろなら日本のやうに目黒《メクロ》髪黒《カミクロ》媒《トル》が能《ヨ》い」というもので、「サハラ、〳〵、〳〵」と囃した。「サァハラ」というのはその国の産の白砂糖のことで「甜味《ムマイ》〳〵」というのに似ているという。

宝永・正徳の頃とか、東蝦夷に渡るとか、伊勢屋五郎兵衛という名前などは、真澄が下北を離れて年数が経っているためか、前述の竹内徳兵衛船多賀丸の漂流事実からすれば明らかに間違っているが、佐井漂流民がロシアで日本語学校の教師になったなどという全体の輪郭はよく伝わってくる。しかし、真澄はこの盆踊り唄がいつどのように日本に伝わり、どこで聞いたかについては何も書いていない。

この「魯斉亜風俗距戯唄」についての論考に中村喜和「おろしや盆踊唄考」がある。[18] そこでの貢献はテメテレラヤコウフヱキなる人物について考証が深められた点である。

中村によると「テメテレラヤコウフヱキ」は、工藤平助『赤蝦夷風説考』（天明三年〔一七八三〕序）の「松前より写来る赤狄人図説の事」に出てくる「赤人ノ頭タル人、名ハシンサバリン、父名ハリシテレイヤコリウキ」[19]のことで、前述のドミトリイ・ヤコウレウィチ・シャバリンその人であった。安永年間のシャバリンの一行には、日本語学校で学んだイヴァン・アンチーピンとアファナーシイ・オチェレジンの二人が加わっていた。前者は「日本え通詞の人」ヱハシテ(ヱバンテ)として『赤蝦夷風説考』にみえ、[20]後者は前述のように『蝦夷拾遺』『蝦夷国風俗人情之沙汰』にビヨドロと出てくる。中村はヱバンテはアンチーピンであるとするが、ビヨトロについては判断を留保している。木崎は安永七年(一七七八)にオチェレジンが、翌八年にはアンチーピンが来たので、安永七年にきたピヨドロがオチェレジンだと理解している。[21]

こうして「テメテレラヤコウフヱキ」の素性が明らかになったとき、真澄の盆踊り唄は、イルクーツクでの日本語学校の教師としての佐井漂流民たちの暮らしをよく知るシャバリンの一行によって、異郷ロシアの地でうたわれる盆踊り唄が当時飛騨屋請負場所であったアッケシ、キイタップ場所の和人に伝えられたという可能性がみえてくるかのようである。中村は、漂流日本人たちと関係を持つアンチーピンらの誰かによって日本にもたらされたと推測している。前述のようにシャバリンらと身近に接触したのは松前藩の役人以上に飛騨屋の配下の者たちであった。そうした推測が正しいとすれば、飛騨屋場所で働く大畑など下北出身者を含む、通詞林右衛門らの雇われ人たちがそうした唄とその由来を聞き出し広めたことになろう。

それにしても、真澄の『ひなの一ふし』の説明文を史実に合わせて合理的に解釈しようとするといろいろ無理がある。「テメテレラヤコウフヱキ」がシャバリンであるとして、「風に放たれた」わけでも、福山(＝松前城下)に来たわけでもない。「テメテレラヤコウフヱキ」にとって佐井は「父母のくに」でもない。真澄自身、前述のように『かたゐ袋』に「テメテレラヤコウフイチ」をむかし渡来した二人のロシア人の一人としていた(菅⑩四九〇頁)。また、遠しま渡り以下は「テメテレラヤコウフヱキ」や漂流民には関係のない日本の船人をさしている。彼らがその唄をうたい、その由来を語っていたということを示している。あえて解釈すれば、「テメテレラヤコウフヱキ」すなわちシャバリン、あるいはその一行の者が安永年間に渡来したさい、漂流民たちの故郷である佐井の浦人がうたい舞う盆踊りの面白さを伝え聞いて帰り、それを漂流民の子孫の若者たちに語ったところ、若者たちが国をなつかしく思いそのような盆踊り唄を作った、そのように遠島渡りの者たちが語っている、という文意になろうか。そのように読めるとすれば、シャバリンの安永来航のときに伝わったとは考えにくいことになり、ラクスマン来航時のことになろうか。

真澄はこの盆踊り唄をいつどこで採録したのであろうか。松前滞在時に聞いたとすれば、『かたゐ袋』の「テメテレラヤコウフイチ」のところにその唄が記されてもよいはずである。そうでないのは下北に渡ってからであることを示唆している。遠しま渡りは東蝦夷地の奥場所に廻船の乗組員あるいは場所請負人の雇われ人として働きに出て行く、具体的には下北地方からの蝦夷地出稼ぎをさしているように思われる。真澄がこの唄にめぐりあったのは、時期的にいって下北滞在中、ラクスマン来航に伴って佐井漂流民のことがにわかに噂となった頃ではなかろうか。さまざまに入ってきた情報のなかに盆踊り唄（あるいはそれに類する唄）も含まれていたとみるのがよさそうである。

ところで、この真澄の盆踊り唄に似た歌がラクスマン来航のさいに日本にもたらされていたことが山下恒夫と中村喜和との対談のなかで話題となっている（大③解説六九五〜六九七頁）。ラクスマンがネモロに来たときに、和人が歌を聞きたいといったので、光太夫がうたうようラクスマンに促すと、「チヨルノヰ《黒也》　カザ《目》　チヨルノイブルビ《眉》　チヨルノヰ　オロソ《髪》　ウヱン《妻》　チヤヰナ《欲》〱　オーウヱンチヨヰナ」という一篇をうたってくれ、それは人々のよくうたう歌であるとしている（『幸太夫談話』大③二六九〜二七〇頁、作成者不明）。もう一つ、礒吉がイルクーツクで聞いた「遊女歌」の「小歌」に、「目の玉悪く、髪の毛黒い人の妻になりたや。目の黒い子をいだきたや」という歌があり、「髪の少しも黒く、目の黒白分明なるを以美男子とす」と語られている史料をあげている（『松前藩医米田元丹物語の趣き』大②一五八頁、松前藩医米田元丹が光太夫・礒吉の江戸護送に付き添ったときの聞書）。このロシアの歌と真澄の盆踊り唄に何か関係があるのか、中村は似てはいるが両者を同じものとするには史料的な詰が必要であると述べている。

右の二つの例のほかにも『大黒屋光太夫史料集』から同様の歌の事例をいくつか拾うことができる。『工藤万幸聞書』（松前藩医米田元丹は従弟で、元丹よりの物語という）に「遊女のうたに、小うた、はやりぶしなどさま〴〵に有り。通じかたければ覚へず、其の内に、めの玉くろく、髪の毛黒き人の妻になりたや、めのくろい児をいだきたや、といへる心のうた有り。此の土地の人、髪あかく、めのうちうるみてうすぐろく、白黒わかりがたし。瞳には黒が至つて小也。其の内にめのうち黒く、髪の黒きも有り。是れを美男とするよし。但し日本人の種族は、髪めのうちもくろしとぞ」（大②一七二頁）とあるが、右の元丹の遊女歌の紹介に同じといってよい。

『我衣』の「神昌丸漂流関係記事」には、「日本人を見て、唱哥を作りてうたふ。チヨルノイ《黒キ事》、カーザ《眼の事》、チヨルノイ《黒キ事》、ホロヒ《眉の事》、チヨルノイ　ヲロソ《髪の事》、ウヱンチヤイナ《ホシイト云フコト》〳〵、ヲ、ウヱンチヤイナア《ホンニホシイナア》〳〵。是れは、ヲロシヤの人物、残らず赤毛なるゆへ、黒き眼、くろき眉毛、くろき髪ほしく物じや〳〵、大きにほしく物じやといふ唱哥也」（大③三二〇頁、文化一二年〔一八一五〕加藤曳尾庵自身の光太夫聞書）と紹介されている。この歌は日本人を見てとあるように、日本人の目黒髪黒を念頭においてそれをうらやましく思う歌の解釈となっている。

また、『一席夜話』（紀州藩士服部中庸著、光太夫が郷里若松村に帰省したときの聞書）では、「ヲロシヤの者皆、髪髭、目の玉薄赤くして、黒色少なし。されども黒色を称美するよし。彼の国の子守哥に、「チヨルノイ《黒》」、「ガザ《目》」、「ホロビ《眉》」、「ウヲロリ《髪》」、「ロダ《髭》」、「ウヱンチヤイナ《嫁ニ取ロ》」、〳〵、ヲ、ウエンチヤイナ。黒い目の玉、髪、まゆ、ひげの嫁をとろうと云ふ事のよし。結句に嫁にとろ〳〵、ヲ、嫁にとろと云ふ語勢は、全く皇国の語勢にかはる事なし」とし、「下賤の者にても、皇国人の種に女子を産めば貴人の妻とする也。皇国人の種を彼の国にてよろこぶと云ふ事いぶかしく、尋ね問ひしに、是れ迄も皇国人折々彼の国に漂着せし者ありて、其の子孫、彼の国にありて大光も逢ひしと云へり」（大④一五五頁）と述べられている。これになると、歌詞の上では嫁に取るとあって、真澄の盆踊り唄にかなり近いものとなっている。ただし、ここでは子守歌とされている。

以上の歌よりもっと真澄の盆踊り唄に近いのは、飛騨屋久兵衛の編になる『異船航来漂民帰朝紀事』『北信記聞』にある「寛政四壬子年魯西亜船松前渡来之記」に出てくる次の記事である。

日本人之種を賞美致候由、彼国之人物ハ眼中ウルミ、髪赤ク候ニ付、日本人ヲ賞美致候、彼国之時鳥（ママ）諷日本辞ニ直し左ノ通由
ヨメントレ〳〵日本種ヲ目白髪黒娵ニトレ
右之通諷候由承候

ここでは『北信記聞』から引用したが、[22]『異船航来漂民帰朝紀事』では、時行諷《はやりうた》、ヨメニトレ、娵《よめ》と表記が少し違っているだけである（大②九二頁）。ここまでくれば、真澄の「よめをとろならにほんのやうにめぐろかみぐろとるがよい」の歌詞ははるかに洗練されているものの、目白と目黒の違いを除けばほとんど同じものといってよい。ややそのぎこちない歌の日本語訳は、松前藩・幕府の役人というよりは、ネモロではたらく場所の支配人・通詞たちであったろうか。この歌が紹介された始まりが、『幸太夫談話』が述べるようないきさつであったとすれば、そのように考えてもよさそうである。むろん、飛騨屋の記録は唄の由来については何も記していない。

真澄は後年書いた「をろしやのおどり」のなかで、「魯西亜《ヲロシヤ》の人は髪赤《カミアカ》く紅毛人《コウモウジン》に似て眼色は葡萄《ブドウ》のごとし。さるから日本の女を誉ぬ。その国に目黒髪黒の女出産《イツレ》は后にたつといへり」（菅⑩二一四頁）と記していた。その文

は『一席夜話』に書かれていることとほぼ同じである。真澄もそのような聞書をどこかで読んでいたことになる。

真澄の説明にだけ唯一みられる、佐井漂流民がロシアの地でうたっていたとする盆踊り唄の可能性はまだ捨てるべきではないが、ラクスマン来航のときにもたらされたロシアの歌に、シャバリン安永来航以来の佐井漂流民についてのあやふやな断片情報(そこには望郷の念で盆踊り唄がうたわれているという風聞も含まれていたかもしれない)とを結びつけて、下北・松前・蝦夷地をつなぐ廻船の船乗りたちがエキゾチックな小唄に洗練し、そうであろうかもしれない由来話をつくりあげ、うたいはじめた。多少憶測めくものの、光太夫・磯吉の聞書に佐井漂流民と結びつく形ではまったく見えない以上、遠島渡りの船人たちの自由なる創造意思が大きく関わっていたというのが、ここでの一応の結論である。真澄もまた『ひなの一ふし』から『布伝能麻迩万珥』への展開のなかで、物語化に一役買ったのだといえるかもしれない。

内田武志はこの盆踊り唄について、下北の海村の村人たちが漂流民の噂を聞いて、「その子孫が彼の地で望郷の念から、このような唄をうたって盆踊りするのではなかろうかと、盆祀りをするたびに語りあって噂するうちに、真実あった話のようになって」ひろまったのでないかと推測している(菅別巻①二三〇頁)。その通りなのか論証のしようがないが、心意を捉えているという意味では、そのような直感が意外に本質を突いているのかもしれない。

五　岩屋の浦に寄せるエカテリナ号

菅江真澄は田名部の友人たちと恐山に登り、しばらく「湯あみ」して滞在中の寛政五年（一七九三）六月七日、里から人が来て語るのを聞けば次のようなことだった。

> 去年よりアツケシの磯辺なるネモロといふところに在し、カムサツカのほとりなるヲロシヤの人、こたび、めしあればとて松前の福山のみなとに行とて、エトモが崎よりのり出て、霧《モヤ》ふかければふなみちにこぎまよひ、此南陪の岩屋の浦によせて、わらはの居るにこととふに、あなあおそろし、たけ高く姿ことなるもの来しとてなき叫ぶをいぶかり、浦のをさ、ものかきなど海辺におりてとへば、日の本の詞を、さへぐやうにものいふあり。こは、世にいふ赤蝦夷人なめ、訳辞のいふにやおどろきて、いそぎ、あがたの君に申ければ人々集ひ来りてけれど、まほの風吹来て、うしのかはの小舟して、沖なるおほふねに行と見えしかど、霧の中にこぎまぎれたり。きのふのことと、人ごと、もはらかたる（『於久能宇良〱《おくのうらうら》』菅②三四二〜三四三頁）

ネモロで越冬したラクスマンらは松前（福山）で幕府目付石川将監忠房、西丸目付村上大学義礼と会談するため、寛政五年五月七日、エカテリナ号に乗りネモロを出航した。現地に赴いた幕府役人・松前藩役人も松前藩の手船禎祥丸に乗り同時に出航した。エカテリナ号には前述にように久八、石松の二人が水先として乗り込んだ。当初の予定では東蝦夷地の内浦湾にある砂原まで船で行き、そこで上陸し陸路松前に向かうことになっていた。

六月二日両船ともアッケシを出航したが、濃霧のために離れ離れになった。翌三日禎祥丸はエトモに着いたが、エカテリナ号は行方不明となった。六日早朝気づくとエカテリナ号は下北の尻屋崎の岩屋に寄せていることがわかり、翌七日午前同所を離れてコブイに着き、そこで停泊し、九日箱館に入港した(「神昌丸漂流事件年譜」大④六五六～六五八頁)。

真澄の記述はまさに昨日六日の岩屋でのできごとを生々しく書いていたことになる。真澄の右の文章を読み解くまえに、この岩屋漂着がどのように記録されているのか、別史料で確認しておくことにしよう。

A同四日子の刻南部領尻谷の沖に繋《かか》る。同六日同所出帆　(『北槎聞略』岩波文庫、六七頁)

B六日朝五時頃、風一向相止み、付縄下し候処、十二、三尋下り申し候。大もやにて山も見へ申さず、浪も強く候に付き、何方にて候哉と天満船にて陸へ上り、承り候へば、南部地の内、尻屋崎岩屋と申す所の由に付き、又乗出し候処、風これ無く、塩路強く出帆相成らず、同所にかゝり候と、七日朝四つ時、帆上げ走り申し候。(『魯西亜人取扱手留』大①二六九頁、水先の者久八・石松六月一一日書付)

C右異国舟、南部境の近所沖へ流れ、二日滞船。当国、殊の外騒ぎ、物頭など下り候由(「寛政五年秋松前藩士の書翰」大①四二〇～四二一頁)

Dヱドモへ行かんとするに、風あしくして南部のシリヤへ流れ行きたり。磯吉、窃かにかの松前の船頭喜八に問ふて、爰は何国ぞといふに、小声にて爰は南部のシリヤなりといふ。磯吉、大いに驚き(中略)。アダムキリロイチ、此の時に日本地図を出して見、此の所は最早蝦夷地にてはなし、南部の地なり。此の所へ上りて見物すべしといふ故、皆々偽りて南部にてはなし、やはり蝦夷地なりといへども、図絵を指さし首を打振りて更に信ぜず。（中略）アダムは一向信ぜずして是非陸に上りて見物せんといへしかども、磯吉承知せざりし故、彼是猶予せし内、大いに南風出て跡へ吹戻されたり。（『魯西亜国漂船聞書』大②六一八〜六一九頁）

E七月一日（ロシア暦、和暦六月五日）午後五時、水の流れの速いことがわかったので錨をおろし、居場所を確認するために翌日（二日）の午前、日本人航海士がわれわれの皮製のバイダラ舟で上陸した。（中略）十一時に霧が発生。海岸にまわりを耕地でかこまれた日本人の集落が見えた。七月三日午前五時すぎ錨をあげて間切りながらすすんだ。（中略）そのとき（四日の午前）日本人航海士が七月二日にわれわれがいたのは絵鞆湾の南側ではなくて津軽海峡に面した日本本島の付近であったと告白した（『日本来航日誌』大③四六三〜四六五頁）

これらの記述を付き合わせると、『北槎聞略』の尻屋に流れ着いた六月四日というのは正しくない。尻屋も近接しているが、正確には岩屋である。Dの漂流民磯吉からの聞書によると、ラクスマンは日本地図をみながらこの地は蝦夷地ではなく南部であることに気付いていた。Bにあるように、水先が上陸して南部尻屋であることを確認しながらも、そのことを頑として否定していた。ラクスマンはそれに首を振らず上陸して見物したいと言った。上陸はかなわなかったが、Eのラクスマンの日記によると、その地を離れてから日本人航海士、たぶん久八からだろうが、本州側の地であったことを告白されている。少なくともこれらの記述からロシア人が直接上陸したという事実は浮かんでこない。

さて、真澄の記述を吟味しよう。ラクスマンらの乗るエカテリナ号が福山の港をめざしている、あるいはアッケシではなくエトモが崎から出帆して福山に向うように書いているところは若干事実と違う。モヤが深く船路を迷い岩屋に寄せたものであることの情報は確かであり、地元民が上陸してきた日本人水先らから直接聞きだしたのであろう。岩屋の浜に上陸したのは、Dでは日本人航海士であり、Bでは水先自身であることが推定され、久八(Dでは喜八)・石松の二人、あるいはそのいずれか一人をさしているのは間違いない。真澄によると、浜に子供がいてそれに尋ねたようだが、その子供が身長が高く姿の異なる者が来たといって泣き叫んだとあるから、「天満船」(伝馬船)あるいは「皮製のバイダラ船」(真澄の表現では牛の皮の小舟)[23]に乗って上陸したなかにはロシア人も含まれていなければ想定しにくい場面状況となっている。真澄は沖にある大船と記しているので、エカテリナ号に乗るラクスマンらを肉眼で識別できたのかやや疑わしい。

子供の様子を不審に思い、浦の長、書役の者が海辺に行って質問すると、日本の言葉を「さへぐ」(喧く、聞き分けにくい様子をいう)ように話す者がいた。これが世にいう赤蝦夷人であろうと、訳辞がいうのに驚いて急いで県の君(田名部通代官)に報知した(初出稿で訳辞を地元の蝦夷通詞であったような人を想像したが、ロシア人のそれを指していよう)。ここでもロシア人が上陸していなければ説明できない記述となっている。A~Dと真澄の記事との食い違いはなぜ生じたのであろうか。公的なできごとにしたくないラクスマンあるいは二人の水先日本人が隠蔽したのであろうか、そうではなく過剰な地元民の反応が作り出した噂のたぐいなのであろうか。Cにも警備にあたる物頭《ものかしら》(足軽部隊の長)まで出動したといわれているので(事実は未確認)、一時的だが大きな騒ぎに発展したことは間違いないし、真澄の記録も時間をおかず信憑性は低くない。『原始謾筆風土年表』は、「岩谷沖へ着し水汲入んと艇より陸上り人知れす一宿をふり翌朝迅くも出船」と書いている。[24]いずれが真相であったのか、下北側の確かな史料を必要としている。

六　赤蝦夷・赤人感覚について

最後となるが、下北の人々の赤蝦夷・赤人感覚にも言及しておきたい。一八世紀後期から一九世紀初期にかけて、北からやってきたロシア人は赤蝦夷もしくは赤人と呼ばれた。それはアイヌの人たちがフーレ・シャモ（赤い人、赤い衣服を着た人という意味）と呼んだのを受けて、和人が赤蝦夷・赤人と表現するようになったもので、はじめ松前人あたりから使い始められ、工藤平助『赤蝦夷風説考』などの影響によって全国化したと考えられる(25)。下北の人々はネモロにラクスマンが来航したことや佐井漂流民の噂はよく知っていただろうから、「たけ高く姿ことなる」ことに、ただちに「赤蝦夷人か」という認定をして事件性を把握したといえるだろう。

民法学者の中川善之助は『民法風土記』のなかで、尻屋の部落について、「昔は海岸近くにあったそうだが、今は一キロ足らず奥にある。海に近いころよく「赤人《あかひと》」が海から来て村が荒らされたので奥に引込んだのだと伝えられている、（中略）赤人というのは異民族の海賊や漂流者だったに違いない」と述べている(26)。赤人はここでは海からの侵犯者として認識されている。この赤人は歴史的にさかのぼればロシア人をさしていることは明らかであるから、下北の人々のロシア人観（感覚）が反映していることは間違いない。

ただし注意しておきたいのは、真澄の記述を読んできたかぎりでは、ラクスマン来航時の下北の人々は赤人を侵略者としてばかり必ずしも恐れていたわけではない。佐井漂流民の子がやってきたこともあって、来航をどちらかといえば好意的にみているところがあり、そこにはロシアに対する敵対的感情は乏しい。赤人・赤蝦夷の言葉の感覚には赤鬼でも連想されるような、未知の存在に対する恐怖感、畏怖感のようなものがあったことは否定しがたいが、同時に好奇心なども旺盛であったとみなければならない。そうした二面性を曖昧に持っているのが民俗心性というものであった。冒頭のところで紹介したように、ラクスマン来航を初めて知った人々が「よきことにやあらん、又、あしかりけることにや」と両側面でとらえていたことと、それはつながっている。

ラクスマン来航のころのロシア人に対する感覚は、中川善之助が聞いた赤人＝侵犯者の感覚とは大きな落差があった。しかし、ラクスマン以後の日露関係は、国家的な緊張と対立を高ぶらせていった。文化四年（一八〇七）のフヴォストフによるエトロフ来寇事件には寅吉（陽助）や五郎次など下北出身者が事件の渦中に置かれていた。下北は盛岡藩の蝦夷地警備の出撃拠点ともなり、マタギと呼ばれる鉄砲猟師も動員された。尻屋はむろん下北がロシア船によって攻撃・侵犯を受けたという事実はまったくないが、赤人に対する感覚が大きく変容し、侵犯者のイメージを民俗心性に浸透させていくことになった。ロシア人と赤人とが現実的に結びつかなくなっても、赤人の恐怖だけが伝説化し残ったことを、中川の聞取りが物語っている。

ただし、赤人以前に、真澄が「志理弥とて、北海のはてなるへたに今鬼が窟といひて、むかしは蝦夷のこもりたれば」と述べているように（『牧の冬かれ』菅②二九一頁）、ラクスマンの船が寄り付いた近辺に蝦夷の伝承があった。「蝦夷か窟（岩屋）」とも里人が呼んでいた。[27] ラクスマンの船が記憶も幾分は影響しながら、ロシアに対する恐怖、敵対イメージが民衆を捕捉していくに伴い、蝦夷が赤人に置き換わる、あるいは蝦夷と赤人が混濁する、そのような展開事情も考えておく必要があるだろう。

註

（1）菅江真澄の著述からの引用はすべて『菅江真澄全集』全一二巻・別巻一（未來社、一九七一〜一九八一年）による。

菅②二七一頁は同全集第二巻二七一頁に該当箇所があることを示す。以下同様。なお別巻一は内田武志による「菅江真澄研究」であり、内田の真澄研究の集大成とでもいうべき仕事である。
(2)山下恒夫編纂『大黒屋光太夫史料集』全四巻(日本評論社、二〇〇三年)に収録された史料はこれによる。大①一四九頁は、同史料集第一巻一四九頁であることを示す。以下同様。
(3)永峰文男編集・発行『魯西亜人来朝記』七四頁、一九九七年。
(4)飛驒屋久兵衛研究会『飛驒屋久兵衛』(下呂ロータリークラブ、一九八三年)三一七頁、三二四頁。
(5)『原始謾筆風土年表』上(みちのく双書第九集、青森県文化財保護協会、一九六〇年)一七〇頁。
(6)拙稿「寛政アイヌ蜂起と下北民衆—菅江真澄と北村伝七の出会い—」『研究年報』第三八号、宮城学院女子大学附属キリスト教文化研究所、二〇〇五年。＊拙著『十八世紀末のアイヌ蜂起—クナシリ・メナシの戦い—』(サッポロ堂書店、二〇一〇年に再録。
(7)前掲『原始謾筆風土年表』上一五〇頁。
(8)『蝦夷国風俗人情之沙汰』の「勝右衛門が漂流の事(竹内徳兵衛といふ者漂流の事)」の項、『日本庶民生活史料集成』第四巻(三一書房、一九六九年)四七一～四七二頁。
(9)『蝦夷拾遺』、『北門叢書』第一冊(国書刊行会、一九七二年)二九七頁。
(10)「竹内徳兵衛船の漂流について」『立正大学文学部論叢』五七(一九七七年)四二～四三頁。
(11)『蝦夷地一件』、『新北海道史』第七巻史料一(北海道、一九六九年)四〇三～四一〇頁。
(12)『北信記聞』、『飛驒屋久兵衛』二九九～三〇二頁にも同渡来の記あり。ただし一一月とする。
(13)飛驒屋請負場所クナシリ島通詞林右衛門の「先年赤人渡来之儀御尋」に対する答書(天明五年六月一五日)による。『通航一覧』第七(国書刊行会、一九一三年)八五～八七頁。
(14)前掲『原始謾筆風土年表』上、四七頁。
(15)木崎良平『漂流民とロシア』(中公新書、一九九一年)三四～四〇頁。
(16)木崎良平『光太夫とラクスマン』(刀水書房、一九九二年)一八～一九頁。木崎は宮古の久助説を採っている。長助説は村山七郎『漂流民の言語』(吉川弘文館、一九六五年)一五三～一五四頁。

(17)『蝦夷草紙後篇』、『北門叢書』第三冊(国書刊行会、一九七二年)四七一～四七二頁。
(18)中村喜和『おろしや盆踊唄考—日露文化交渉史拾遺—』(現代企画室、一九九〇年)七八～九五頁。
(19)『赤蝦夷風説考』、『新北海道史』第七巻二九六～二九七頁。
(20)同前二九六頁。
(21)前掲『漂流民とロシア』四四～四五頁。
(22)前掲『飛騨屋久兵衛』三一三頁。
(23)『北槎聞略』は「皮船」すなわちマルタイカと呼ぶ船の図を掲載し、牛馬あるいはトド(海驢)皮を縫い合わせて袋のように包んだ船で、アミシヤツカ(アムチトカ島)辺の民族の一人乗りの海獣猟の船と説明している(岩波文庫、二二一～二二二頁)、また『魯西亜国漂船聞書』大②四二四～四二五頁にも一人乗りの図がある。
(24)前掲『原始謾筆風土年表』上、一七五頁。
(25)拙稿「赤人(あかひと)について」『研究年報』第二八号、宮城学院女子大学附属キリスト教文化研究所、一九九五年。＊拙著『アイヌと松前の政治文化論—境界と民族—』(校倉書房、二〇一三年)に収録。
(26)中川善之助『民法風土記』(講談社学術文庫、二〇〇一年、初出日本評論社、一九六五年)七三～七四頁。
(27)『新撰陸奥国誌』第三巻(みちのく双書第一七集、青森県文化財保護協会、一九六五年)四八八～四八九頁(岩屋村の項)。

第六章　『模地数里』に描かれた松前—長春丸・女商人・馬—

はじめに

江戸から松前への往復の旅のさいに描かれた『模地数里』というスケッチ風の風物図集（彩色）がある。国立公文書館内閣文庫の所蔵で、上下二冊本である。『補訂版国書総目録』（岩波書店）によると、他に西尾市岩瀬文庫に写本があることが知られる。それぞれの図に説明文がついているので絵紀行とでもいったほうがよいかもしれない。

奥州街道で見た風物が多く描かれている。とくに松前関係の図は、一九世紀前期の松前城下（福山）の様子を視覚的に伝える好資料として、しばしば挿絵（図版）として利用されてきた。松前関係の図はすべて『模地数里』下に描かれ、下の前半部分に、三馬屋（御厩）、御用船長春丸、松前福山（船中より見たる図）、黒百合（ソウヤノ産）、母衣草（ほろくさ）、松前町々大略絵図、小松前の大見世商人、小売商人見世、肴商人、女商人・女手伝人足、夜番人・番木、ばくち石、弁財天、五節句に三絃を引く門付けの盲人、五月五日の乗馬、甘どころ（イケマ）、舎利蟹、がのじ（女郎）屋に遊ぶ船頭の客、風待《かざまち》、馬形《まがど》社地での角力興行、石狩川の図、奉行所に出る蝦夷人（アイヌ）のはれのかたち、馬で薪・炭を運ぶ馬子、女の日用、熊谷草、ヱソ地鳥のタマゴ、はままめ、浜なし（浜梨、ハマナス）、の各図が描かれている。また下の最後に、松前昆布を取る図、北蝦夷（カラフト）三弦とそれを弾くヱゾ人（アイヌ）、ヲロシヤのカミソリ、の各図が付け足されている。

小論では、これらの図のうち、長春丸、女商人、および馬を描いた図をおもに取り上げ、絵解きを通じて、近世後期の松前の様相の一端を明らかにしてみたいと思う。『模地数里』の旅は後述するように文政元年（一八一八）のことである。当時、松前藩は陸奥梁川に転封されており、松前・蝦夷地は全領幕府の直轄支配下におかれ、福山館（城）を政庁とする松前奉行が管轄していた。このような政治環境も念頭におかねばならない。

一　『模地数里』・『陸奥日記』について

『模地数里』は、かつて高倉新一郎によって「松前の物売り　夜番の図」の箇所が取り上げられたことがある。高倉によれば、嘉竜という人が著した『陸奥日記《みちのく》』の附図で、この日記に序文を書いた魚澄子璞から画帖を贈られたのが絵を描くきっかけになったという（高倉　一九八七、三七〜四三頁）。しかし、『模地数里』の成立事情や『陸奥日記』との関連などについてはまだ詳しく調べられていないのが実状である。書誌的検討は中途にすぎないが、図の絵解きに入る前に、確認できたことだけでもまずは述べておこうと思う。

『模地数里』上のはじめに「おくの国に旅たつ頃むまのはなむけにとて、草紙をとちて道すからめつらしと思ふ處をうつしてよと、葆光ぬしの玉いりけれハ、其まゝみちかき筆もて、なかき旅のところ〳〵何にまれ書うつして家つとになすのミ」と書き記しているように、葆光なる知人の求めによって道中の珍しい風物を絵に描き、旅の土産にしようとしたものであることがわかる。また、下の冒頭には「みちのくのミちすからに見しままをにしりかき（躙り書き）し戻すり（捩摺）とうは書きして二冊のさうしとはなりぬ」と、書名を「もじずり」と題して二冊本になったことを明らかにしている。

このように序文のようなものがあっても、筆者名も日付も記されていない『模地数里』であるが、図の説明文のなかに「今年松前御奉行文寅勤役本多君」、「四月十三日といふ日古川といふ駅をたち」「文化十五年戊寅三月十九日廿日上り候えぼしくじら」「文化十五年寅四月廿一日之事、寅としをいむ者江戸にもあれハ(下略)」(以上、上)、「今文化十五年寅とし夏の咄し也」「黄金鶏雌雄、文化十五年戊寅三月上旬土中より掘出す」(以上、下)などと書かれており、文化一五年(文政元、一八一八)の夏の時期を含む旅のさいに執筆されたものと判断される。ちなみに松前奉行本多君は本多淡路守繁文で文化一二年(一八一五)一一月から文政三年(一八二〇)二月まで松前奉行を勤め(『柳営補任』巻之二十)、文政元年(一八一八)四月二七日に任地の松前に上陸しているので(松前町史編集室『松前町史年表』)、齟齬はない。

ところで、たまたま東北大学附属図書館所蔵の狩野文庫に含まれる『陸奥日記』乾・坤(外題)という二冊本を目にする機会があった。乾の内題(序の前)には「陸奥日記」とあり、内閣文庫本『模地数里』下の部分に相当する写本で、「もじずり」と題名をつけたという『模地数里』と同文のまえがきもある。ただし乾の図自体は『模地数里』に比べ精確さに欠け、『模地数里』下の最後にあった昆布刈り以下の図が省略されており、あまり参考にならない。一方、坤の内題には「みちのく日記　夏」とあり、「三十日」(四月)から始まる本文書き出しの前には「陸奥日記巻の弐」と記されている。文末には「文政元年六月六日」の日付が書かれ、江戸に帰着してこの旅が終わったことを示しているので、これに続く巻の三はないだろう。したがって、この狩野文庫本は『模地数里』下と『陸奥日記』巻の弐がセットになったもので、それぞれ上、巻の壱に相当する前半部分が欠けていることになる。

狩野文庫本『陸奥日記』の乾・坤は内容的に対応しており、同一人が同じ旅のさいに作成したものと考えられる。文中心の『陸奥日記』巻の壱・弐と絵(スケッチ)中心の『模地数里』上・下の二種類が作成され、両者を合わせて旅の記録としたのであろうことが推測される。狩野文庫本によって『模地数里』と『陸奥日記』とが密接な関係にあることが判明したので、『補訂版国書総目録』で『陸奥日記』にあたってみると、狩野文庫と同種とされるものが岩手大学図書館にあり、またそれとは別に『陸奥日記』または『みちのく日記』という同名の紀行・歌文類が七種類ほど掲げられている。この別種とされるものの中にも狩野文庫本と同じものの写本が含まれているのではないかと疑われ、狩野文庫本と成立年が同じ、文政元年(一八一八)成立の央斎なる人物が著した『陸奥日記』を調べてみることにした。

央斎のものは国立国会図書館、宮城県図書館、函館市中央図書館に所蔵されている。このうち宮城県図書館所蔵の一冊本を閲覧してみると、外題には「みちのおく日記」とあり、内題には「陸奥日記　春」、また本文の前には「陸奥日記巻之壱」と記されていた。巻の弐はなく、『模地数里』に相当する図も付いていない。狩野文庫本の『陸奥日記』(坤、巻之弐、夏)と比べたとき、筆跡が非常に似ているという印象を持った。宮城県図書館本の巻の壱(春)と狩野文庫本の巻の弐(夏)とは日記の日次が前者が三月二七日から四月二九日まで、後者が四月三〇日から六月六日までと無理なくつながっており、しかも宮城県図書館本巻の壱の記述が内閣文庫本『模地数里』上の図と合致していることが確認できた。したがって、両者(巻の壱・春、巻の弐・夏)が合わさって『陸奥日記』が完結することになり、しかも、筆跡が似ているので、同じ人の手になる写本が離れ離れになってしまったもののようである。巻の壱に魚澄子璞の序があり、そこに著者が嶽丈央斎であることが記されている。

国立国会図書館本の『陸奥日記(みちのくにっき)』は一冊本であるが、三月二七日から六月六日までが記された完本である。狩野文庫本・宮城県図書館本のように巻の壱・弐の区別がない。魚澄子璞撰とある序には印が二つ捺してあり、その一つは「葆光」と読める。書体も能筆で、自筆本とみてよいのではないかと思われる。『模地数里』に相当する図はないが、内閣文庫本『模地数里』の図の説明文の筆跡とこの国会図書館本『陸奥日記』の筆跡とはかなり似ており、この二つがセット本であったかはともかく、同一人すなわち央斎の自筆本の可能性が高いと判断しておきたい。『陸奥日記』には一冊本と二冊本とがあることになるが、本来一冊本であったものを、『模地数里』上下二冊本と対応するように分冊したのであろうか。

『陸奥日記』は「みちのく日記」あるいは「みちのおく日記」と読まれてきたのだと思われるが、北海道大学附属図書館編『日本北辺関係旧記目録』(北海道大学図書刊行会)に『陸奥日記』(むつにっき)と題する書名があった。これも嶽丈央斎の『陸奥日記』の写本で、伊藤圭介所蔵本を宍戸昌が写したものであることが知られた。魚澄子璞の序があり、国会図書館本と同じ一冊本である。本文のあとに『模地数里』の図のうち四図(内一つが松前図)のみが写され、他は省略した旨記されている。伊藤圭介所蔵本は『模地数里』上下も『陸奥日記』とセットで備わっていたと推測される。この北大本には図書館関係者による調査メモが付いており、魚澄は「日尾荊山」であると書き残している。

他に函館市中央図書館本などの調査によって新たな知見が得られるかもしれないが、『模地数里』(内閣文庫本)の図を読み解いていくためには不都合がないので、書誌的な追究はひとまずここでとどめておくとしよう。『陸奥日記』の引用にあたっては、以下自筆本かと思われる国会図書館本に拠ることとする。

ところで、『陸奥日記』および『模地数里』の著者が央斎とわかるのは、すでに述べたように、「文政改元六月中瀚」の日付のある魚澄子璞撰の序(漢文体)のなかに「嶽丈央斎翁」とあることによってである。まず魚澄子璞についてであるが、自ら「葆光」の印を用いており、また『模地数里』上のまえがきに葆光の名が記されていることが手掛かりとなる。『国書人名辞典』(岩波書店)によると、日尾荊山(漢学者・歌人)が魚住(魚澄)氏を名乗り字が葆光であることがわかり、同一人物であるのは間違いない。北大本の『陸奥日記』の調査メモはすでにそれを探り当てていたことになる。

詳しくは触れないが、荊山は亀田鵬斎・清水浜臣の門人で和漢の学に通じ書もよくしたといい、多くの著作を残している。序文には央斎は幽境を探ることを嗜み、観たものをよく図に描いたというようなことが書いてある。荊山は寛政元年(一七八九)生まれであるから文政元年(一八一八)といえば三〇歳にあたるが、少壮の学者が翁というにふさわしい年配の央斎のそうした性質をよく知っていて、絵をスケッチするための綴じ合せた帳面をはなむけに贈ったという関係になる。

央斎については江戸の住人という以上にどんな人物なのか分からないが、荊山あるいはその師亀田鵬斎の周辺にいる文人・歌人グループの一人なのであろう。『陸奥日記』の終わりに掲載された和歌に、「嘉龍、直丸、義通」の三人の名があり、末尾に「素全蔵」と記されている。何らかの手掛かりが得られるかもしれない。冒頭に紹介したように、高倉が著者を嘉竜としたのはこれに拠っている。直丸は荊山が「直暦」と号していたので、おそらく荊山のことであろう。『陸奥日記』によると、央斎は文政元年(一八一八)三月二七日に、誰か不明だが陸奥に下る人に誘われて卯の刻(朝六時頃)江戸を出発した。千住駅まで見送り人が同道したが、同駅で現地に赴任する松前奉行の手付として随伴する井上氏と逢っている。井上は親子で役を勤めるといい、松前に着いてからの日記によると、五月七日箱館へ勤番に赴くという井上と暇乞いしている。この井上氏は央斎が昔より知る人であり、その後の奥州道中、二人は所々でよく逢っていたことが知られる。

また、四月二〇日古川で、江戸の中山氏角兵衛が従者松五郎を連れ駕籠に乗って来たのと一緒になっている。小松前に上陸したあと、央斎は中山氏とともに馬形(まがど)の交代屋敷に行っているので、中山も松前奉行付の役人であったのだろう。央斎は三月二七日、千住駅で松前御奉行様の下向行列を拝見と記しているから、赴任の旅の一行に加わっていたわけではないが、井上や中山との交際をみると、彼らの旅に寄り添うように行動しており、松前への旅を敢行する契機にあるいはなっていたかもしれない。

央斎は松前への渡海口場である三厩に四月二四日に着き、吉田屋に泊まっている。ここで風待ちをし、二七日に松前(福山)に渡った。松前奉行本多淡路守が乗った後述の御用船長春丸が同じ日に海峡を渡っている。央斎はどの船に乗ったのか記していないが、上陸後中山氏と一緒に行動していたことを考えると、中山の乗った船に同船していたのであろう。松前での逗留先は馬形の町角の酒屋坂本屋九兵衛方であった。九兵衛の子息は坂本良亮という総髪の医師で、先年江戸に登って林大学頭のところに三、四年居たといい、赴任してきた松前奉行本多の役所に帯刀で勤めることになっていた。央斎は五月一〇日に三厩に渡海しているので二週間ほどの滞在であった。この間、良亮に案内されて松前城下を歩いたり、あるじ九兵衛からさまざま聞くなど、松前・蝦夷地についての知識を得た。松前滞在中のことは、必要に応じて次節以下で述べることにしよう。帰りも奥州街道をのぼり、六月六日に江戸に戻っている。

二　御用船長春丸―赤塗りの船（赤船）・日の丸の帆―

図1の船は、松前奉行本多淡路守が文政元年（一八一八）四月二七日、三厩から松前に渡海するさいに乗船した幕府の「御用船」長春丸である。この日は「やませ」（東風）が吹いたので朝早く出帆した。津軽海峡には竜飛、中の潮、白神といって潮流の難所があり、央斎によると船酔いしないように「皆〳〵まじない」などして乗り込んだという（『陸奥日記』）。何事もなく渡海したようだ。松前に上陸した奉行はまず沖の口船役所に入り、それから御城（福山館）に入った。図の説明文には次のように記されている。

御用船は大サ五百石積位の舩、赤塗にて長春丸と申、常はいぎつふの御舩蔵に入よし。供船は四百石つミ二艘、馬舩とも四艘にて渡海しけり。又ズアイとて五十石程つミ可申やぐらなき舩あり、其次をサンパといひ、又磯舟の如き小さき舟をポッチといふ。是らハミなゑぞの言葉を松前にてもいふ。長春丸は船出に小舟に十挺の艪を押立て左右五艘つゝ網にて十町斗が程ベイロウヱンヤラ〳〵ト曳也。着岸も同様也。松前ちかき海中にて江豚《イルカ》多く頭尾を出しはねるをミる。

順風渡海　長春丸　龍飛白上　中之汐

これによると長春丸は五〇〇石積みで赤く塗られていたといい、彩色された図をみると船体・矢倉が確かに赤く描かれている。供船二艘や馬船四艘とともに船隊をなして海峡を渡ったことになる。『陸奥日記』にも、この三厩の「海に御迎の船かゝりて有、赤ぬり長春丸と申、（ここに吹流しの図あり）、日の丸の幟、毛やり（鑓）四本、紺アサキ布ませまく（幕）なり。同し赤船壱艘、是ハ観音丸といふよし。外に四百石つミと申船三艘かゝりてあり」（四月二四日）と書かれている。細かにみれば、船数が図の説明文とは違い、鑓の数も図とは違っている。それはともかく、長春丸の供船になるの

図１　御用船長春丸

出典：『模地数里』下。
独立行政法人国立公文書館内閣文庫所蔵。
以下，図３～5，7，8，10は出典同じ。

だろうか、もう一艘観音丸という赤船が付き従っていたことがわかる。

まず、赤塗りの船、あるいは赤船と呼ばれていることに関心を向けてみよう。赤船についての考察がどれほどあるのかよく承知していないが、幕府が寛政一一年（一七九九）に東蝦夷地を直轄化したさい、官営の蝦夷地御用船を「赤船」と俗称したことが知られている（『国史大辞典』吉川弘文館、石井謙治執筆）。石井は別の著書では、高田屋嘉兵衛がエトロフ渡海用に新造差配した五艘の船について、弁財船を軍船風の総矢倉形式に建造したという特徴とともに、帆柱を赤く塗って一見して蝦夷地御用船とわかるようにしたと述べ、赤船と俗に呼ばれたのは、帆柱を赤く塗ったことによるとしている。ただし、蝦夷地御用船の図面（竜翔丸）には、帆柱が白木のままで、総矢倉を赤く塗っているのがみられ、赤塗りについては時期的な変化が考えられ、「今のところ断定的な言い方はしないほうがよさそう」と慎重な態度を示している（石井　一九九五ａ、六六頁）。

文化期頃の蝦夷地関係の記録を見ていると、赤船という言葉が散見される。たとえば箱館奉行羽太正養の『休明光記』には、文化三年（一八〇六）から翌年にかけてロシア人によるカラフト・エトロフ来寇事件が起きたさい、リイシリ島に乗り捨てた「帆柱のなき赤船」（御用船万春丸）があったが、それにロシア人が乗り込んできて焼き払った云々と、赤船（赤舟）という表現が文章中に何度かみられる（北海道庁編纂　一九三六、五〇三～五〇四頁）。来寇事件の状況説明は省くが、『通航一覧』第七の所収史料に「御用船赤船一艘」「公儀御用船霊祥丸といふ赤船」（早川編輯　一九一三、二三六頁、二六七頁）、また、平田篤胤編『千島の白波』所収の史料に「公儀御用船、赤船と申ふらし置候処、右赤船」「蝦夷地廻船赤船壱艘（中略）此赤船之船頭如神丸差吉、赤船一番の乗人」「兼而公儀ニ而新ニ御造立之舟七八百積十五六人乗、赤船と唱候船御座候」（秋月翻刻・解説　一九九四、一一三頁、一五〇頁、二六七頁）などと、赤船が出てくる。蝦夷地を航行する船のどの部位が赤く塗られていたのか、そのことを明示的に記した文献には残念ながらまだ出合っていない。

紹介にとどめておくが、淡斎如水（蛯子吉蔵）『松前方言考』（嘉永元年〔一八四八〕序、国立国会図書館所蔵写本）のなかに、「ツキヤク△アカフ子」という項がある。それは「婦人の月信の事をいふ」言葉なのであるが、「あかふね」というのはやや四〇年このかたの「流言」（流行語）のように思われ、蝦夷地が幕府の直支配であったころ、「産物運送の御用船を八丹にて塗りて赤かくし船なりしに、よりてみだりに乗る事のならぬといふよりしての流言にてやあらん」、あるいは「又おそろしといふ意にもかよハせ」ているのかと推量していた。

前期幕領期の蝦夷地御用船のことは前出『休明光記』にみえ、寛政一一年（一七九九）から文化元年（一八〇四）までの間に幕府が所有した、一二〇〇石積の政徳丸をはじめ三〇艘の船の名が知られる（北海道庁編纂　一九三六、三三六～三三七頁）。そのほとんどは新造された船で、蝦夷地産物を江戸・大坂などに運送するのに使われたが、破船となる船が多かった。文化九年（一八一二）に東蝦夷地の直捌制が廃止され場所請負制になったことを受けて、残船は払い下げられた（吉川秀造　一九三二）

政徳丸について少し触れておけば、「先年蝦夷地御用之節御買上」になった船で、幕府の御船手の預りであったが、寛政一一年（一七九九）に蝦夷地御用掛（のち箱館奉行）の管轄に移された。御用掛がはじめて蝦夷地に差し向けた船がこの政徳丸であった。しかし、これ以前にも政徳丸は蝦夷地に航行したことがあり、ラクスマンがネムロに来航してきたおり、寛政五年春箱館からアッケシまで小人目付寺沢治部左衛門らが乗り兵粮米を運送している（ただし、ここには清徳丸とあり。『御私領ノ節魯西亜船入津一件』、山下編集　二〇〇三、一〇～一一頁）。とくに注目されるのは、盛岡藩大畑の村林源助『原始謾筆風土年表』上に「政徳丸御船去亥年（寛政三年〔一七九一〕）始て赤塗たりしか、当年（寛政六年〔一七九四〕）も当湊（大畑湊）へ入津せるに添触の翰あり」と記しているように、政徳丸は蝦夷地御用にあたる幕府船として赤塗りにした船であったことである（青森県文化財保護協会　一九六〇、一七八頁）。政徳丸に乗り組んだ人たちは、御召船手向井将監組に召し抱えられた大畑湊出身の水主同心組頭格長川仲右衛門ら、大畑出身者が少なくなかった（笹沢　一九七八復刻、二六～二七頁）。

蝦夷地御用船を赤く塗るのは政徳丸に始まるといってよいだろうか。それが他の官船にも継承され、蝦夷地御用船を赤船と通称するようになったのだと思われる。『日本国語大辞典』第二版によると、蝦夷地御用船のほか、「装飾と防食のため、船体全体を赤色の漆で塗った」幕府・諸大名の御座船があったというが、この説明のかぎりでは幕府の御座船だけが赤く塗られていたという特権性のようなものは窺われない。その点はともかく、蝦夷地は近世中期までは日本地の外側に位置する異域であり、それを幕府直轄によって内国に編入したが、幕府直轄の蝦夷地の海域であることを国内の商船だけでなくロシア船・アメリカ船など外国船にも識別させるために、意識的に赤船を登場させたといえるだろうか。日本の船の色彩シンボリズムは「赤船」と指摘していた黒田日出男の言及が想起される（黒田　一九八六、一一七～一一八頁）。

さて長春丸であるが、『休明光記』が記す三〇艘の船名のなかにはみえない。『原始謾筆風土年表』上は、この長春丸についても重要な情報を書き残してくれている。大畑は松前・蝦夷地と本州の諸港とを結ぶ情報の集積地であったことを物語るが、享和三年（一八〇三）の条に、「去々年籏元衆の渡海に八兵庫造関船瑞穂丸栄通丸五百石形の船々にて有しに、当年浦賀造の関船七百石形の長春丸と変て、瑞穂丸ハ南部家、栄通丸ハ津軽家と受り」（青森県文化財保護協会　一九六〇、二五九頁）と記されている。『休明光記』には確かに瑞穂丸（三五〇石、大坂建造）・栄通丸（右に同じ）は関船とあり、蝦夷地勤番の役を勤める南部家・津軽家に引き渡されていたことがわかる。この瑞穂丸・栄通丸の後継船として長春丸が就航し、享和三年（一八〇三）、箱館奉行戸川筑前守（安論）が箱館に赴任するにあたって、佐井から箱館に渡海するのに長春丸が利用されている。

長春丸が関船であるというのは、文化四年（一八〇七）に幕府船手組の露木元右衛門が「御関船長春丸御船の造方にて、以下五艘程御造立」あれば非常の節要害にもなると、上申の書付中にも出てくるので確実である（早川

編輯　一九一三、三四二頁）。関船は近世の代表的な軍船で、将軍・大名等の御座船として利用されたが、関船形式というパターン化した船型がみられるという（石井　一九九五b、一二七～一三一頁）。そこに紹介される関船の図面をみると、船尾一杯まで矢倉部分が延びているのに対して、図1では船尾の幟などが立つあたりが矢倉になっていない、という違いがある。図1がどこまで正確かという問題があるので、あまり確定的に信用しないほうがよい。松前奉行の時代になるが、図1の説明文では「常はいぎつふの御船蔵に入よし」とあるので、ふだんは運送などには使われず船蔵に保管されていたことになる。船蔵のあった「いぎつふ」は松前市中の生符町（イケップ、イゲップ、エケフなど）のことだろう。伊達家（伊達林右衛門）文書の文化一一年（一八一四）八月の一札に「イケフ町ニおゐて御船長春丸御船具置所六拾壱坪余之地所」（『諸証文控帳』、松前町史編集室編集　一九七九、五七三～五七四頁）とあることでも、生符町に長春丸の船蔵があったことが確認される。

長春丸が利用された事例を少しあげてみよう。幕府役人の松田伝十郎は文化四年（一八〇七）三月蝦夷地在勤を命じられ、箱館に赴任する箱館奉行戸川筑前守の道中手付となった。四月に西蝦夷地一円が上地となったことを受けての五月一〇日の江戸出立であったが、旅の途中でロシア来寇事件の知らせが飛び込んできて、筑前守をはじめ「一同心配の旅行」だった。盛岡藩の下北半島にある佐井浦に到着すると、箱館から出迎えの「御船」長春丸（船頭露木元右衛門）が来ていた。万が一のロシア船の攻撃に備えて盛岡藩の海岸通りの物々しい警固のなか、六月一二日、日和がよく筑前守ならびに手付、そのほか一同が長春丸に乗り組み、佐井浦を出帆し、海上に別条なく同日箱館に着いている（『北夷談』、谷川編集代表　一九六九、一〇六頁）。

また、若年寄堀田正敦（近江堅田藩主、仙台藩主伊達宗村の子）は、文化四年（一八〇七）のロシア来寇事件にさいして松前・蝦夷地（有珠まで至る）に巡察使として派遣され、『松前紀行』という和文体の紀行を著しているが、それによると六月二一日に江戸を出立し、七月二一日佐井湊に到った。佐井に六日ほど滞留し、二六日になってようやく「けふは風よければ、船よそひすと告げ来れり。嬉しくて、とみにさうぞき《（装束）》つゝ、皆うちつれて」長春丸に乗船して、その日のうちに箱館に到着した（鈴木編輯　一九二四、五四頁）。そのほか伊達林右衛門の『日記』によると、文政四年（一八二一）松前藩の復領が決まり、翌年六月九日、引継ぎなど終えた松前奉行夏目左近将監（信平）が長春丸で松前を出帆したこと、八月三日には吟味役森覚蔵ら幕府役人がやはり長春丸で出帆したことが知られる（松前町史編集室編集　一九七九、六四四〜六四六頁）。

　このような利用事例からすると、箱館奉行（松前奉行）、若年寄など幕府高官が海峡を渡るさいに専ら使われる御座船であったといってよい。図1をみると、船尾の方に吹流しが大きく波風で靡いている様が描かれている。この吹流しは『陸奥日記』の文章中（前出）にもそのまま図示され、「白」と注記されている。また、幟が二本立っているが、これが「日の丸」の旗であろう。狩野文庫本『陸奥日記』乾の図は簡略化されているが、日の丸の旗とはっきり認識して写している。

　福居芳麿（『蝦夷の嶋踏』）によると、芳麿は享和元年（一八〇一）、松平信濃守忠明ら蝦夷地御用掛の一行に加わって松前に渡海したが、そのとき乗った瑞穂丸は「御船の御しるしは白き布に日の丸の幟、吹ぬきなど、あまたたてな」らべたものであった（板坂耀子編　二〇〇二、七〇頁）。長春丸に先行する関船瑞穂丸も日の丸の幟を掲げていたことがわかる。幕府の城米輸送船などが縦長の日の丸の旗を掲げていたのはよく知られている事実で、幕府のシンボルマークとしての意味を帯びていた（石井　一九九五b、二七四〜二七六頁）。蝦夷地で使用された日の丸の旗としては、日の丸の下に「蝦夷地御用」と墨書した旗が蝦夷三官寺のひとつ有珠の善光寺に現存されている（北海道開拓記念館　二〇〇二、三八頁）。図1には吹流し・日の丸の幟（旗）のほかに纏、鑓三本が描かれている。

　図1の長春丸の絵でもっとも目立っているのは帆に日の丸が大きく描かれていることであろう。石井謙治によると幕府の御船手支配の御座船（関船）はすべて丸に三つ葵の紋を帆印にしていたという（石井　一九九五a、五八

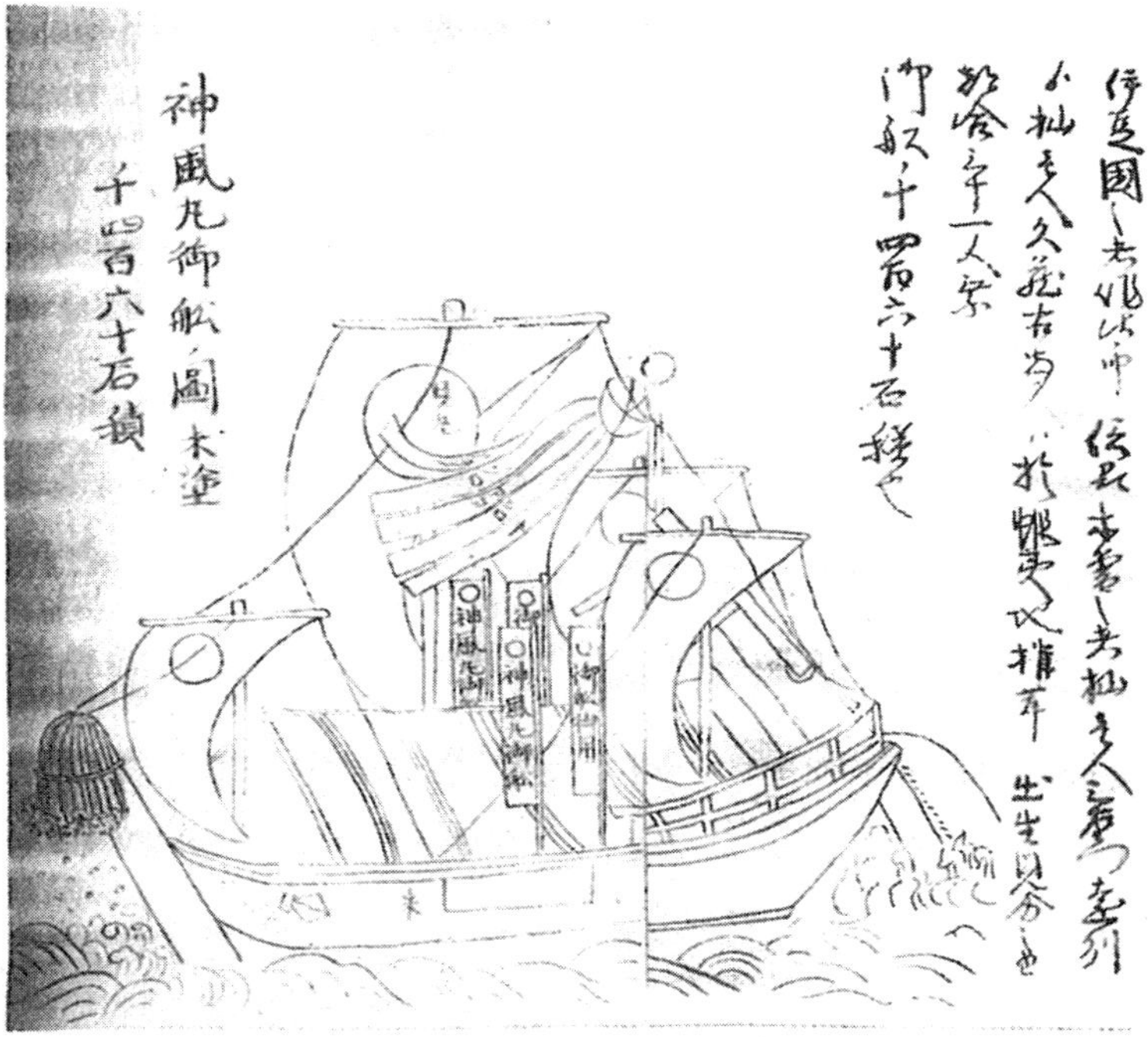

図2　御用船神風丸

出典：『蝦夷地開発記』(北海道大学附属図書館北方資料室所蔵)

頁)。幕府の御用船・御座船でもあまり例がないということか。帆に日の丸をかたどった幕府船としては、北海道大学附属図書館北方資料室所蔵の鈴木周助『蝦夷地開発記』(寛政一一年〔一七九九〕)に描かれた神風丸の例がある(図2)。寛政一一年六月二七日に江戸を出帆し、東蝦夷地アッケシに八月二九日入津した。天度測量のため天文方が乗り組んでいた。同書の説明によると、神風丸は「朱塗唐船造」りで、一四六〇石積の船であった。図2にも船体部分に朱と記し、赤船であったことがわかる。また、帆が四本あり、いずれも「日ノ丸」の帆印であった。こうした長春丸・神風丸の例から、他の蝦夷地御用船(赤船)も日の丸の帆であったとみてよいかは速断すべきではない。

長春丸は松前藩復領後もそのまま松前に留め置かれ、松前藩に下げ渡されたようである。そのことは、松前城下の町年寄の執務日記の抜書（『町年寄日記抜書』）に、文政一二年（一八二九）四月一七日の条として次のような記事があることで知られる（松前町史編集室編集　一九七七、四七〇頁）。

御船長春丸帆印日ノ丸弐ツ割ニ分テ見苦敷被思召、日ノ丸之処切抜、三本印ニ付替候様被仰出候付、紀三郎殿ゟ御達有之候間、同船帰帆の上善太夫え申渡候事

これによると、『模地数里』以外の史料でも、長春丸が日の丸を帆印にしていたことが確認されるが、松前藩主はその二つ割れが見苦しくなっているといって日の丸の処を切り抜き、松前藩の船印である三本印に付け替えるよう指示していた。すでに松前藩の所有に帰しているから可能なことであった。日の丸から三本印へと、箱館奉行・松前奉行時代の幕府御座船長春丸は姿を消した。

なお、松前藩主の御座船は、よく知られているように長者丸という名の船であった。梁川転封以前、松前復領後とも船体は変わっているが、同じ船名が使われている。復領後は藤野家の持ち船で、関船形式ではなく弁財船を転用したものであるが、藩主の召船として使われるときには松前藩の家紋である武田菱のついた幟や幕を使用した。『福山温故図解』に描かれた長者丸の図によると、帆が降ろされた状態になっているものの、三本の縦線の帆印であることが知られる（松前町教育委員会編集　二〇〇一、二七頁）。また三本印がはっきり描かれた長者丸の絵馬も残っている（松前町教育委員会所蔵、吉本善京筆、高田屋嘉兵衛展実行委員会編集　二〇〇〇、六一頁）。

三　働く女たち—アッシ・れんじゃく—

『模地数里』で着目したいのは松前城下（福山）で働く女性に関心を向けていることである。図3がそれであるが、まず、図の説明文には次のように記されている。

○肴商人ハ何れアッシを着る。四五月頃ハます・ほづき・あぶらめ・あかぞい（アンホンカサコニ似たり）・そい・ながら・むらぞい

○又手伝人足に女子此ことくのなりにて御城掃除など亀甲地形なとにハ多く出る。町役所にも此ことき女人足溜り居て所々の運送にやとハる、也。　※「地形」（じぎょう）は地面をならし固めること。

○女商人多し、売声せうぶかわねかんす、竹の子かハねかんすといふ、浜方の女もかこに入てあわびかわねかんすとよぶ

図3　女の商人・手伝人足

出典：『模地数里』下
（国立公文書館内閣文庫所蔵）

また、図3に対応すると思われる『陸奥日記』の記述も紹介しておこう。央斎が四月三〇日、逗留先の坂本良亮に案内されて城下を歩いているときに見た光景である。

松前ハ女の多き処にてかるき者ハ多くゑそ地へ参りかせき、妻ハ商ひをし又日雇に出て暮すよし。女の商人多し。ミなアツシヲ着、頭をつゝみ、かごに売物を入、れんしやくにてせおひ、せうぶかハねんかす、竹の子かハねかんすといふ。竹ハ大きなるハなし、竹の子らう程にて三四五寸の斗也。浜辺の女ハ魚をも此かこに入て、あぶらめかハねかんす、あわびかハねかんすとよぶ也、男の肴うりは江戸の水くわしの箱に入て、ますやます、ほつき〳〵とうる也。又ひらめなるかこにならべ、ふたもかこにしたるに入れ両かけにし、そいやむらぞい引ナガラあかぞいと売也。

この他に、『模地数里』は図4にも働く女を描いている。説明文には「町会所に集居るを呼て遣ふ。女の日用は材木其外何にてもミなれんじやくにて背負也。酒も二斗入之樽多し、ミな大坂ゟ回るとてむしろハなく樽に書付有三貫文、青森弘前黒石の酒は二斗入壱貫八百文也」とあり、女が「れんじゃく」で背負っているのは酒樽なのであろう。また、『陸奥日記』には松前を船出する五月一〇日、「天気よし、今朝より船手御役人も御出、早朝ゟ人足集り来りて追々舩へはこふ、女人足も来て弁当の用意なとするよし」と、女人足のことに触れている。

松前に上陸した旅人は、「売女」(遊女)が目立ったとみえてその風をよく記している。その点では央斎も同様であるが、働く女のすがたにまで関心を向けて記述しているのは少ないように思われる。央斎が観察した松前城下の印象は「松前ハ女の多き処」「女商人多し」とあるように、男に比べ女が多く、物売りや日雇いのすがたが町中で目についていたことである。ちなみに松前市中(福山)の男女人口は、『松前志』の人別帳写によると、安永六年(一七七七)、諸士扶持人男八六五人・女六六一人(一七〇軒)、寺院男一一九人・女一二人(一七ケ寺、僧・山伏・俗)、社家男二四人・女一五人(七軒、社人・俗)、町男二三六二人・女一九四六人(一二五四軒)、合計男三三七〇・女二六三四人(一四四八軒)であった。ただし、『松前志』の記す合計は人口五〇〇六人、軒数一四三四軒とあり、実際の合計と合わない(大友喜作編　一九七二復刻、一六三〜一六四頁)。

『模地数里』の文政元年(一八一八)に近いデータでは、武士や寺社を除く松前市中人口になるが、文化六年(一八〇九)男三六五六人・女三四二八人(二一三五軒)(『村鑑下組帳』、鈴江　一九八五)、文政一一年(一八二八)男三九二五人・女三六六二人(二一九八軒)(『町年寄日記抜書』、松前町史編集室編集　一九七七、四七九頁)となっている。町方の人口だけでみると、安永六年(一七七七)四三〇八人から文化六年(一八〇九)七〇八四人・文政一一年(一八二八)七五八七人へと人口が一・六〜一・七倍に増加するとともに、男女比では女の割合が安永六年四五%、文化六年年四八%、文政一一年四八%と増えて男女数の開きが縮まってきているのがわかる。それでも人口は男のほうが上回っているから、人別上女が多いわけではない。

しかし、央斎が訪れた時期、「かるき者ハ多くゑそ地へ参りかせき」とあるように、男たちは蝦夷地に稼ぎに出ていて不在だった。そのことが女の多い町だと感じさせた理由である。前出『村鑑下組帳』によると、松前市中の「土地出生之百姓は蝦夷地支配人、通詞、番人、稼方ニ罷越候者」や、鯡取、蝦夷地出稼、船手道先、増水主稼、船乗といった「稼業」についており、春の鯡漁のころともなると一斉に城下から出立していったものであろう。その一方で、「不勝手」の男たちもおり、彼らは馬追駄送、賃銭稼、日雇取、船手水揚、丁持(不詳)、あるいは山中での炭焼出稼、畑作先截(前栽)物に従事していたという。女については、「一統ニ手業無之、夫を不持、壱人店借住居ニ而、船手之者并店向之洗張等ニ而相暮候者も有之」と記すばかりであるが、央斎の上述の「妻ハ商ひをし又日雇に出て暮す」というのは、蝦夷地稼ぎや船乗りを夫にもつ女たちの暮らしをさしており、

図4　女の日用・炭を運ぶ馬子
出典：『模地数里』下（国立公文書館内閣文庫所蔵）

松前に残る「不勝手」な男たちと変わらない働きぶりであった。

その場合でも男女の仕事の多少の住み分けがあり、女の領分としてはとくに魚や野菜を売り歩く小商人が活躍の場であったといえようか。また御城掃除や、建築場の地形（地固め）、運搬、弁当づくりなどさまざまな日用に従事していたことが央斎の記述から窺われる、町役所（町会所、町年寄の詰所、藩政期には町奉行所も同じ区画内にあった）が仕事を求める女人足たちの溜まり場になっていたという指摘も見逃せない。町役所は伝馬人足や土木工事などの人足の徴集事務を管掌しており、そこに行けば何がしかの仕事があり賃銭稼ぎができたのであろう。

女商人たちが売っていたものは、四月末、五月始めという季節がら、菖蒲や竹の子、あるいはあぶらめ、あわびなどの魚介類であった。『陸奥日記』の五月五日条に、その日の節句について「何方ニ而も客人へまき（ちまき也）を出すに、芋のやうなるホドといふ実をゆで、二つつゝに菖蒲を添て出す。ホドハゆりの少し甘ミ有ものにて…」と記し、また同じ松前奉行時代の『松前歳時記草稿』には「家々軒へ菖蒲をふき」、「今日ホト、シヨデの羹を食ふ」（原田編集代表　一九七六、六九四頁）とあり、菖蒲は松前でも五月の節句に使われ、それを武家や商家に売り歩いていたのだろう。

央斎は女商人たちの物売りの声まで書きとめている。「せうぶかハねかんす」「竹の子かハねかんす」「あぶらめかハねかんす」「あわびかハねかんす」といった売り声が城下の隅々まで行き渡っていたに違いない。男の「ますやます」「ほっき〳〵」と売り物の名を繰り返しすだけのと違って風情がある。こうした女たちの売り声については、松浦武四郎も記している。この場合には松前城下の西在二里ばかりの札前村から城下に売りにくる事例であるが、「其売り声も異様ニし而アワビカワンカイナー、何カワシヤンセンカーと云也」(吉田校註　一九七〇、四八四頁)とあって、売り声の語尾の箇所が異なっている。城下と在では幾分言葉が違っていたのだろうか。高倉新一郎によると語尾に「ウンス」をつけるのは叮嚀な言い方だという(高倉　一九八七、三八頁)

図3・図4に描かれた働く女のすがたに目をむけてみよう。女の商人は「ミなアツシヲ着、頭をつゝみ、かごに売物を入、れんしやくにてせおひ」、「女の日用は材木其外何にてもミなれんじやくにて背負」というのが働く女たちの「なり(形)」の説明であるが、図1の男と比べたときの共通点と差異をみると、男女ともにアツシを着て、帯を前結びにしており、脚半や草履を履いていることである。頭は風呂敷様のもので被り物をし、顎のところで両端を結んでいるのは同じだが、女の場合には口元を覆い隠しているのが特徴である。男女の大きな違いは運搬法である。男は天秤棒を使い、女は背負い縄を使った連尺を使うのが一般的だったようで、運搬法の性差を認めてよいだろうか。東北地方の方言ではれんじゃく、りんじゃくというから(『日本国語大辞典』第二版)、松前でも背負い縄をそのように呼んでいた可能性がある。なお、北海道ではアイヌ民族が前頭部運搬であることが知られているが、松前地の和人男女がそうした運搬をしているという文献・絵画史料は見当たらない(菊池　二〇〇四a)。

さて、央斎が男女ともに「肴商人ハ何れアツシを着る」という「アツシ」であるが、それはアイヌ語のアットゥシが日本語化し呼称として一般化していたものである。松前地や北東北の住民が男女とも「アツシ」(アイヌ製作のアットゥシ、および和人の手によるアットゥシ風の衣服)を着ていたことを示す文献、絵画は少なくない。『模地数里』以前の記録でいえば、たとえば、天明三年(一七八三)に江差まで行った平秩東作『歌戯帳』が津軽領や松前城下で「アツシ」を着る和人について書きとめている。

松前に滞留したさいには、浜に到着した秋味船から鮭を荷揚げする光景をみているが、「ミなあつしとて木の皮にておりて、もめんにてさまぐ〵の模様をさしたるものをきる。女もきるなり。汐にぬれても身にまとわず、しほれず、よきもの也といふ。にしん猟のとき、此服にてなければはたらきあしく、ミなゑぞ人のおりぬひなり。婦人などのハあかき所もあり、こと様の物也」(九月二一日)、「舟どもより鮭をせおひてはこぶ人、あつしといふ物を着て行かふさま、めなれず、からへわたりたるごとし」(九月二三日)と、アツシに異文化表象を感じながらも、労働着として優れている面に着目している(森他編　一九八一、二七六〜二七八頁)。

この鮭の船から運ぶ作業には女も混じっていたのであろう。その女たちも皆「アツシ」を着用し、赤い模様などがついているのを観察している。平秩はさらに、城下の「此辺の町にて売るもの。あつし。蝦夷の服。木の皮にて織文をさす。狐皮(下略)」(九月二三日)と、松前城下で「アツシ」が店で売られているのを観察していた。アットゥシはアイヌ社会では自前の衣服であるが、和人の労働着(または生活着)としての需要が高かったので、和人向けの生産が活発に行われていたことが明らかにされている(本田優子　二〇〇二)

『模地数里』にも松前城下で「アツシ」が売られていたことを示す図が描かれている。図5の仁岸屋と暖簾にある「小売商人見世」の中をよく見ると、「アツシ」と思われるアイヌ模様のついた薄い茶色の衣服が吊り下げられている。他に白い無地の衣服と、蓑もしくは毛皮のようなものが掛っている。『陸奥日記』には「アツシハ松前にてハ多く着る事にて、舩方の者ハ不残着る故売処所々に有。縫もやうの有ハ一貫五百、二貫、三貫、ぬひなき八百ほと也。又白くのがらむしにて織たるハ、ユタルべといひてカラホト〻出、今ハ金弐分位なり」(五月二日）とあり、「アッシ」を売る店が方々にあり、その値段まで記しているのは貴重である。「ユタルベ」とあるのは、おもに樺太アイヌがイラクサという草を使って織ったといわれるレタラペのことであろう。

この『模地数里』『陸奥日記』のほかにも、庶民女性の働く姿を描いたり、書き留めたりしている例は多いわけではないがある。早い例としては一八世紀半ばころの江差浜の鰊漁の光景を精細に描いた小玉貞良の屏風図（『江差前浜屏風（江差浜鰊漁図屏風）』函館市中央図書館所蔵模写）であろうか。このなかには「アッシ」を着、頬被りし働く女たちもたくさん描かれている。その点では央斎の物売り・日用のすがたと異ならないが、いくぶん違うのは前掛け（前垂れ）をし、笠を被っていることである。前掛けをした女が天秤棒で桶に入れた水を運んでいる場面もみられる。浜に揚げたばかりの生鰊を扱う作業なので汚れを防ぐ前掛けが必要とされているのだろう。秦檍麿『蝦夷島奇観』に描かれた、アイヌ模様の「アッシ」を着た箱館市中の「婦女」や、鍬で耕す「農女」の図などはよく知られていよう（佐々木・谷澤　一九八二）。

図５　小売商人の見世

出典：『模地数里』下（国立公文書館内閣文庫所蔵）

また、央斎の観察より後の記録になるが、松浦武四郎『三航蝦夷日誌』（嘉永三年〔一八五〇〕）や平尾魯僊『箱館紀行』（または『松前記行』、安政二年〔一八五五〕）の記述が時代変化を知るうえで参考になる。まず、武四郎であるが、前述した札前村から松前に出てくる女商人について次のように記

し、そのすがたをスケッチして残している（図6）

札前村（中略）日々松前の城下ニ商出す。其風俗甚おかし。其さま下に図するごとき短きアツシを着て風呂敷を冠り、馬には籠を二ツ附而是ニ小鮑又は海鼠の類を入、又小魚等をも持来るなり。扨其風呂敷をかぶることは此地の風品にし而、夏冬ともニ多く紺の風呂敷を冠る也。また履ものわらんじ又は下駄等を履て来ることも有る也。其は如何に下駄をはくといハヾ、往来ともニ市中ニ入来るまでは皆此籠の上に乗りて来る故也。又海岸砂道なる処は至而下駄が歩行よろしきもの也。（吉田　一九七〇、四八四頁）

図6　魚売りの女商人
出典：『三航蝦夷日誌』上
（松浦武四郎記念館所蔵）

この場合は、在から城下に売りにくる女商人である。馬に魚を入れた籠を積み、自らも馬に乗ってくるものという。履物も海岸の砂浜を歩くので下駄が便利というのもうなずける。頭には紺色の風呂敷をかぶるのが習慣になっていたようだが、『模地数里』の図と比べ、顎のところできっちり結んでいるというより、ややゆるやかな留め方になっているように思われる。一方、平尾魯僊は『箱舘紀行附録』に次のように述べている。

この地の風俗、男はさして替ること多からすと雖、農人は大に異にして、毎旦《マイアサ》菜瓜薪炭なとを售《ウリ》に出る。男女はみな紺の腿《モ、》曳脚佩《キャハン》に同じ色の足袋を穿き、紙緒の草履《サウリ》にて、着たるもの結城の柳条《シマ》綿布《モメン》に、肩と裾に蝦夷縫を飾り、世に云ふアッシといふ制《シタテ》にして、丈四尺二三寸、筒袖の物なり。帯は、男は大かた絹帯、女は絹も有れ共綿布《モメン》多し。笠は竹皮笠《タケノコカサ》、又藺笠《アミカサ》なり（下略）（森山校訂　一九七四、一八一頁）

『松前記行』にもほぼ同様な記述がみられ、「農人」以下のところは、「又農民等、日々市中へ野菜・薪炭などを売るに出る男女は（下略）」とあり、松前もしくは箱館に売るに出る小商人をさしている（谷川編集代表　一九七二、三一七頁）。ここで注目しておきたいのは、幕末ともなると働く庶民の労働・生活着に変化が生じ、アイヌの人たちが織ったアットゥシそのものではなく、おそらく古着であろうが、木綿衣にアイヌ模様をつけアットゥシ風の拵えにした衣服を着るようになっていることである。しかし、素材がアイヌの樹皮衣から和人の木綿衣に変わっても、アイヌ模様をつけ続けるというのは、それだけ長く「アッシ」に慣れ親しんだ歴史を物語っている。

ここでは働く女性に焦点を合わせてみたが、『模地数里』には「アッシ」を着る男性ももちろん描かれている。図7は夜番人の図である。右手に挑灯、左手に棒を担ぎ、風呂敷様の布で頬被りし「アッシ」を着た夜番人は、口を覆っていないので男かと思われるが、特徴的なのは腰に下げている鳴子である。鳴子は作物を荒らす鳥獣を

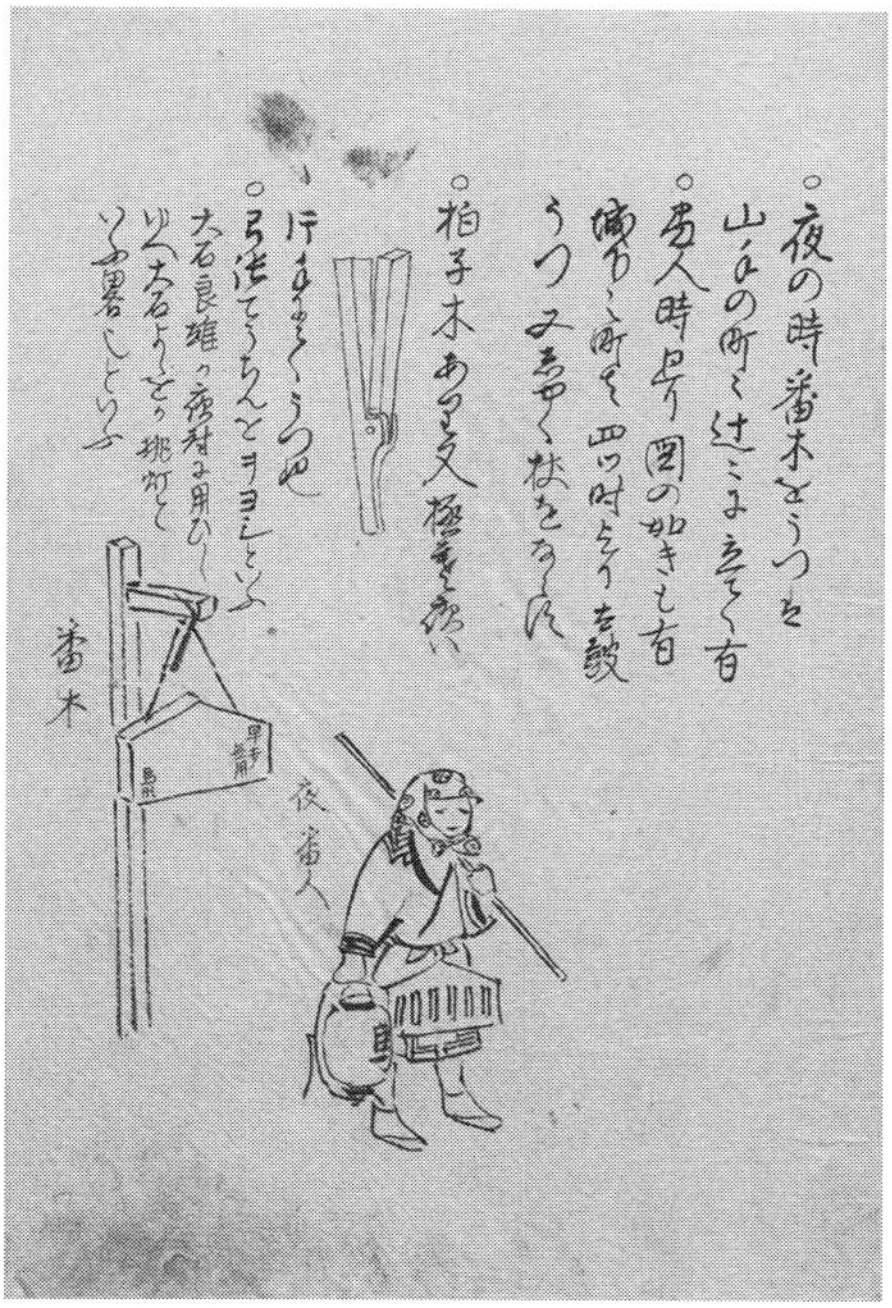

図7　夜番人

出典：『模地数里』下（国立公文書館内閣文庫所蔵）

図8　船頭(かざまち)の客

出典：『模地数里』下(国立公文書館内閣文庫所蔵)

追い払うための装置(農具といってもよいか)であるが、ここでは夜回りが腰に下げ、歩くたびに音が発することに効果を認めての利用であろう。図8は、松前に入港した諸国の廻船の「船頭《かざまち》の客」が、川原町・蔵町・中川原町に集中する茶屋で三味線・太鼓を聞きながら酒食しているところで、その中に「アッシ」を着た男が一人描かれている。「アッシ」は女以上に男の労働着・生活着として定着していた様子が『模地数里』からも窺うことができる。

四　松前の馬―野飼い・馬追(馬子)・菖蒲乗―

『模地数里』図4の右半には、馬引きの男が描かれている。説明文には「薪は多くぶなといふ三尺斗にて大きなるを割りてたく、又在方山方ゟ来るハ馬八疋に附たる壱箇《コリ》とて売、およべ炭とて町々売、馬ハ竹の轡にて荷くらハかまにて作りたるもの也、一人して八疋十疋と曳て売ありく也」とある。図の俵のなかには黒い物が見えているので、及部村から来た炭売りの男なのでろう。また、『模地数里』および『陸奥日記』には、次のような記述もみられる。

○七面山へ参りしに（中略）山の上の広野に馬多し、皆松前の町へ出る馬にて、ここにはなちおくと也、すへて山には立木一本もなくミな芝山なり（『模地数里』）

○馬子壱人して馬十疋十五疋を曳事、松前の外有へからす。馬持ハ百も二百も持、馬子五七人にかハり〱曳する事にて、一度荷を付て用をなし帰れハ、其まゝ山にはなち置故、勝手に草うち食て居る也。入用の時ハ何疋も曳来り荷を付て出るといふ。冬ハいかにと尋けれハ、雪を掘ても草を食、又磯へ出波にうち上たるごも〱をも食て飼料更にいらすと也。其うへ子も出来、中には乗馬にもなる馬ハ金になるといふ。専念寺といふもんと寺ハ三百疋も持しなときけり（『模地数里』）

○ばくち石　此処《（の）》と名とす。海辺に広く垣をし、中に馬を多く入置百余疋と見ゆ。是は蝦夷地ウス・アプタの野より取来り、爰にて津軽南部へ売。買人ハ垣にのぼり見立て引出させ、よく目きゝして直段をきハむ（『模地数里』）　※同様の記述『陸奥日記』にもあり（五月二日）。

○薪ハぶなの三尺斗なるを割てたく。又山かたゟ雑木を馬につけて木《キイ》〱と売也。此馬八疋を壱人してひく。荷物八駄を壱疋と松前てハいふ。馬ハ百も二百も持たる者有。馬子ハ五六人にて何疋も請まへ、目印有て引ゆき、其日の用済候へハ、又山にはなち置也。其家にて飼付候事ハなく、年中山野の草を食次第に致置よし、冬雪降候ても鼻にてほり明、根を掘食、雪中ハ磯に出て波に打上候ごも〱なともたべ候よし、専念寺なとにハ三百余の馬をもちて中にもよきハ乗馬に売、雑役馬にも売候よし、町々を十疋十二三疋も一人して曳、およべ炭なと売ありく也（『陸奥日記』五月九日）

これらの記述からわかることは、①松前城下に近在の村から薪（雑木）や炭を運搬してきて販売する人たちがおり、それが都市住民の燃料の供給源になっていたこと、とくに及部村は炭の産地として知られていたこと、②薪や炭の運搬のために馬が利用され、馬子一人で八頭から十数頭の馬に積んでやってくること、③馬は雪の降る季節も含めて放し飼いにしているので飼料がいらず、必要なときに馬を捕まえ、用事が終わるとまた野山に放してしまうこと、④馬を一〇〇頭から二〇〇頭も所有する者がおり、乗馬用や雑役馬に販売していること、馬には所有者の目印がつけられており判別できること、専念寺などは三〇〇頭も所有していること、⑤文化二年（一八〇五）に開設されたウス・アブタの牧で産まれた馬を松前城下に移し南部・津軽方面に売却していること、といった点である。前節では、城下近在から魚籠を馬に積んで売りにくる女商人の例があったが、薪・炭に限らず、城下に野菜や魚介類を付け出す場合などにも、馬が運搬手段として日常的によく使われていたことを示している。ここではとくに馬の野飼いと馬子に関心を向けてみようと思う。

まず、馬の放し飼いについては、享保二年（一七一七）の幕府巡見使の覚書である『松前蝦夷記』がやや詳しく触れている（松前町史編集室編集　一九七四、三八八頁）。それによれば、松前の西東在郷には馬が多く、野牧がある。野山に放し飼いしてあるので野牧のようだが、「大方主付有之馬」であって所有者がいる。五月節句頃から八、九月まで家々に牽き入れて使う。飼料は草ばかりなので、馬は能くても力がない。馬屋は外垣を結い廻しただけで屋根がない。八、九月と過ぎ用が済むとまた野に放す。馬を何里も牽き廻すことがあっても「沓打」することはない。乗馬用にはならず、乗馬は仙台南部より調えている。およそそのようなことが記されている。央斎の見聞では乗馬用にも売るとあるから、そのように変化したのだろう。ついでに言っておけば、同書は松前・蝦夷地にないものとして牛をあげ、また蝦夷地には馬・牛ともないとしている。前期幕領期にウス・アブタに馬牧が開設されるまでは蝦夷地に牛馬はほとんど持ち込まれず、アイヌ社会は馬とは無縁であった。「牛はむかしなし。近頃出来たりといふ」(平秩東作『東遊記』天明四年〔一七八四〕序、谷川編集委員代表　一九六九、四三二頁)と記す記録もあるが、松前地には央斎の時代を含め、牛はほとんど飼われていなかったとみてよいだろう。

最上徳内は「松前に牛馬ある事」として、馬の野飼いについて述べている(牛は箱館最寄の銭亀沢に少しあるとする)。極寒になり雪が大層積もるようになると、馬は浜辺に出て打寄せられた海藻を拾い食べる。それは央斎の記述と同じであるが、放っておくのではなく、土地の者たちは雪の上にやらいを結んで、そのなかに馬を取り集めて入れ置き、干草(蓬まじりの茅)を与えるのだという。馬の剛強なことは日本の馬に比類なく、轡も用いず、沓もかけず、山坂の岩石、磯辺・川原を歩かせてもひるむことはないと、『松前蝦夷記』とは別な評価を下している(『蝦夷国風俗人情之沙汰』寛政二年〔一七九〇〕序、谷川編集代表　一九六九、四四八〜四四九頁)。平秩も「馬当地に産するもの駿足多し。南部、仙台の産にもまされり。巌石の上を行くにも沓をうつ事なし。性おだやかにして五疋、三疋一人にて取廻すに(中略)、旅しても家にても荷をおろせば野放にして心まゝに草をかふ」と、徳内と同様の評価を前出『東遊記』で述べている。

徳内は乗馬を頼んださい、次のような体験をしている。喜古内(木古内)に泊ったときのことだが、朝頼んでおいた馬が来ない。馬子になぜか聞くと、野放しに飼い置いた馬をきのう捕まえておいたが手綱を切って逃げたのだという。ようやく馬が見つかり乗ることができたが、途中馬士一人で馬五疋を繋ぎつれて往来しているのや、浜辺に六、七疋が遊んでいるのが見えた。馬子は二〇日以前野放しした馬が行方知れずになっており、浜辺の馬が自分の馬かと確認したが違い、熊に取られたのであろうかと語っていた。央斎の記述を裏付けるように、ふだんは野飼いしており、必要なときだけ捕まえてきて使うというのが習慣であったことがここからも窺われる。馬が熊に襲われるというのは珍しくなかったようで、武藤勘蔵『蝦夷日記』(寛政一〇年〔一七九八〕)には、乙部村辺で野飼の馬が喰い殺され騒ぎになっていたことが記されている(谷川編集代表　一九六九、一五頁)。

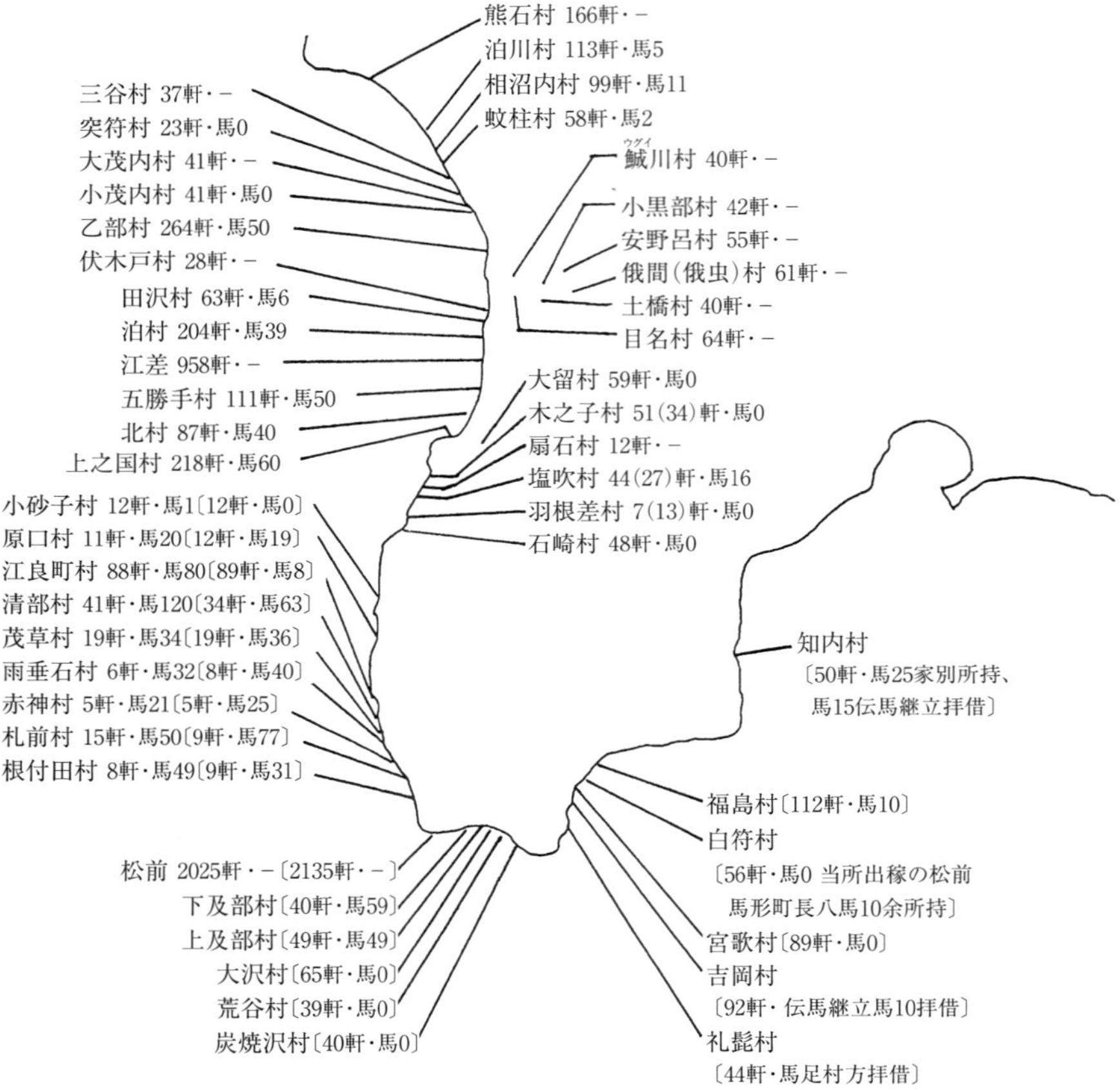

図9　松前地（箱館地方除く）各村の軒数・馬数

※出典は『向山誠斎雑記』。〔　〕内は『村鑑下組帳』。
馬の箇所－は記載なし。

馬子が一人で馬を三~五疋から十数疋を引いているのも松前の特徴として観察されていた。右に述べてきたほかにも、松浦武四郎は「馬士壱人にして凡七、八つヅツも引連行けり。（中略）馬士は其父馬に乗りて先ニ走り行こと也。左有る時は残りなく馬は皆其後より是ニつきて走ること也。実ニ其ならし方珍敷こと也」と述べている（吉田校註　一九七〇、八三頁）。牡馬一疋を飼いならしておけば、それに数頭の牝馬がつきしたがってくるという馬の習性を利用したものであった。

松前地でどれくらい馬が飼われていたのか、央斎に近い時期の『向山誠斎雑記』（丙辰剰綴）のデータを図9に示してみた（大口監修　二〇〇二、二七七~三〇〇頁）。文化四年（一八〇七）の松前藩転封にともなって幕府への引き継ぎのために松前城下の西在にあたる根付《（部）》田から蝦夷地境の熊石村までの村々の馬数が書き上げられている。文化三年頃のデータであろう。一軒あたりの馬数を知りたいので、軒数と馬数を示した。もうひとつ、前出の文化六年（一八〇九）『村鑑下組帳』にも、松前城下付の西在・東在の馬数が記されているので、括弧内に軒数・馬数をあげておいた。記載なしは馬がいないので省略したと思われるが、江差と松前については相当数の馬が存在していたとみなければならない。

この図9からわかるのは、軒数よりも馬数が多い村がある一方で、馬が一疋もいない村が存在していたことである。その対極的な村のすがたは、住民の稼業の違いに起因していた。『村鑑下組帳』はそのあたりの事情をよく示してくれるが、牛馬のまったくいなかった大沢村を例にとると、男の場合、春は鰊取り、夏は昆布取りに出漁しており、漁業生産が主要ななりわいであった。松前地の村々はおよそそのような基本的な性格を持っていたといってよい（菊池　二〇〇四b）。自分で船持ちの場合もあれば、雇われて働く者たちもいた。それに対して、一軒あたりの馬所持数が多い松前近在の村の場合には、松前城下の都市住民の生活と深く結びついた稼業であったことに大きな特徴が認められる。

下及部村《およべ》「男ハ春薪駄送り、馬追も有之、其外箱館往返売荷駄送り（中略）、秋は馬附、薪伐出」
上及部村「男は春薪伐出、馬附ニ取出分は無運上ニ而、小割致し松前江売出（中略）、冬は川流薪伐出ニ入山致し候者も有之、薪、馬追稼も有之」
根部田村《ねぶた》「男は春鰊取（中略）其外は馬追、炭、薪駄送り第一之稼、薪伐出ニは他村ゟ雇入候も有之（中略）、山ゟ村方駄送一日路、夫ゟ松前へ一日附出、其外春夏駄送稼」
札前村《さつまえ》「春鯡取（中略）、十月頃帰村、薪取（中略）、冬中薪伐出産」
赤神村「男は春秋薪付出、馬追稼、冬中馬足相込候節薪伐出」
雨垂石村《あまだれいし》「春秋は薪付出、馬追稼五軒、炭焼稼当時四ケ所、冬は薪伐出」
茂草村《もぐさ》「男は春鯡取（中略）、右稼出来兼候ものは白炭焼、当年竈拾弐ケ所、秋焚用之薪取、夫ゟ秣干草苅」
清部村《きよべ》「男は春鯡取雇、馬持は炭、薪駄送（中略）、（秋）焚用薪取、（冬）炭、薪稼村方持山ニ而竈壱ケ所、他村出稼之者四人」

すなわち、これらの松前城下近在の村々は薪の伐り出し、炭焼きを生業としており、城下に販売する薪や炭を運搬するために馬が多く飼われていたといえるだろう。そうした駄送用ばかりでなく、人や荷を積んで賃銭を稼ぐ馬追稼（馬子）を専業とするような人々もいたことを示している。まさに央斎が述べている通りであった。松前城下については『村鑑下組帳』は何も記していないのでわからないが、馬を多数所持する者や、運送に従事する馬子たちもいたに違いない。

馬が野飼いされているための支障も生じていた。野放し馬に踏荒されて菜大根のほかには作物が作れない（大沢村）、菜大根を仕付けているが野放し馬に喰い尽くされ「馬除垣根防方」も容易でない（荒谷村）、かつては稗を仕付けていたが野放し馬が踏み荒らすので一向に仕付なし（赤神村）、とあるように、畑作物が荒らされるという被害が目立っていた。大沢村・荒谷村は自村では馬を飼っていなかったから、近隣の及部村などの馬が入り込んでいたものだろう。馬を野飼いする村では畑作が犠牲になっても、馬優先の村の成り立ちになっていたのである。馬の需要は右に述べたばかりでなく、松前藩の伝馬制度や、藩主・家臣団の乗馬用としても当然必要としたが、ここでは扱わないでおく。

『模地数里』にはもうひとつ馬が描かれている場面がある。図10の五月五日の節句に行われる馬乗りの行事がそれである。説明文には「津軽陣屋の門前通にて在々より自分の馬を引来て乗也、町人も爰にきてかけをのり、巧者なるハ曲馬をも乗、馬も夥しく見物くんじゆせり」と書かれている。央斎はわずか二週間程度の松前滞在であったが、そのなかで見物することができた年中行事であった。これによると、馬乗りしているのは武士ではなく、在の百姓や町の住民たちであったことになる。前述してきたような馬子たちが主人公であったのだろう。弘前藩の陣屋があったのは『模地数里』の松前図によると、馬形町方面の高台にあった。

ほぼ央斎と同時期に成立した『松前歳時記草稿』には、「今日市中并在邑とも菖蒲乗と唱し、駄馬を餝り立、壮者群集し、乗

図10　5月5日の馬乗りの行事

出典：『模地数里』下（国立公文書館内閣文庫所蔵）

走るなり（割注、加茂競馬などの古事残りたるにや）。市街幅広き所尤多し、見物の男女も又つとい集る也」と記されており、松前では「菖蒲乗」と呼んでいたのであろうか（原田編集代表　一九七六、六九四頁）。松前ではこの日凧揚げも行われている。男の節句にふさわしい庶民行事であった。

この菖蒲乗は松前城下だけではなかった。松浦武四郎は「又今日（五月五日）江差、松前、箱館共に馬乗有る也。又箱館えは東部の蝦夷人ども馬に乗来る也。其以（て脱）上手なるが有る也。立乗、後ろ乗、其外さま〴〵に致す」（『秘女於久辺志』、吉田校註　一九七一、四九五頁）と記し、松前・江差・箱館の三湊にみられ、しかも箱館の場合、東部とあるから幕府が牧を設置したアブタ・ウス方面かと思われるが、アイヌの人たちも馬乗りしていたという興味深い記事となっている。また、安政元年（一八五四）以降の幕末期にまとめられた『箱館風俗書』には、「近在馬士の者共、銘々能き乗馬を当所え曳参り、舛形外より内澗町通り辺早馬乗競、互に楽しみ候仕来りに御座候処、町々駈馬等いたし候ては往来の者并子供怪我等も有之候に付、町乗差留め、当時亀田村において右近在の者ども寄り集り、馬乗致候仕来りに御座候」とあり、町乗りが禁止され亀田村に移っていたことがわかる（函館市　一九七四、七〇二頁）。

おわりに

以上、『模地数里』にたまたま描かれたいくつかの図を取り上げ、その説明文や『陸奥日記』の該当の記述を利用し、また他の関連文献を探し出し、一九世紀前期（前期幕領期）における松前の様相の一端を明らかにしてみた。『模地数里』が描いた遊女、相撲、あるいはアイヌの御目見なども俎上にあげてみたかったが、それらについては別の機会に譲りたい。

拙稿の試みはこのＣＯＥ研究プロジェクトの図像資料を利用した生活絵引きの作成のための作業プロセスの提示でもある。近世という時代を対象にする場合、忘れられた過去となっていたり、そのころの習俗を今に伝えているといっても相当に変容を遂げている。一つの図・絵に描かれているさまざまな事・物を読み解き、それらにふさわしい名づけをし、内容を正しく説明していくためには慎重な裏づけ、証拠固めの作業を必須とするゆえんである。『模地数里』は実際に目にしたもののスケッチという側面が強いからそれほど意識しなくてよいが、作品としての絵画はシンボリズムや物語性、図柄のパターン化・借用（模倣）、虚構と実在の懸隔、など相当に厄介な問題を抱えていることも承知しておかねばならない。そうしたもろもろのことを考えると逡巡してしまうが、絵引き作成の可能性を開いていくためには、まずは描かれた事・物への即物的なこだわりから出発するしかない、ということであろうか。

参考文献

青森県文化財保護協会編　一九六〇『原始謾筆風土年表』上（みちのく双書9）、青森県文化財保護協会
秋月俊幸翻刻・解説　一九九四『北方史史料集成』第五巻、北海道出版企画センター
石井謙治　一九九五ａ『和船』Ⅰ、法政大学出版局
石井謙治　一九九五ｂ『和船』Ⅱ、法政大学出版局
板坂耀子編　二〇〇二『近世紀行文集成』第一巻（蝦夷篇）、葦書房
大口勇次郎監修・針谷武志編集・解説　二〇〇二『向山誠斎雑記』嘉永・安政篇第一七巻、ゆまに書房
大友喜作編　一九七二復刻『北門叢書』第二冊、国書刊行会

菊池勇夫　二〇〇四ａ「荷を負うアイヌの姿―菅江真澄の絵から―」『年報人類文化研究のための非文字資料の体系化』1、一三～一九頁、神奈川大学21世紀ＣＯＥプログラム研究推進会議
菊池勇夫　二〇〇四ｂ「鯡漁に生きる人々―渡島半島西海岸の旅―」『真澄学』第一号、三〇〇～三一九頁、東北芸術工科大学東北文化研究センター
黒田日出男　一九八六『境界の中世　象徴の中世』東京大学出版会
佐々木利和・谷澤尚一　一九八二『蝦夷島奇観』雄峰社
笹澤魯羊　一九七八復刻『宇曾利百話』名著出版
鈴江英一　一九八五「史料紹介『村鑑下組帳』」『松前藩と松前』第二五号、六九～一一三、松前町史編集室
鈴木省三編輯　一九二四『仙台叢書』6、仙台叢書刊行会
高倉新一郎　一九八七『挿絵に拾う北海道史』北海道出版企画センター
高田屋嘉兵衛展実行委員会編集　二〇〇〇『豪商高田屋嘉兵衛』高田屋嘉兵衛展実行委員会
谷川健一編集委員代表　一九六九『日本庶民生活史料集成』第四巻、三一書房
谷川健一編集委員代表　一九七二『日本庶民生活史料集成』第二〇巻、三一書房
函館市編　一九七四『函館市史』史料編第一巻、函館市
原田伴彦編集代表　一九七六『日本都市生活史料集成』第五巻、学習研究社
早川純三郎（国書刊行会代表者）編輯　一九一三『通航一覧』第七、国書刊行会
北海道開拓記念館　二〇〇二『蝦夷地のころ』（常設展示解説書3）、北海道開拓記念館
北海道庁編纂　一九三六『新撰北海道史』第五巻（史料一）、北海道庁
本田優子　二〇〇二「近世北海道におけるアットゥシの産物化と流通」『北海道立民族文化研究センター研究紀要』八号、一～四〇頁
松前町教育委員会編集　二〇〇一『松前の文化財』（六版）、松前町教育委員会
松前町史編集室編集　一九七四『松前町史』史料編第一巻、第一印刷出版部
松前町史編集室編集　一九七七『松前町史』史料編第二巻、松前町

松前町史編集室編集　一九七九　『松前町史』史料編第三巻、松前町
森銑三他編　一九八一　『随筆百花苑』第一四巻、中央公論社
森山泰太郎校訂　一九七四　『洋夷茗話・箱館紀行』八坂書房
山下恒夫編集　二〇〇三　『大黒屋光太夫史料集』第二巻、日本評論社
吉川秀造　一九三二　「徳川時代に於ける蝦夷貿易の官営」『経済史研究』第三七号、四〇～五四頁
吉田武三校註　一九七〇　『三航蝦夷日誌』上巻、吉川弘文館
吉田武三校註　一九七一　『三航蝦夷日誌』下巻、吉川弘文館

第七章　松浦武四郎『蝦夷日誌』にみる松前・蝦夷地の沿海社会

―一八四〇年代の様相―

一　沿海社会としての松前・蝦夷地

中世以来、日本社会から「蝦夷が島（夷島）」と呼ばれてきた北海道は、近世（江戸時代）に入り大きく変容を遂げた。その南端の松前に勢力を築いてきた蠣崎氏（やがて松前氏と改名）が近世大名化し、徳川幕府からアイヌの人々との交易独占権を認められたことから、松前藩とアイヌ民族の関係を軸に北方史が展開することとなった。「蝦夷が島」という呼称も一七世紀後期になると次第に使われなくなり、「松前」（日本地・和人地、奥州松前）と「蝦夷地」とに地域区分され、蝦夷地はアイヌの人々が住む体制外の異域として位置づけられていく。

松前藩・アイヌ関係の推移を少し説明しておけば、[1]近世初頭、ウイマム（交易）といって各地アイヌが松前城下（福山）にやってきて松前藩と交易するかたちであった。それが一六三〇年代頃より商場知行制の導入によって、松前藩主・家臣の船が蝦夷地のアイヌの人々がいる所へ直接行って交易するようになる。近世中期以降ともなると場所請負制と呼ぶ、商人が運上金を上納して藩主・家臣のアイヌ交易を請け負い、さらには漁業経営を行う形態へと変質していった。蝦夷地幕領化（一七九九年）以降、幕府による直捌制が一時期採用されたが、蝦夷地の資源収奪的な構造には変わりなかった。こうした背景には大坂・江戸市場に求心する全国経済の発展があり、場所請負制の展開は蝦夷地の奥、あるいは千島南部、樺太南端にまで及ぶこととなり、船路が整備され、運上屋・番屋を中心とした場所の景観が作り出された。また、以下に詳しくみていくことになるが、場所請負制のなかに食い込んでいく、松前の漁民たちの蝦夷地への出漁・定住化の波が一八世紀後期以降、蝦夷地のすがたを大きく変えていった。

変化は経済の分野だけではない。近世後期になると新たに生じた対ロシア関係から幕府が蝦夷地の統治に直接乗り出し、蝦夷地の位置づけが異域から内国へと変わってしまう。寛政元年(一七八九)のクナシリ・メナシのアイヌ蜂起が契機となった。幕府統治下では、幕府の役人が蝦夷地の要所に詰め、盛岡・弘前両藩をはじめ東北大名が蝦夷地の勤番を義務づけられた。勤番所や砲台などがそうした警衛(海防)の施設であるが、それを支える陸上交通路の整備(宿泊、小休所、渡し守、馬継など)がなされていった。

こうしてみると、一概に近世といっても、どの時期かによって松前・蝦夷地の状況ないし実情がかなり異なっており、何ごとも変化の相で捉えることが必要である。むろん、和人の諸活動が、アイヌの人々の生活・生業環境を激変させ、苦難の歴史を強いることとなった。場所請負制下にあって、アイヌの人々の労働力動員によってコタンが再編され、消滅するコタンも少なくなかったのである。どのようなテーマ設定であれ、蝦夷地を対象にしようとするなら、アイヌの歴史を組み込む余地をもっていなくてはならないと考える。

松前・蝦夷地は、和人社会およびアイヌ社会とも海沿いの、とくに河川の河口部近辺に集落・コタンが存在している。石狩川など大きな河川の場合にはその中・上流域にもコタンが形成されているが、海とつながっていることを考えるとそれも含めて、松前・蝦夷地は近世を通して沿海社会としての基本的な性格をもっていたといえよう。とはいえ、上述の概観的な説明からも内実は相当の変化を引き起こしていたことが想像できよう。北海道における内陸社会の形成は和人の農業移民が入ってからのことで、前期幕領期(一九世紀初期)の箱館平野がその始まりといえるが、その場合でも漁業とのつながりが強かった。本格的には幕末期の石狩平野の新田開発を俟たねばならなかった。

ここでは、近世北海道(松前・蝦夷地)の「沿海社会」が地域差を含めて全体としてどのようなすがたであったのか、松浦武四郎による弘化・嘉永期の松前・蝦夷地踏査の観察記録『蝦夷日誌』を使って俯瞰してみたいと思う。一八四〇年代というある特定の時期に限られてしまうが、観察範囲がカラフト（北蝦夷地）、クナシリ・エトロフにまで及び、当該時期における和人・アイヌの沿海社会の実情を具体的に知りうる恰好の素材となっている。この日誌はこれまでも部分的にはよく引用されてきたが、これを全体把握の素材として使うという試みはそれほどなかったように思われる。

松浦武四郎の『蝦夷日誌』全三五巻は二度翻刻されている。吉田武三校注『三航蝦夷日誌』[2]と、秋葉實翻刻・編『校訂蝦夷日誌』[3]とであるが、ここでは後者のほうを使用した。

この日誌が執筆された時期の松前・蝦夷地であるが、前期幕領期（一七九九～一八二一）と後期幕領期（一八五五～一八六八）にはさまれた松前藩復領期（一八二一～一八五五）にあたる。幕府が蝦夷地・アイヌ支配に直接関与することはない。前期幕領化前の松前藩で行われていた、有力家臣にアイヌと交易する「商場」（排他的な交易場所）を知行として与える商場知行制は払拭され、家臣団は蔵米取化した。場所請負人は藩に運上金を上納し、場所のアイヌ交易・使役（雇）を含む漁業経営権を持っている。蝦夷地の警衛は松前藩が担い、主要な場所に勤番所を置き、必要な人員を派遣していた。このような松前藩の復領に対して、ロシアなどへの対外的な危機意識から、ふたたび幕領化を図らねばというのが武四郎の基本姿勢であり、それは凡例のなかに「同志の輩あらば此編を熟読して当時の形勢を能識らしめんこと」「寛政度のおほん難有恵に立かえりて、荒阪万里之外までも休明の余沢に浴さしめんこと」を執筆の動機としていたことにも表れている。

武四郎の記載は、地名、運上屋（会所）、番屋、勤番所、戸口、寺・堂社、砲台、馬継所、小休所、高札場、船付澗、遊女（呼称）、畑（作物）、産物、景観などを、各場所の共通項目として子細に把握しておきたいという意思が明確である。その他、眺望・地形などの写生画、土俗の古来より伝える談話、寛政度処置に関する文書、天度（伊能忠敬の測量など）、近藤重蔵・木村謙次らの紀行、アイヌ（「夷人」）の冠婚葬祭、歌詩俳句、方言、など多方面に及んでいる。記載にはむろん精粗や漏れがあり、完璧なデータとはいえないにしても、一八四〇年代の松前・蝦夷地の「沿海」社会の実情を地域区分(場所)ごとにまとめてみることによって、全体傾向の把握がある程度可能になるかと思う。

『蝦夷日誌』一編の「凡例」に、この地の「方言」をもって記したと予め断っている。松前・蝦夷地の船をその呼称によって分類しているが、それによれば、⑴弁才船(一〇〇石以上の船を弁才と呼ぶ、弁才泊りはその懸り澗)、⑵図合《づあい》船(七五～九五石船、近場所通いに用いる)、⑶乗替船(五五～七四石船、図合と同形)、⑷三板《さんぱん》船(三半船、三五～五四石、漁船)、⑸保津智《ほっち》(一五～三四石、青魚取りに用いる、以上の⑴～⑸にはミヨシ＝波切木がある)、⑹長三板(四〇～六〇石位、東場所サル・ユーフツの鰯漁事に用いる)、⑺持符《もちっぷ》(小舟、一〇石位まで、積荷せず、沖合通い・漁猟のさいの通行に用いる)、⑻磯船(持符に同じ、松前・江差の方言)、⑼橋船(快船＝はやぶね・はしけ、伝馬船、弁才船が持ち来たり、陸への往来に用いる)、⑽蝦夷船(大小あり、本邦の船と作り方異なる)、の一〇種があげられている。ここでは詳しく取り上げる暇はないが、武四郎はこうした船の種類に着目し、船が着岸できる船澗、弁才泊りをとくに記載していたのは、近世の松前・蝦夷地が沿海社会であることをよく示しているといえよう。

二　『蝦夷日誌』一編(初航蝦夷日誌)―松前城下からアッケシ・ネモロまで―

松浦武四郎は弘化二年(一八四五)、初めて津軽の鯵ヶ沢から、江差の斎藤佐八郎の手船で江差に渡った。フトロ・セタナイに到るが、それ以上西蝦夷地に入ることはかなわなかった。箱館の白鳥新十郎(箱館の町年寄)とともに一緒に箱館に到り、猿田幾右衛門の宅(沖口役)に滞留した。この幾右衛門の世話により、和賀屋孫兵衛の手

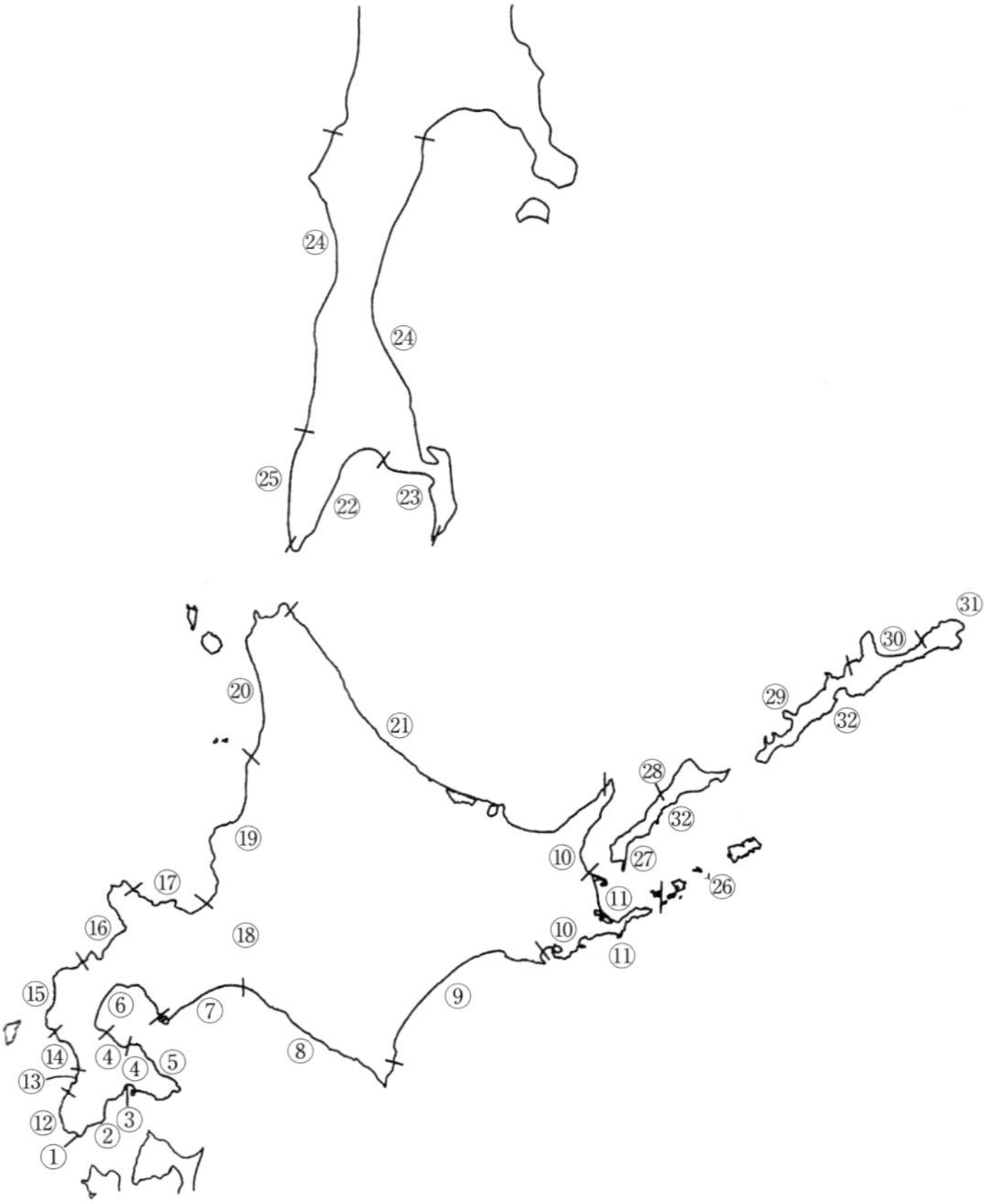

【地域区分図】

代として東蝦夷地に入ったという(「簡約松浦武四郎伝」[4])。一編の記載の主要部分はこのときの踏査による。ただし、松前〜箱館間についてはその後も含め数度往来しており、弘化四年(一八四七)に歩いたときの順路にしたがっている。以下、武四郎の記載のうち重要と思われる事柄を引き出し、巻ごとにその地域的な特徴をまとめていくことにしよう。なお、地名表記については、おおむね原文通りとし、また「夷人」はアイヌと言い換えた。

1　①松前城下

松前城下（福山）の範囲は根森～生府《いけつぷ》（生符）で、両所に柵が設けられている。福山城を中心に武家屋敷、町人地、寺社で構成され、縦町七ヵ町、横町六ヵ町、浦町十数ヵ所あり、およそ商戸二五〇〇軒、藩士六〇〇軒、人口一万五〇〇〇人を数える（以下、軒数は概数）。

武家屋敷、寺院は高台に配置され、家老クラスでは唐津内町の上の方に松前内記、蠣崎蔵人の屋敷、西館町には蠣崎将監の屋敷があった。繁華な町には、全国市場を背景とした近江系ないし江戸系の場所請負人が出店を構え、小松前町の栖原・福島屋・岩田、唐津内町の伊達・山田・山仙、大松前町の岡田、河原町の阿部屋、枝ケ崎町の万屋・柏屋がその主な商人たちであった。いっぽう、中・下層の人たちは、湯殿沢、西館町、唐津内沢、博《ばく》知石《ちいし》町、生府町、総社堂町、古館町、神明町などに住み、仲買、小商人、支配人、番人、場所稼人、船方、職人、日雇、漁師などが主な生業であった。彼らは城下の内部で循環しているというより、蝦夷地稼ぎによって生計を立てる者が多かった。妓楼が中川原町および蔵町（川原町より移転）にあり、総社堂町などにも隠妓がいた。神明町には戯場があった。町人町は地理的には川筋・沢筋の河口部の平場や、海岸に沿って展開していた。

城下の中央、大手門下の小松前町に沖の口役所があった。松前藩を特徴づける施設で、当初は城下のみに存在したが、その後江差・箱館・吉岡にも置かれた。ここでは城下に出入りの旅人・稼人を改めるとともに、諸国より入港してくる廻船から運上を取り、松前藩の主要な財源の一つ（「一大収納所」）となった。その業務にあたるのが問屋、小問屋（小宿）で、蔵町にはその荷物蔵があった。他に町会所、長崎俵物会所、札場、礮（砲）台、焔硝蔵、水車、米蔵、市中備蔵などがあった。

2　②松前城下～箱館

城下からみて東在と呼ばれ、古くから和人が居住した地域である。漁村集落が発達し、及部村一〇〇軒、荒谷村一〇〇軒、吉岡村二〇〇軒、福島村一二〇～一三〇軒、当別村一〇〇軒、戸切地《へきりち》一〇〇軒、有川村一〇〇軒と、一〇〇軒以上の集落が少なくない。生業は鰯漁、ホソメ昆布などの沿岸漁業であるが、蝦夷地への出稼ぎの地域でもあった。及部村に場所番人、上及部村に鯡漁出稼ぎ、大沢村に場所出稼ぎ人、亀田村に春鰊および夏昆布出稼ぎとみえるが、場所番人というのは場所請負人に雇われて働く者、出稼ぎ(人)とあるのは出漁漁民(後出の二八取)のことを指していよう。出漁漁民の船持ちのなかには鰊や昆布で潤う者もおり、近来富商人多し(荒谷村)、別して繁昌(吉岡村)と表現されている。

吉岡村には沖の口役所があった(文化六年〔一八〇九〕開設、松前の補完的役割)。この区間には松前と箱館をつなぐ主要な街道が走り、主な集落には勤番士上り下りの馬継所が整えられ、小商人・はたご屋があった。山路の福島・知内《しりうち》間の一の渡には茶屋が置かれていた。松前城下と箱館は都市社会であったので、その近辺の村々は薪取り・薪流し・冬木とあるように燃料供給地ともなっていた。畑作りもみられ、種々の野菜が栽培されていた。

3　③箱館

箱館は公料(公領)の前(一七九九年幕領化以前)に約一〇〇〇軒であったものが、この時期二八〇〇軒余にまで増加し、縦町五町・横町六町、他に裏小町・小路類が多くあり、松前城下に匹敵する都市に成長している。幕領化前の藩政期に亀田奉行が置かれ（前身の亀田番所が寛保元年〔一七四一〕箱館に移転）、昆布集荷の拠点として栄えたところであるが、前期幕領期には幕府の箱館奉行が設置され（のち松前城下に移転し松前奉行と改称）、政治的な中心になったことが都市の発展を促した。松前藩復領後の文政九年（一八二六）、藩によって箱館代官が置かれ、翌年箱館奉行と改称し、当時箱館奉行一隊が配置されていた。この御役所の坂下に内澗町・大町がある。

市中には、沖の口役所（大町）、問屋・小宿（内澗町・大町）、長崎俵物会所・俵物蔵（長崎屋）、場所請負人の出店（内澗町の和賀屋・福島屋・浜田屋、弁天町の山田屋、地蔵町の高田屋屋敷など）、市中積米蔵（地蔵町）、南部家陣屋跡（尻沢部道）などがあった。なお、高田屋金兵衛（嘉兵衛の弟で後継者）は天保四年（一八三三）に財産没収となり、その跡地を武四郎はみている。

都市住民の生業としては、有力商人のほか、小商人、漁者、水主、日雇、馬士、職人、場所稼（場所出業人）があげられている。また、遊郭、遊女が多いのも特徴で、山の上《やまのうえ》町の青楼をはじめ、大町の裏屋小屋の妓、裏町・山せ《（背）》泊の隠妓があった。諸事華美に流れ、横町には髪結床、風呂屋、煮売肴屋があり、風俗は江戸に真似ると評されている。幕領時代に江戸ぶりがもたらされたことを示している。

4　④箱館～東部、山越内

幕領期、箱館周辺の平野部に大野村・文月《ふみづき》村・七重《ななえ》村・本郷村など二〇軒～五〇軒くらい、ないし一〇〇軒規模の新田村が他国（秋田、南部、庄内）からの入百姓によって開発された。しかし、農家として専業化できず、春には鰊漁、夏には昆布取りに出漁し、また山稼ぎ（冬木・薪、炭）や畑作り（野菜）をして箱館へ売った。

噴火湾（内浦湾）地域では、森村三〇軒、鷲木《わしのき》村一〇〇軒（会所を本陣という、長崎俵物方出張）、落部《おとしべ》村五〇軒（会所)など比較的大きな和人中心の漁村集落が形成された。ほかに数軒程度の和人小漁村が点在している。集落展開の基因は昆布取りで、たとえば落部に続く小石浜には六月中旬~七月昆布取りの小屋が立ち並び、季節的な繁華が生み出されていた。山越内までの村々は「金銭の廻りよろしくして、余程繁昌」と評されている。

武四郎はこの往還(旅)で初めてアイヌの家屋(「夷人小屋」)をみたのは森村(六~七軒)で、他にも落部(一〇軒)、野田追《のだおい》(五~六軒)といった拠点的な集落に集まり、和人と混住していた。森村ではアイヌも金銭を「通用」し、言語も「人間言」(和語)を知ると記されている。

妓(遊女)も昆布取りの季節に出現し、鷲木では夏分一〇〇人余(俗称陣羽織)、落部では箱館より出稼ぎ(蒲脛巾)、山越内では村の娘・嫁や箱館辺より出稼ぎ(寄り昆布)という状況であった。武四郎は土地の遊女の俗称をよく書き留めていた。

5　⑤森村~箱館

亀田半島にあたり、和人漁村が砂原《さわら》村五〇軒、臼尻《うすじり》村五〇軒余、尾札部《おさつべ》村八〇軒、根田内《ねたない》村四〇軒などと展開する。砂原はかつて一〇〇軒もあったが、村外へ人が移り、当時難渋村とされている。この辺りでは珍しい現象だが、鱈漁がさかんだったとあるので、その不振によるものであろうか。箱館の東部では志苔《しのり》村五〇軒余、銭亀沢村三〇軒余、石崎村五〇軒余などとなっている。いっぽうアイヌの住居は、シカベ村七、八軒、トコロ・ボロ・礒屋各一軒、ホツキナウシ二軒となっており、シカベの場合、二〇年前三〇軒余であったものが、「段々抹絶し、(中略)夷人の種は三五年之間には絶べきや」と、人口減少に武四郎は懸念を示している。

この地域も昆布の主産地で、下湯川村「昆布漁の頃ハ浜に出而業をなす故、此村も長崎納の昆布場」、石崎村

「昆布は皆長崎屋江納めて、則御(用)物に相成」、ヒヤミズ「夏昆布取中には、小商人、煮売店、妓、三味線引、祭文よミ等群集し而、江差の浜小屋の群集のごとし、(中略)其小屋の屋根迄も干こと也」などと、昆布漁の記載が中心となっている。昆布漁の他にも、畑に野菜をつくり、馬・牧牛を野飼いし、冬には山稼ぎ(薪、冬木)をする暮らしだった。

和人が定住すると庵寺が必要になってくるが、石崎村、小安村、戸井《とい》村、古武井《こぶい》村、根田内村、臼尻村に庵寺が、カ、リ澗村に小庵があった。温泉では川汲温泉が薬師堂、温泉小屋、長屋、湯守一軒と、すでに温泉としての施設が整っていた。

6　⑥山越内〜アブタ〜ウス

ヤムクシナイに勤番所・台場、および蝦夷地出入者の改め番所が置かれた。ここからが蝦夷地でアイヌ居住地域にあたり、和人の永住は不可とされていた(ただし、寛政一二年〔一八〇〇〕、箱館六ヵ場所が「村並」となった以降のこと)。運上屋はヤムクシナイ、アブタ、ウスにあり、その関連施設として、船懸り澗、蔵々、非常備蔵、馬、弁天社などがあり、蝦夷地の運上屋の景観はどこも似たようなものであった。主要な番屋も同様の景観(ユウラップなど)をみせていた。

アイヌの居住はユウラップ一四軒、ヲシヤマンベ一〇軒余、レブンキ一二軒、ベンヘ一五軒、アブタ三〇軒余、ウス一〇軒余で、他は一、二軒、もしくは五、六軒の小集落であった。アブタについて「第一夷人の多き所」とし、西地(西蝦夷地)アツタに引き連れ、春漁・秋漁に従事させていた。運上屋・番屋にアイヌの集住傾向がみられ、場所請負人による雇労働の進行が窺われる。

和人の永住は禁じられていたが、漁民の鰯漁を中心とした出漁がさかんで、鰯小屋・魚屋が多く点在している。クンヌイには箱館からの二八取の鰯小屋があり、モンベツも二八小屋多し、と記されている。二八というのは出漁漁民が漁獲の二割をその場所の請負人に上納したことからきた呼称である。アイヌのオットセイ漁や飼鷲・飼熊、ウス辺の野飼いの馬にも観察が及ぶ。

宗教施設として、ヤムクシナイの阿弥陀堂（水陸会《すいりくえ》に「夷人《アイノ》・人間《シヤモ》」参詣）、ウスの善光寺（本尊弥陀三尊の木像、境内に金毘羅堂・観音堂）、ヘラヱウシユマの穴澗（華表・本堂、地蔵菩薩）があったが、ウスの善光寺はいわゆる蝦夷三官寺（文化元年〔一八〇四〕）になるもっと以前から、信仰を集めてきた霊地であった。

7　⑦モロラン〜ユウフツ

運上屋はモロラン、ホロベツ、シラヲヒ、ユウブツにあり、他にヱトモに番屋があった。勤番所はモロラン、ユウブツの二ヵ所におかれ　ヱトモには遠見番所・台場が設けられていた。

アイヌの集落はホロベツ一〇軒余、シラヲヒ一八、一九軒、他はみな一〜五軒であった。アツマの乙名ニヘロクは東部一番の家柄という。同地の川際に五軒あり、渡し守の「夷人小屋」があった。和人関係では鰯小屋、漁小屋（鰯漁）が多かった。とくにタルマイは、箱館・同在の二八取＝鰯取仲間五三軒が南部・津軽辺より漁者を雇って出漁していた所で、鰯小屋には小商人・茶屋様の者が出張し、繁華は東部第一番であった。ただ、和人漁民の出漁は以下には出てこないので、ほぼこの区域までであったか。

8　⑧ユウフツ・サル〜サルル

会所〈運上屋〉がサル、ニイカツフ、シツナイ、ミツイシ、ウラカワ、シヤマニにあり、他に番屋、漁小屋が点在していた。アイヌの家屋はヒラウトル一九軒、サル川筋〈サル領人別八〇〇人余あったものが半減。サルベツの川筋に居住、ビラカ二三軒、シヤムンクウツ二〇軒、ヤヘンケシ二〇軒など〉、ニイカツフ三〇軒〈二五〜二六年前五〇軒〉、シツナイ一二、一三軒〈公料前四〇軒余〉、ミツイシ二五、二六軒〈場所全体では一〇〇軒余〉、モトウラカワ五、六軒、ウラカワ一〇軒余、ホロイツミ一〇軒余〈他に山住の者が多い〉、ユルフル〈コルフル〉三軒余、サルル七〜八軒となっており、会所・番屋元に集住していた。武四郎はアイヌ人口の減少に関心を示す。

日高地方は作物の栽培に適した土地柄で、サル会所〈五穀野菜熟す〉、ホロイツミ〈茄子、稗、粟、大根、南瓜、隠元豆〉、ミツイシ〈稗・大豆・茄子・大根・いんげん豆・南瓜・咬吧芋＝じゃがいも〉などで、アイヌの人々も農業を行っていた。シヤマニには等樹〈澍〉院〈三官寺の一つ〉がある。

9　⑨クスリ〜センホウシ

運上屋がビロウ、トウブへ、クスリの三ヵ所、クスリには勤番所もおかれた。その他、番屋、漁小屋、漁屋、小休所、他に烽火台〈烽火場〉など和人関係の施設があった。アイヌはビロウ一〇軒余、トウブヘ二〇軒余、ヲホツナイ二〇軒、コンブカルウシ〈以前多かったが、今は少し〉、シヤクベツ七、八軒、シラヌカ一二、一三軒〈疱瘡で追々減る〉、クスリ二〇軒余、コンブモヱ四〜五軒、ゼンホウジ一〇軒などで、会所・番屋元に集住していた。

疱瘡が人口減少の一因になっていることがわかる。また、ヲホツナイ会所元〜山中シントクの川筋(トカチ川)にも「夷人家」が点在していた。シヤクベツの「夷人小屋」の傍らに畑を起し、茄子・隠元豆・粟・稗がよくできる。コンブモヱでは石炭が採れる。

10　⑩厚岸〜ノッケ

アッケシは蝦夷地東部における中心的な拠点で、運上屋、勤番所があり、国泰寺(三官寺の一つ)もおかれた。秋味(鮭)漁が主な産物であり、その番屋がアツウシベツ、ニシベツ、トコタン、シベツ、チウルイ、チフニウシベツ(子モロ領北の方一番の番屋)などにあり、他に漁小屋もあった。ノッケはクナシリへの渡り場で、止宿所が建てられていた。

アイヌの家はタンタカ五、六軒、アッケシ二〇軒(場所全体では六五、六六軒、公料時は約一〇〇〇人)、ノコヘリベツ二軒、アツウシベツ五、六軒、ニシベツ五、六軒、コヱトヱ二軒、シベツ五軒、チフニウシベツ五軒、ノツケ二、三軒などと、アッケシを除けばいずれも小集落であった。この区域に含まれるシベツ、チウルイなどメナシ地方は寛政アイヌ蜂起の現場であった。

11　⑪フウレン湖、ノシヤフ岬〜アッケシ

場所の中心は子モロ(ネモロ)で、運上屋・勤番所が置かれた。番屋はホロモシリ(鮭漁、鰯漁、釜一七、一八)、ノツカマフ、ハナサキ、コンブモヱ、ヒハセ(秋味、春漁、昆布、海参が多い)、トコタンなどにあった。アイヌの

集落は子モロ一二、一三軒(領＝場所全体では五五〇～五六〇人、文化度は八〇〇余人)、ヲワタラウシ二軒、ホキシヤリベツ二軒、ヒハセ三軒、ヲチヨロセツフ三、四軒などとなっている。アイヌの出稼ぎ小屋もシイシヤウ(水晶島)への海参《なまこ》出稼ぎなど記載されている。

三 『蝦夷日誌』二編(再航蝦夷日誌)―松前城下からソウヤ・シレトコ、カラフトまで―

松浦武四郎が弘化三年(一八四六)に再航したときの見聞をもとにした日誌。津軽鯵ヶ沢から松前城下へ渡海・上陸し、江差へ行き斎藤宅に逗留した。カラフト詰西川春庵の僕となり、西蝦夷地・カラフトを旅した(「簡約松浦武四郎伝」)。ただし、巻三⑭と巻四⑮の記述の一部は弘化二年(一八四五)初航のさいのときのものである。

1 ⑫松前～木ノ子

生府(符)に番所があり、ここまでが城下であった。念仏堂や刑場があり、境界・無縁の場となっていた。立石野には台場があった。海岸通りには松前の場所請負人一一人が積米した市中備米蔵六戸(一戸に一二〇〇～一三〇〇俵ずつ)があり、米を生産しない松前には備米は死活問題であった。

城下からみて西在にあたり、根府(部)田村三七軒(古は五軒)、札前村三〇軒余(寛政度一一軒)、赤神村一四～一五軒(寛政度まで四軒)、雨垂石村一八～一九軒(寛政度前八軒)、茂草村二五～二六軒(寛政度まで一八軒)、清部村三〇軒、江良町《えらまち》村六五軒、原口村三〇軒(以前二二軒)、児砂子《ちいさご》(小砂子)村三五～三六軒(文化頃まで一三軒)、石ザキ(崎)

村五〇軒（寛政前三七軒）、羽根差《はねさし》村二〇軒（昔一四軒）、汐吹村三七～三八軒、扇子石村二〇軒（以前一五軒）、木ノ子《きのこ》村四六軒（少し減）と、漁村集落が展開していた。旅籠屋、小商人、酒店などあるが、基本的には「漁者」の村であった。木ノ子村を除き、人口が増加している。松前城下に薪をひさぎ（雨垂石村、石ザキ村）、畑作も観察されている（原口村、馬鈴芋＝じゃがいも）。庵寺が茂草村、清部村、石ザキ村、汐吹村にあった。勤番泊宿、人馬継立所なども整備されていた。

2　⑬上の国～江差

沿岸部に上の国村二〇〇軒、北村七五軒（今は減少）、五勝手《ごかって》村一五〇軒（以前一一六軒）がある。上の国は松前氏（蠣崎氏）が福山に移る前に居住した所で、古城跡、館神八幡宮、医王山薬師堂があった。漁者・小商人が多いが、商人、船持ち、旅籠屋などもあり、「一筋市」をなしていた。北村には酒屋、小商人もおり、春に漁事（鰊漁か）をし、夏に東部（箱館六ヵ場所方面か）へ昆布取りに出漁した。五勝手村は漁者のみとするが、鰊が多く獲れたので小商人が多く、船持ち・水主も存在した。同村の浜には、冬分、船を陸揚げして屋根囲いする船小屋があった。武四郎によれば、五〇〇石以上の船は加賀、越前、あるいは津軽深浦に遣わして越年させるのだという。また、粟、稗、黍、稗、大根、豆などを栽培し、粟・稗は囲い置くと記されている。

天の川筋にほぼ沿って、北村から木古内《きこない》へ越えて行く道がある。桧山に恵まれ、川筋の村々は山稼ぎがさかんな所でもあった。小堀村は耕作を業とするが、春には漁事、または山稼ぎ、笘府《とまつぶ》村（二〇軒）は春には鰊取り、夏秋冬には山稼ぎなどと記されている。中志田村（三五軒）では麻、大根、茄子、粟、黍、稗など、とくに馬鈴芋が多く作られていた。松前が決して非農業地域でないことが武四郎の記載から知られよう。温泉がユノタイにあり、夏には江差より湯治人が訪れていた。

江差は人家三〇〇〇軒というが、二七〇〇軒余か。縦町一〇町、横巷一九町を数え、西部蝦夷地方運漕の地であった。四月初旬より諸国の廻船が入船し、鴎島に繋いだ。生鰊(粒鰊)を秋田、津軽、坂《(酒)》田へ運んだ。蝦夷地で鰊漁を終えた帰船が入港し、鰊漁や鰊の集荷で栄えた湊町であった。

江差のなかでも第一の繁華な町が津鼻町で、沖の口役所、問屋、小宿があり、五〜六月頃場所帰りの二八取を待つ商人たち(餅屋、酒屋、小間物屋、揚屋、女郎屋)で賑わった。ただし、松前・箱館とは異なって場所請負人はいなかった。また姥神社のある姥神町《うばがみちょう》は当所第一番の町といい、問屋、商人が住み、中歌町《なかうたちょう》には役所(桧山奉行=江差奉行)、町役所、市中備米蔵などがあった。

その一方に、番太郎町(皆漁者、日雇稼ぎ、貧乏町)、喜楽町(貧乏人の小屋、小宿・浜雁の字)といった庶民の町、あるいは山の上町(青楼の小宿、水主・船頭の囲い者)、新地町(青楼、古来より三一軒、安宅屋・岡本屋二軒世話役、安宅屋の芝居小屋、四〜七月頃興行)といった遊郭街があった。津鼻《つばな》(津花)〜中歌辺の浜には浜雁の字がおり、船が多い時には一夜に二、三貫文も稼いだという。小宿には妓宿(後家・寡の職)の意もあった。

江差の前浜自体も鰊場で、その時節には詰木石《つみきいし》町、片原《かたはら》町(海内無双の大漁場)などに小屋懸けして人々が集まった。豊部内沢の南部町(二〇軒)は南部より百姓が来て新畑を開いたところで、畑物を江差へ売った。畑作以外にも桧山稼ぎや春の鰊漁を組み込んだ生業であった。

3　⑭江差〜熊石

熊石に勤番所があった。奥場所へ入る者の切手改めを行うが、船路のため調べがゆるかった。幕府巡見使は乙《おと》部《べ》村まで来るのがならいで、アイヌは鶴の舞など披露した。

沿岸に和人集落が展開し、泊り村六八軒(これより少し増)、小山《おやま》村(尾山)五〇軒余、田沢村五〇軒余、伏木戸村三〇軒、乙部村一九〇軒余、小茂内《こもない》村三〇軒、大茂内村五〇軒、突府《とつぷ》(突符)村三〇軒余、三ツ谷村三〇軒、宮のウタ五〇軒、川柱《かばしら》(蚊柱)村六〇軒余、相沼内一五〇軒、泊川村一〇〇軒余(能登衆、越中・加賀辺の者)、冷水村二〇~三〇軒、見日村二五~二六軒、熊石村二五〇軒、関内《せきない》村六~七軒などとなっている。乙部・相沼内・熊石などには船持、小商人もいた。鰊漁の村といってよく、片原町~泊り村(鰊小屋一面、砂地に鰊干す、干棚一尺の暇なし)、瀬茂内(鰊漁の頃一面干場、小商人など出る)、滝の沢(鰊漁の頃一面小屋懸け、平日人家二~三軒だが春夏は小商人多く、茶屋も出る)などと記されている。

目名川流域沿いにも和人集落が成立し(目名村六〇軒余、土橋村四〇軒、俄虫《がむし》村四二、四三軒、安野呂《あんのろ》村五〇軒、小黒部村三〇軒、鮎川村三〇軒余など)、桧山稼ぎ・山稼ぎ・炭焼、鮭漁(出稼ぎ場あり、その時期には流木禁止)、畑物(江差へ売る)を生業とするが、ただし春には浜に出て漁猟した。イヤシナイには温泉があり、湯守が柾割、角引、炭焼をしていた。海辺の田沢村、乙部村などでも漁事の間に畑作をしており、野菜など作っていた。産物では相沼内村のカタクリが名産とされ、熊石村では鰊漁後に役人が廻って椎茸取が行われた。相沼内村の娘や留守の嫁が新鱈と呼ばれて、廻船に行って客を取ったともみえる。寺院は乙部村、大茂内村、泊川村、熊石村にあった。

4　⑮熊石~シマコマキ、ヲクシリ島

熊石のさきからが西蝦夷地である。運上屋はクドウ、フトロ、シマコマキにあった。他に番屋が点在する。越

年小屋がシラタナイ(五、六軒)、ヒカタトマリ~クドウ(一三、一四軒、出稼小屋とも)、ラルイシ(二、三軒)、フトロ川(桧山があり、川沿いに人家二〇軒、山稼ぎのみ)などにあり、事実上の和人集落であった。和人の蝦夷地住居が禁じられていたので、越年小屋と呼んだ。出稼ぎ鰊小屋がスナカイトリマに五、六軒(能登者)あった。二八小屋はフトロ川、ハラウタ、浜中などにあった。追鰊といって、熊石、泊り川、相の澗、関内辺の者たちが入り込んで図合船で廻り、網を刺して鰊を取った。出漁者はセタナイまでは「九一」の割(一割の上納)、これより奥は「二八」の割(二割の上納)で請負人に納めた(二八取りについては前述)。

ヲクシリ島には運上屋がヲタシユツナイにあり、他に番屋もあった。アイヌは住居しておらず、セタナイのアイヌが出猟してオットセイ猟を行った。江差よりオットセイ取りの役人が出張した。松前の咎人で流罪になった一二~一三人が住む。

アイヌは、クドウ三軒(会所元)、ラルイシ三、四軒、フトロ三五、三六人、セタナイ一七、一八軒(冬春ヲクシリでオットセイ猟)、シマコマキ三、四軒(二五、二六年前八四、八五人、今三六人で女四人のみ)である(他に一、二軒、ないし不記のコタンあるが省略、以下同)。アイヌ人口が減少し、和人の越年小屋、二八小屋と混住していた。

大田(太田)山は不動尊を祀り、岩面を鉄鎖でのぼった。宝前に三味線・太鼓を積み上げる。大田山は東蝦夷地のウス山とならぶ霊地であった。フトロ川の渡し際には疱瘡神を祀る小社があり、白糸の滝ではアイヌが船中より木幣(イナウ)を海に納めるのだという。

5　⑯シマコマキ~ビクニ

運上屋がスツ、、ウタシツ(ヲタスツ)、フスコトマリ(元運上屋)、イソヤ、イワナイ、フルウ(女はここまでを限りとする)、シヤコタン、ビクニにあり、他にも多数番屋があった。二八小屋が浜辺に立ち並ぶ光景がみられ、ヤヲイ(二八小屋が立ち並び、番屋多し、繁華で夷地のようには思われず、市町のごとし)、中ウタ(二八、番屋、煮売り屋、小間物店、髪結床、古手屋、按摩取り、三味線弾き、祭文読み、七連《ななつら》=売女あり)、トレフウシナイ(二八小屋二〇軒余)、ホロレウケ(二八小屋多く、七連多い、毎年人間三〇〇〇人ばかり入り込み、繁華。按摩、髪結床、小間物店もあり、ヲカムイを越えると女はおらず、ここで遊ぶ)といった様相がみられた。他の浜も二八取りが出漁し、市町のごとき状況であった。クロマツナイには甚大な人家が一軒あり、春末の出稼ぎ戻りには一〇〇~二〇〇人が止宿するという。

アイヌはスッ、八〇人に満たず(夷人小屋一三〇~一四〇人と聞いていた)、ウタシツ場所内二五、二六軒(二五年前一二〇~一三〇人、今六〇人)、イソヤ二四、二五軒(公料時一六〇人、今六〇人に満たず)、フルウ夷人小屋多く五五~五六人、シヲヨマイ四、五軒、シヤコタン六、七軒(場所中では一三〇人)、ビクニ二七、二八人(公料時六〇~七〇人、運上屋近廻りのみ)などであった。

鮭漁(秋味)も行われ、スッ、ベツ(八月中旬より漁小屋)、ホンバウシ(秋味の節に番人・アイヌ来住)、シリベツ(八月より出稼ぎ漁屋)、セウツカ(川上でアイヌ秋漁)とあり、アイヌの人たちが主に漁をしたようである。ライテンには椴・桧山があった。

ヲカムイ岬は難所として知られ、アイヌは木幣を取り出して祈った。松前町神職白鳥某は神の御影を梓に彫り、松前入津の船にひさいだ。これより奥に女が入ることが禁じられた。この他にもアイヌが木幣を建て海神を祭る所がある。

6　⑰ビクニ〜石カリ

運上屋がフルビラ、ヨイチ（産物多く繁華、鮭を新巻にする）、ヲシヨロ、タカシマ、ヲタルナイ（鰊群来甚よろし）にあり、他に番屋も少なくなかった。二八小屋が各浜に展開しており、それは、ヌウシ（浜小屋多い、スッ、、ヲタスツほどにも立つ。髪結処、料理屋、小間物屋。七連がいないだけ）、ラコシマナイ（二八小屋、随分繁華の様）、テミヤ（二八小屋、市町の如し、髪結処、料理屋、小間物屋あり、繁華。平浜は二八小屋続き）、ヱルモナイ（二八小屋多い、古手屋、小間物屋多し）、クマウシナイ（二八小屋、夷人小屋、小間物屋、髪結所、諸商人ら人家が軒を並べ、当所一番の繁華）、ヲタスツ（二八小屋一六〇軒ばかり、株式同様になる）といった様子で、他にも「小屋続き」「立並ぶ」「多し」と表現された浜が多い。二八番屋、鰊小屋、漁小屋があると書かれた浜もある。

アイヌの家はフルビラ七、八軒（支配中＝場所全体では五〇人余、公料時一二〇人）、ヨイチ七、八軒（惣場所中一〇〇人余）、ヨイチ川二軒（船渡し、丸木船）、ヲシヨロ六、七軒（公料時七〇〜八〇人、今四〇人）、タカシマ七、八軒（熊飼う、人別八〇人、公料時一五〇〜一六〇人）、ヲタルナイ七、八軒（支配中二〇軒余）などである。ツコタン岬辺では鯨魚が多い。

7　⑱石カリ〜ユウフツ

石カリには甚大な運上屋があり、その前に大船、小船がたくさん入津した。勤番所もおかれた。運上屋元のアイヌの家屋は六、七軒であるが、一三ヶ場所の支配中では八八四人（公料時二八三〇人余）を数える。鎮守は妙亀法鮫大明神（チョウザメを川の霊主とする）である。番屋はツイシカリ、ユウバリ、チトセなど、石狩川・千歳川流域の各所にあった。アイヌによる鮭漁が中心であった。

石カリ以外のアイヌの居住は、トクヒラ二軒、テン子ン（二〇軒余の仮屋で秋味漁）、ハッシヤフ（酋長一人、平夷人五、六軒、川筋で漁猟）、サツホロ（酋長・平夷人六～七軒）、ビトイ（本名シノロ、サル・ユウフツ場所より出稼ぎ）、トウベツ（仮屋で漁猟）、タン子ヤウシ（網曳場）、ツイシカリ五、六軒（酋長・小使・土産取各一軒）、シユマ、ツフ三、四軒、イサリブト五、六軒（熊・鷲飼う、沼菱・干肉を食用、鹿皮を着る）、カマカ（菱を干す、羆・鷲飼う、鹿皮を着る）、チトセ一〇軒余（鮭漁のみ、沼菱、鹿肉、干鮭が四時の食、衣服は鹿皮、羆・狐・鷲など飼う）、川源まで、トヘトマリ六軒、アツイシ三軒、カマケ五軒、ニセトク一六軒など（いずれも酋長あり）などであった。石カリ川、チトセの内陸に住むアイヌは、他と比べ大いに「風土」が異なると認識されている。作物はイサリブト（隠元豆、豆、稗、粟、黍、ジャガタラ芋）、チトセ（隠元豆、馬鈴芋、粟、黍、稗）で栽培されていた。ジャガタラ芋、馬鈴芋はじゃがいものことであるが、前記のように、この場所の他にも作られており、当時かなり普及していたことが知られる。

8　⑲石カリ～ルルモツぺ

運上屋がアツタ、ハマ、シケ、マシケ、ル、モツぺにあった。ル、モツぺには千石船二、三艘をはじめ、六〇〇～七〇〇石の船が多く入った。沿岸所々に番屋、漁小屋、二八小屋があり、当時二八小屋はここが北限であった。マシケ近くのホントマリ辺の二八小屋はスツ、・ヲタスツ辺の小さなものではなく、二〇人位も使う大きな建物だった。

アイヌの戸数はアツタ八～九軒（人別不足、東部アブタ・モロラン場所より召連れ）、ホロナイ二軒、ベツカリ二軒、ホンナイ二軒、マシケ七、八軒、セタベツ一軒、ル、モツペ六、七軒（公料前二五〇～二六〇人、今一〇〇人）、ヲヘラシベツ三軒（渡し守一軒）、ヲニシカ三軒であった。

鰊漁のための鰊小屋、鰊番屋が各所にあり、ル、モツペ北方のホントマリの鰊番屋には春過ぎ～夏もアイヌが出張し漁猟した。秋味場には秋味小屋、秋味番屋があった。鮑・海鼠もさかんで、シリナイには近年番屋を建てて鮑・海鼠を取り、イワヲイの海鼠曳場には板小屋を建てて春夏に漁猟した。昆布漁（ヲムル）や菜園（ハマ、シケ、マシケ、ル、モツペ）もあった。

9　⑳ルルモツペ～ソウヤ

勤番所がソウヤにあった。運上屋（トマ、イ、リイシリ、ソウヤ）、番屋、止宿所、小休所、昼休所、仮屋、出稼ぎ小屋、漁小屋、舟小屋などの建物があった。

アイヌの家はトマ、イ一四、一五軒（笹屋根、公料時七五〇～七六〇人、今四〇〇人）、ハボロ二、三軒、テシホ七軒（今は三軒）、テシホベツ川筋先年三〇〇人（今は一〇〇人、ヲニサツペ、ニコフなどに住む）、クシヤフ四軒、マシヨホ一軒、ソウヤ一二、一三軒であった。ヤンキシリにもアイヌが住んでいたが、冬はトマ、イに渡った。ソウヤは春～秋、支配中のアイヌが集って来て、一都会のような光景で、武四郎が通行した時には二〇〇人がいた。

ここからは二八取りが入り込まず、場所請負人とアイヌの関係が基本となる。秋味場、鮭漁場があり、リイシリでは秋味漁猟のときソウヤのアイヌを派遣して取らせた。テウレの場合、春末にトマ、イのアイヌが渡って鰊漁をし、夏中頃〜七月末は昆布取り、平日は海鼠引きであった。軽物類も出産し、テシホベツ川筋のアイヌは、熊皮・鷲羽・椎茸・軽物を持ってきた。トマ、イには菜園もあった。

10　㉑ソウヤ〜シレトコ

オホーツク海沿いのこの区域はソウヤ場所に属するので運上屋がないが、サルブツ、シヲナイ、ヱサシ(弁才潤、美々敷)、ホンナイ、トコロなどの番屋は他場所の運上屋に相当する規模ないし景観をもっている。他に、小休所、漁小屋、仮小屋がある。

アイヌの戸数は、サンヌイ六軒(実は二軒)、チヱトマイ二軒、シヲナイ二軒、ヲレタロ五軒、ヱサシ一〇軒、チカフトムシ土着二軒、山住みより出稼ぎ三、四軒、フウレベツ船渡し一、二人、ホロナイ三軒、ヲトヱ子フ一軒、ヲ、ム一軒、サワキベツ一〇軒、ホンナイ九軒、ヲコチヘ六軒、シヤロ、七、八軒、シヨコツ六軒、モンベツ六、七軒(公料時より三分の一減)、モウベツ六、七軒、シユフヌツナイ一軒、トコロ八軒、モイワ川四軒、アバシリ一二、一三軒、シヤリ二〇軒余(支配内五〇〜六〇軒、西部一番の繁華)、ウナベツ二軒、ルシヤ三軒、シレトコ五軒、となっている。他にも軒数を記さない居所が少なからずある。

産物では、ヱサシが奥地一番の漁場とあり、昆布・海草も多い。鮭鱒(ホロナイ、モイワ、アバシリでは川を鮭鱒が遡上)、鰊(ヲレタロ春漁、サワキベツ鰊漁場など)、鮑・海鼠(チヱシチシの島に多く、トンナイウシのアイヌがこの鮑・海鼠を干す。ウハタラにも鮑・海鼠が多く、アイヌが日々漁事に渡る。他にシレトコなど)、畑(チカフトムシではアイヌの家の後ろに畑を開く、稗・粟)、アツシ(シヤリ川筋、先年よりアツシ織り出し、蝦夷地中第一番)が主なものであった。

11　㉒カラト（白ヌシ〜ウシヨウンナイ）

白ヌシの勤番所は寛政二年（一七九〇）に松前家士が初めて渡海し開設された。近年までわずかの仮屋にすぎなかったが、今はよほど巨大な建物という。運上屋が白ヌシ、番屋がリヤトマリ、フルヱ（漁番屋、鯟・鱒漁、西地よりアイヌが来て漁猟）、ウルウ（家大きく美々敷、勤番人数が泊まる、文政年間に建つ）、タラントマリ（鯟番屋）、リラ、ウンラ（番人二人住）などにあり、リヤトマリ、ウルウ、リラ、ウンラの番屋は運上屋の規模であった。

アイヌの居所は、白ヌシ一二軒（古来二軒、惣乙名・乙名・小遣・土産取あり）、ヒラシヤン二軒、リヤトマリ三軒（白ヌシより出稼ぎの者多く三〇人もいる）、ホボヱ二軒、ホンベソウ二軒、ウルウ（皆西地よりのアイヌ出稼ぎ、一七、一八軒）、ホロナイホ二軒、ナイフツヲロ二軒、ケ子ウシ一軒、タラントマリ以前四軒（内二軒クシユンコタンへ移る）、リラ三軒（西地よりの出稼ぎも五〜六軒あり）、ルウタカ四軒、イタツコシラヱチシ三軒、フラウヱンナイ六〜七軒（昔は一二軒）、シユシユヤ二軒（昔五軒）、チヱナイボ三軒（皆留守、子供・老人・老女のみ、皆クシユンコタンへ漁事）、トマリヲンナイ五、六軒、ヱンルヲロ六軒、ウシユンナイ六軒（漁事最中は東部アイヌ出張）、ウンラ六軒（東部のアイヌが出張して漁）、ウシヨウンナイ三軒などであった。鯟漁、鱒漁、海鼠漁が主で、アイヌの出稼ぎは請負人の動員によるものであろう。

12　㉓カラト（クシユンコタン〜シレトコ岬）

クシユンコタンに勤番所、運上屋（鍛冶屋、船修理処などもあり）、備米蔵（請負人伊達・栖原の備え、米四〇〇〇俵・大豆五〇〇俵）があり、ホロアントマリには巨大な番屋があった。

アイヌの居所は、クシユンコタン二〇軒（惣乙名一人、並乙名一人、小遣二人、土産取二人）、ホロアントマリ常住二軒（漁事の頃東地より多く来る）、ヱントモカ二軒（皆留守）、ヲタシヤム一軒、ヘシナイ一軒、チベシヤニ以前四軒、ホラクブニ去年七軒、ナヱトム二軒、トウブチ出稼ぎ六、七軒、イワカモイ一軒、ナイヲンナイ二軒、ナヱヲンナイ三軒、ノシタケナイ七軒、ヤワンベツ三軒（その他シレトコより出稼ぎ五、六人）、ナヱウトロ三軒（出稼ぎ）、ホロシヨボ二軒、チシウシ一軒、ホンナイボ昔二軒（今なし）、ヲマベツ二軒、シラリウトル二軒などで、出稼ぎ小屋もあった。

クシユンコタンの鰊あるいは鱒の漁事最中には一〇〇〇人も集まり、一一六もの魚竈（釜）で炊き出し、干粕の筵を四万八〇〇〇枚も敷く。ホロアントマリの鰊漁場には「東地夷人」が出稼ぎし、番屋前には筵八〇〇〇枚を敷き、六尺幅の粕釜が八〇ヵ所もあった。労働力を駆り集め、大規模な〆粕生産が行われていたことを物語る。鰊、鱒、海鼠が主産物であった。

13　㉔カラト（トンナイチヤ～ヒロツ）

ノタシヤムに勤番人数が六月上旬に出張し、アムール川下流域から来る三旦（山丹）人を待った。番屋がノタシヤム、トウフツナイなどにあった。トマリホ辺のアイヌは三旦の品物を多く持ち、白ヌシの番人はこれより奥に隠れ、内交易した。ヲタツシヤムにヲロツコ人（ウイルタ）が来り、ナヨロを境として奥にはヲロツコ人が住む。モロコタン（ポロコタン）は三旦人風俗の境であった。

アイヌは、トンナイチヤ九軒（クシユンコタンに引越し、三軒残る、人別二〇人）、シヤウヤヲマベツ四軒、ヲムトウ二軒（人別一五、一六人）、ヲブツサキ二軒（昔三軒）、シユマヲコタン八軒、イヌ、シナイ七軒（若者は皆クシユンコタンへ遣われ老人ばかり）、シヨウンナイ三軒、ロレイ三軒、サツシヤブ七軒（今四軒）、ナヱブツ五軒、アイ四軒、シルトル四軒、ヲタツシヤム四軒、マトマナイ四軒（この辺のアイヌの暮らし方がよい、運上屋へ遠く奉公に遣わされることがないため）、ホロナイ六軒、シラロ、三軒（一人酋長ノテカリマ、家居甚だ美々敷）、マアヌイ七軒（乙名一人）、ワアレ五軒、ウシユンナイベツ一軒（クシユンナイより出稼ぎ）、ウシユンナイ二軒（いずれも富める）、ウシヨロ一五軒、フレヲチ（今、ウシヨロへ移る）、ナヨロ六軒（五人衆乙名の一人がヤエンクルの子で、楊忠貞の孫）、ノタシヤム三軒（美々敷）、トマリホ一軒（鱒漁頃出稼ぎ三軒）、ラクマツカ二軒（一軒乙名）などであった。産物として、寄鯨、アタツ（干魚）、海鼠、水豹、鱒漁、鱒鰊〆粕、海馬、鷲があげられている。

14　㉕カラト（セヌクナイ〜シヨニ）

番屋がヲホトマリ（鱒・秋味番屋一軒）、ワウシ（近年建てる）、トコンボ（蔵々・長屋・弁天社が美々敷）、シヨニ（長屋・弁天社）などにあった。トコンボは西部一番の漁場で、以前は運上屋と号していたが、勤番も来てしまうので今は番屋と呼んでいるという。

アイヌの家屋はヲコー四軒、トコンボ五軒、シーナイ一軒、モヱレトマリ三軒、シヨニ六、七軒（昔二軒）などで、今は住まなくなった所もある。トコンボのアイヌは、古くは三旦人と交易していたのか船来品を持ち、なかには珍しい満洲銭もあった。産物には鱒、秋味、水豹、熊・鷲飼い、海鼠などがある。

四　『蝦夷日誌』三編（三航蝦夷日誌）―シコタン、クナシリ、エトロフ―

嘉永二年（一八四九）の三航のさいの日誌である。三厩より松前屋庄右衛門に頼んで松前城下へ渡海した。枝ヶ崎町のクナシリ場所請負人柏屋喜兵衛の長者丸に乗り組んでクナシリのトマリに到る。エトロフへは海岸詰合の往来船の「賄」となって渡った。エトロフのフレヘツ（フウレベツ）には、先年カラフト行のさいに同行してくれた足軽が大勢詰めており、都合がよかったという（「簡約松浦武四郎伝」）。

1　㉖シコタンなど

タラクは海参（海鼠）が多く、アイヌが小屋掛けする。シコタンには番屋が五ヵ所（アナマト、マタコタンなど）ある。鱒・鰊の季節にアイヌ・番人が渡る。シコタンのアイヌは以前三〇軒あったが、ネモロにみな引き取り、今は住んでいない。先年アッケシから多く来たが今はない。ネモロより猟虎を捕えるために少しやって来る。

2　㉗クナシリ（トマリ～ヤワンベツ）

トマリに勤番所、運上屋（美々敷、寛政二・三年〈一七九〇・九一〉頃建つ）、ベトカ、ヲタトム、チブカラベツ、ホンベツテシカなどに番屋があった。アイヌの居所はほとんどが番屋所在地で、トマリ一二、一三軒（当場所の人別二〇〇人、人間＝シヤモの出稼人五〇〇人ばかり）、ホンタレベツ二軒、ベトカ三、四軒（先年は一二、一三軒）、ヲタトム五、六軒（今は減少）、チブカラベツ三軒、シラルトコ一軒、ニキシヨロ二軒、ホンベツテシカ二、三軒、ヤワンベツ三軒であった。産物としては、シヤリキカマフの鰊・鱒（アイヌが鱒網を懸ける）、ホンベツテシカの鱒、ヤワンベツの鱒・海鼠があげられている。

3　㉘クナシリ（トシヨロ〜アトイヤ）

番屋はトシヨロ（勤番泊所）、ヲン子トウ（勤番昼所）、シベトロ（勤番泊所）、チヤシコツにあった。ル、イト、アトイヤには仮小屋があった。アトイヤは勤番人数がヱトロフに渡海するさいの風待場で、番人一人とアイヌが常住した。

アイヌはトシヨロ四軒（古来、惣乙名あり）、ヲン子トウ二、三軒であった。産物は、ルヨヲベツが鱒多し、シベトロが鱒、鰊、海参（海鼠）多し、チヤシコチが鱒、海参多し、と記されている。なお、ヱトロフには寛政中頃まで本邦人が渡ることがなく、クナシリ、アツケシ、ネモロ辺のアイヌが交易に渡るばかりであった。寛政中頃になり、松前地よりも番人が渡った。

4．㉙ヱトロフ（タン子ムイ〜ヲウサシ）

勤番所・運上屋ともフウレベツにあった。勤番所は柵を結い、打貫門を建て見事であった。運上屋は以前シヤナにあり、文化四年（一八〇七）のロシア人乱妨後ここに移った。船澗は一〇〇〇石位の弁財船が一四、一五艘も懸る。

番屋がタン子ムイ（勤番渡海風待所）、ナイボ（勤番泊所）、カムイコタン（出張番屋）、ウヱンナイ、ウエンベツ（鱒群来の時期仮番屋）、ルベツ、ヲサウシにあり、他に小休所（ヲタシユツ）があった。アイヌはタン子ムイ二軒、ナイボ、ウヱンナイ、フウレベツ一二、一三軒（平惣乙名格）、ルベツ五、六軒、ヲサウシに住んでいた。産物ではウエンベツの鱒があり、ホロウニではタン子ムイのアイヌが海参を取った。

5　㉚ヱトロフ（アリモイ～ヲトイマウシ）

番屋がアリモイ、シヤナ（高田屋開発場所、元会所、文化四年後フウレベツへ移る）、ナイボ、トウブツ、ヲトイマウシにあった。アイヌの居住はアリモイ六、七軒（乙名一軒）、シヤナ、ナイボ、ヲトイマウシ六、七軒であった。アリモイ、ナイボ、トウブツとも鱒漁がよく、アリモイには番人がたくさん住した。

6　㉛ヱトロフ（シベトロなど）

番屋がマクヨマイ、シベトロ、トシラリにあった。アイヌはシベトロに惣乙名・並乙名・小使・土産取ら一一軒が住み、五、六年前までベクスケという乙名がいた。トシフリに三軒あり、マクヨマイにもアイヌが住むという。シベトロでは鮭漁のさい（八～九月）、足軽二人が積入改めに出張した。トシラリは鱒・紅鮭・海鼠が多く、鱒漁のうち勤番人が出張した。ヲツトコモシリの島辺には猟虎（ラッコ）が多く、シベトロのアイヌが来て猟をすると聞く。幕領化前のように、ウルップに渡ってラッコ猟する記述はみられない。

武四郎はヲン子ベツでアイヌの小屋掛けを観察している。その架け方は、車櫂を六本ほど立て、その上を一つに結び、これに船の早物（麻縄・苧綱）を四段ばかりに回して苫を葺く。中に四人がらくに入ることができる。その側で火を燃やす。苫の根元を砂で埋めるため、いかなる台風がきても愁いがないという。これはアイヌの人々が車櫂付きの「蝦夷船」（武四郎の分類⑩）で移動生活するさいの宿泊方法で、和人が丸小屋と呼んだものである。(5)

7　㉜ヱトロフ（東海岸トシモヱ）・クナシリ東海岸

島の東浦（太平洋側）には当時アイヌの住居はみられないが、トシモヱ一軒のみは東部見張りのために住んでいた。

クナシリ東海岸では、アイヌの家屋はルウベツ三、四軒、キナカイ五～六軒、フルカマフ七、八軒、トウブツ三、四軒あり、いずれも番屋の所在地である。ルウベツでは鰊、鱒漁のよい所という。

五　小括―動態的変化について―

以上の各区域の概要をもとに、一八四〇年代の松前・蝦夷地の様相をまとめてみよう。

まず、松前（松前地・和人地）と蝦夷地の政治的行政区分についてである。一六三〇年代にほぼ確定した松前の範囲は熊石から江差～城下（福山）～箱館～石崎までで（上記の⑫～⑭、①～③、④の一部、⑤の一部にあたる）、福山以西を西在、福山以東を東在と呼びならわし、幕府巡見使が東西に歩く範囲でもあった。幕府が東蝦夷地を仮上知するのが寛政一一年（一七九九）であるが、その翌年、亀田半島から噴火湾南部にかけての箱館付六ヵ場所（小安～野田追、④の一部、⑤の一部）が村並となって和人地化し、山越内から先が東蝦夷地（⑥～⑪）となった。松浦武四郎が松前の範囲を西北熊石村、東南ヤムクシナイ（正しくは野田追）と捉えたのはそうした弘化・嘉永期の地域区分が前提となっている。

武四郎の『蝦夷日誌』から読み取れるきわめて大きな動態変化は、東西蝦夷地ともに和人地と蝦夷地の境界を越えて蝦夷地内へ入り込んでいく、和人の季節移動もしくは定住化の進行であった。東蝦夷地への昆布取船の出漁は近世前期からすでに始まっていたが、[6] 一八世紀半ば以降昆布需要のいっそうの増大とともに六ヵ場所の和人の定住社会化が進み、その結果村並の扱いになっていくのであるが、武四郎の歩いた一八四〇年代はさらに六ヵ場所を越えて和人漁民（箱館および同近在からの二八取り）が入り込み、漁小屋・鰯小屋が立ち並ぶこととなった（⑥・⑦）。後期幕領期の元治元年（一八六四）、山越内・長万部両村が村並となったのは、その趨勢が基盤にあったからである。

西蝦夷地も状況は同じである。一八四〇年代でも熊石より先（⑮～㉑）が西蝦夷地であることに変わりない。追鰊と呼ばれる和人漁民の西蝦夷地への流入は春の鰊漁が推進力になっている。歴史的にみれば近蝦夷への出漁は一七二〇年代頃に始まり、天明三・四年の松前地における前浜の凶漁を契機に出漁が活発化した。[7] その動向は一九世紀に入ってさらに勢いが増し、一八四〇年代にはルルモッペ（⑲）まで北上し、活動範囲が広がっていた。二八小屋の存在（⑮、⑯、⑰、⑲）や越年小屋（事実上の定住、⑮）がそれを示している。慶応元年（一八六五）、ヲタルナイ場所が村並となったのは季節出漁が定住化へと進んだ結果であった。

こうした昆布漁、鰊漁の出漁にさいしては直接労働に従事する者だけでなく、彼らの現金収入を目当てに、物売りの商人、髪結、料理屋、遊女稼ぎの者などまで集まってきて、季節的にせよ繁華な町場的な空間を作り出していた。西蝦夷地では和人女性はフルウを限りとしヲカムイの先には入れなかったが⑯、武四郎は出漁地の遊女の異名を聞き書きしているのは、女性たちをも巻き込んだ蝦夷地への和人の移動であったことを示している。

　和人の動きに対して、アイヌの人々から一八四〇年代を捉え直すとどのようなことになろうか。近世初期以来の和人居住地であった松前地においては、武四郎はアイヌの人々の存在を確認していない。むろん、松前地内にもアイヌは居住していた。享保元年（一七一六）には三六軒一五二人、天明七年（一七八七）には三軒一二人が把握され、幕末期でもいなくなったわけではない[8]。武四郎がはじめてアイヌの家（夷人小屋）をみたのは六ヵ場所④・⑤でのことで、アイヌの人々も日本語・貨幣を使用していたように記していた④。しかし、アイヌの人口が急減し、ほどなく消えるかと認識し、村並化によって急速に和人集落が拡大し、そのなかに呑み込まれつつある状況であった。和人漁民が入り込む東蝦夷地⑥・⑦も六ヵ場所と同様の事態が進行していた。西蝦夷地でもアイヌの集落と和人の越年小屋・二八小屋が混在するところ⑮〜⑰、⑲では、同様にアイヌ人口が急減し、和人漁民の人口圧に押されていたといえよう。

　松前地の和人漁民がまだ入り込んでいない奥蝦夷地に目を転じてみよう。東蝦夷地のユウフツより東⑧〜⑪、西蝦夷地の石狩川流域⑱およびルルモツペより北⑳、㉑、カラフト㉒〜㉕、シコタン・クナシリ・エトロフ㉖〜㉜が該当する。むろん、カラフトや千島における松前藩の場所支配の開始は近世の初めにまで遡るものではなく、近世中期以降のことであった。クナシリ場所の開設は宝暦四年（一七五四）、白主（カラフト）運上屋の開設は寛政二年（一七九〇）、エトロフ場所の開設は寛政一二年（一八〇〇）である。カラフトは幕府によって北蝦夷地と呼ばれたが、これ以降ようやくカラフト南半のアイヌの人たちに場所請負制の影響が及びはじめ、三旦（山丹）人との境も意識されるようになった。エトロフ島はロシアとの異国境であるとして幕府によって開島されたという経緯がある。

これらの地域は松前藩が担っている勤番所などの警衛・海防施設、運上屋・番屋等の場所請負人の施設を除けば、アイヌの集落が海辺の河口を中心に点在し、アイヌの人々の生活空間が広がっていた。しかし、アイヌの生活・生業が、自ら漁撈・狩猟した産物を松前藩(またはその請負人)と交易するかたちから、もちろんそうした自分稼ぎを一部に残しながらも、運上屋・番屋に雇われて鰊漁、鮭鱒漁に従事するかたちに大きく変わり、それが武四郎のみたアイヌ集落の観察に反映していた。比較的軒数の多いアイヌの集落はほとんどが運上屋・番屋の所在地にあり、一〜二軒といった小さな集落は減少している様子である。シコタン島ではアイヌの集落はすでに消滅していた。場所請負人による〆粕・塩鮭などの活発な漁業活動がそうしたアイヌ社会の変容を引き起こしている原因であるが、アイヌの人々の住む場所かぎりではなく、場所を越えた遠隔地への移動労働をも強いていたのである。一八四〇年代はとくにカラフトが鰊〆粕生産の大規模開発にさらされていたことが、武四郎の観察から窺われるのではなかろうか。

旧来の松前(前述の範囲)についても少し触れておく必要があろう。松前城下(福山)、箱館、江差の三湊が卓越した都市空間である。福山は政治・経済の中心、箱館は昆布漁、江差は鰊漁で栄えたといってよいが、前期幕領期以降、江戸ぶりが入ってきた箱館が都市として成長した。この三湊と西在・東在の漁村はそれぞれ都市と周辺農村とでもいうべき関係を作り出し、燃料や野菜等が周辺地域から三湊に供給されていた。それ以上に三湊および漁村集落の特性は、すでに述べたように、東西蝦夷地への出漁漁民の基地となっていたことである。福山・箱館には場所請負人の出店があり、そうした請負人の場所経営の担い手(支配人・番人等)の供給地でもあった。前浜の漁業資源もないわけではないが、蝦夷地稼ぎで成り立っていた地域社会と捉えるのが、実態にあった認識であろう。蝦夷地での労働力需要は、その資源開発に対して不足していたから、北東北(下北・津軽など)からの季節出稼ぎがそれを補完した。三湊や西在・東在の人口増加はこうした北東北からの流入によるところが大きかったのである。

一八四〇年代の松前・蝦夷地は、およそ以上に述べた和人社会とアイヌ社会の関係性がつくりだす、A和人のみの地域、B和人・アイヌが混住する地域、Cアイヌの多く住む地域の三つに大きく括ることができよう。それは固定的なものではなく、すぐれて動態的であり、和人社会の経済圧・人口圧がアイヌ社会に押し寄せ、呑み込んでいくすがたを松浦武四郎の『蝦夷日誌』は記録していたのである。

註

(1)詳しくは、松前町史編集室編『松前町史通説編』第一巻上・下(松前町、一九八四年・一九八八年)、菊池勇夫編著『蝦夷島と北方社会』(日本の時代史19、吉川弘文館、二〇〇三年)などを参照のこと。

(2)吉田武三校注『三航蝦夷日誌』上・下巻(吉川弘文館、一九七〇~七一年)。

(3)秋葉實翻刻・編『校訂蝦夷日誌』一編~三編(北海道出版企画センター、一九九九年)

(4)松浦武四郎研究会編『校註簡約松浦武四郎自伝』(松浦武四郎没後一〇〇年記念事業協賛会、一九八八年)。

(5)拙稿「丸小屋と移動する人々」『非文字資料から人類文化へ—研究参画者論文集』(神奈川大学21世紀COEプログラム研究推進会議、二〇〇八年)、同「アイヌの御目見(ウイマム)儀礼—小玉貞良『松前屏風』を導入として—」『国立歴史民俗博物館研究報告』一四〇号、二〇〇八年) ＊両論文は拙著『アイヌと松前の政治文化論—境界と民族—』(校倉書房、二〇一三年)に収録。

(6)拙稿「昆布刈りのわざ—渡島半島東海岸の旅」(菅江真澄から近世史をさぐる②)『真澄学』第二号、東北芸術工科大学東北文化研究センター、二〇〇五年。

(7)拙稿「鯡漁に生きる人々—渡島半島西海岸の旅」(菅江真澄から近世史をさぐる①)『真澄学』第一号、東北芸術工科大学東北文化研究センター、二〇〇四年。

(8)榎森進『増補改訂北海道近世史の研究』北海道出版企画センター、一九九七年。

第八章　万延元年蝦夷地場所引継文書の紹介と検討

―仙台藩分領、とくにクナシリ場所を中心に―

はじめに

国立公文書館内閣文庫に所蔵される『庚申万延元年蝦夷地御領分御引受留』という一括史料がある。万延元年(一八六〇)、仙台藩は幕府から東蝦夷地のうち、シラオイ(白老)、トカチ(十勝)、アッケシ(厚岸)、ネモロ(根室)、クナシリ(国後)、エトロフ(択捉)の六ヶ場所を領地として与えられた。そのさい、幕府が仙台藩へ領地引き継ぎのために作成した諸書物がこの史料である。戸口、建物、交易値段、年中行事、支給品などさまざまな事柄が書き上げられているので、幕末段階の状況を示す場所の要覧・明細帳といった意味あいを持つ史料となっている。六ヶ場所全部について紹介したいところであるが情報量が多くすぐにはできないので、どこか一つの場所に絞って記載内容を紹介・検討するにとどめ、それによって本史料の価値が伝えられたらと思う。

そのさい、これまでも関心を向けてきた「異国境」の場所のほうが扱いやすいが、エトロフ場所については本史料を用いて、現地派遣された幕府役人(詰合)、支配人・番人らの場所請負人に雇われた使用人、そして現地のアイヌの人々の三者が取り結んでいる場所年中行事を復元してみたことがあり(菊池　一九九一)、加えて近世のエトロフの歴史について通観したこともある(菊池　一九九九)。その点ではエトロフ場所を取り上げたいところであるが、同場所は仙台領と幕府領(シャナ地域)に分割されたために、場所全体のデータが揃わないという欠点がある。いっぽう、クナシリ場所の場合には全島引き渡しであったからそうした問題は生じない。同場所については一八世紀末のアイヌの蜂起の現場として論じたことがあるが(菊池　二〇一〇)、その後の幕末期に至る歩みについてはほとんど述べる機会を持たなかった。このような経緯もあるので、ここではクナシリ場所を具体的に取り上げていくこととしよう。

※カタカナの地名・人名・言葉については史料上の表記のままとした。ただし、下掲のものについては、引用やそれに準ずる場合を除き、現行表記に改めた。ヱトロフ→エトロフ、アツケシ→アッケシ、シラヲイ→シラオイ、子モロ→ネモロ、シヤリ→シャリ、ヲムシヤ→オムシャ、ツキノヱ→ツキノエ。

一　内閣文庫所蔵『庚申万延元年蝦夷地御領分御引受留』について

さて、この内閣文庫蔵『庚申万延元年蝦夷地御領分御引受留』であるが、それは根茂呂（ネモロ）・厚汁志（アッケシ）・恵戸呂府（エトロフ）・久奈尻（クナシリ）・白老（シラオイ）・刀勝（トカチ）の六冊に、「附」として「文政午年蝦夷地恵戸呂府返地目録写」を加えた、計七冊からなっている。六冊のタイトルは「庚申万延元年蝦夷地根茂呂御領分御引受ノ留」（第一冊）、「庚申万延元年蝦夷地厚汁志御領分御引請留」（第二冊）、「庚申万延元年蝦夷地恵戸呂府御領分御引受留」（第三冊）、「庚申万延元年蝦夷地白老御領分御引請ノ留」（第四冊）、「庚申万延元年蝦夷地久奈尻御領分御引請留」（第五冊）、「庚申万延元年蝦夷地刀勝御領分御引請留」（第六冊）である。内務省と印字された罫紙が使用されているように、明治期の内務省による写本である（地・七冊一七八函二八九号、国立公文書館内閣文庫編　一九七五、下六六〇頁）。冊数の順番も後述のように、作成当初のものではないだろう。現在、この内閣文庫の写本以外には所在は知られない。

安政期以降の蝦夷地支配の変遷を簡単にみておくと、嘉永七年（安政元、一八五四）三月三日の日米和親条約の締結により、安政二年三月箱館が外国船に薪水・食料等を供給するため開港されることになった。これに伴い、幕府は嘉永七年六月二六日、箱館および同所より五・六里四方を松前藩より上知し、同年六月三〇日箱館奉行を再置した。さらに翌安政二年二月二二日東部木古内以北、西部乙部村以北を松前藩より上知し、箱館奉行の管轄とした。箱館奉行支配下の役人たちが蝦夷地の各場所に派遣され現地行政を司ったが、箱館および蝦夷地の警衛については東北大名を軍役動員して行わせることとし、安政二年三月二七日、弘前・盛岡・仙台・秋田・松前の五藩に警衛を命じ、同年四月一四日各藩に具体的な警衛の場所割を指示した。クナシリ・エトロフの島々は一円仙台藩の警衛地となった。仙台藩は他に東蝦夷地シラオイよりシレトコまでの惣体の警備を受け持たされている。

その後、幕府は蝦夷地の一円直轄方式を変更し、安政六年（一八五九）九月二七日、会津・仙台・秋田・庄内・盛岡・弘前の六藩に蝦夷地の一定の範囲を分与することにしてその開発・守衛を命じ、同年一一月二六日、各藩に蝦夷地分与地および警衛地が令達された。仙台藩は東蝦夷地シラオイ領（場所）、トカチ領、アッケシ領よりネモロ領ニシベツ境まで、およびクナシリ島一円、シヤナを除くエトロフ島の大半を領分として下され、その支配・警衛に加え、幕領のままとされたクスリ領、ユウフツ領よりホロイズミ領まで、そしてエトロフ島のうちシヤナの警衛を担当することになった。なお、ネモロ領のうちニシベツより北海岸アバシリ境までは会津藩領となった（『蝦夷地御開拓諸書付諸伺書類』、北海道庁編　一九三六）。この結果、シラオイ以東の東蝦夷地は仙台藩領と幕府領とが入り交じり、その幕府領の警衛も仙台藩に任されたので、幕末の道東・千島の歴史には仙台藩が深く関わることになった。

こうした経緯のなかで、『庚申万延元年蝦夷地御領分御引受留』六冊は作成された。安政六年の幕府による仙台藩への蝦夷地分領決定に伴って、翌万延元年（一八六〇）幕府側が引き継ぎ事項を書き上げたのがこの史料の成り立ちである。ただし、「引受留」とあることから引き渡された仙台藩側が書き留めた記録ということになる。

従ってその内容は後期幕領期の様子を伝えるものであり、ネモロ以下の六ヵ場所が一つの史料名として一括されているのは、それらの場所がすべて仙台藩領となったからである。この史料によって六ヵ場所の諸データや様相を詳しく知ることができるが、前述のように仙台領と他藩領あるいは幕府領とに分割された場所（ネモロ・エトロフ両場所）では場所全体をカバーできないという欠点があり、他時期のデータなどと比較するときに不便である。その点にまず留意しておかなければならない。

幕府から仙台藩への六ヵ場所の引き継ぎがどのように行われ、また引き継ぎ史料がどのような文書で構成されていたのか、まずみておこう。そうした全体にわたることが「庚申万延元年蝦夷地白老御領分御引請ノ留」に記載され、他では省かれているので、これが六冊のなかでも本来の第一冊ということになろう。

御役所（箱館奉行所）から仙台藩への領分引き渡しの経緯は次のように記されている。

蝦夷地御領分今般御引渡ニ付被相達、御用有之、過ル二十八日御役所へ寺島権左衛門罷出候処、演説書筆頭十五口別冊目録之通、御組頭河津三郎太郎殿始御列座被相渡候間、早速写方之上差出申候、御本書は御役々御印形に御座候間、便次第御国元へ相達候様可仕、場所々々へは於其御地写ヲ以被相渡候様仕度差添此段相達申候、恐惶謹言

閏三月　　囲《（カ）》知武治・寺島権左衛門

求馬様

これによると実際の領分引き渡し事務は万延元年閏三月二八日の御役所（箱館奉行所）からの仙台藩箱館詰役人の呼び出しにはじまった。仙台藩の箱館詰勘定奉行の寺島権左衛門が御役所に行き、箱館奉行支配組頭の河津三

郎太郎らの列座のもとで、「演説書」はじめ一五口の書類を受け取った。「引渡惣目録」には河津の他、井上元七郎、鈴木尚太郎、橋本悌蔵が名を連ねている。いずれも組頭で、その席にいたものであろう。箱館詰の寺島・囲知は役々の印形のある「本書」については国元（仙台表）へ送り、仙台藩蝦夷地勤番のシラオイ本陣にいる御備頭成田求馬にはその写を渡すとしている。

箱館奉行所から渡された一五口の書類は「引渡惣目録」によって判明する。その内容は、①演説書一冊、②場所々々制札写一冊、③シラヲイ引渡諸書物一帙、④トカチ引渡諸書物一帙、⑤アツケシ引渡諸書物一帙、⑥子モロニシヘツ境迄引渡諸書物一帙、⑦クナシリ引渡諸書物一帙、⑧エトロフ引渡諸書物一帙、⑨場所々々ヲムシヤ申渡書案一冊、⑩場所々々請負証文写共一冊（追て可被相渡）、⑪場所々々別段上納金請証文写一冊（追て可被相渡）、⑫トカチよりホロイツミ場所へ出稼并人馬継立方等ニ付両領受負受証文写一冊、⑬沖ノ口御番所印鑑六枚、⑭材木并合船逸判雛形一冊、⑮場所々々絵図六枚（内四枚追て可被相渡）、であった。ただし、この時点では間に合わない書類も含まれ、後日渡しとなっている。これらの文書は、シラオイの成田求馬から四月付で六ヵ場所の仙台藩詰役人に回付された。筆頭の①「演説書」（閏三月）は幕府が仙台藩に引き継ぐべき蝦夷地支配の原則を網羅的に説明したもので、仙台藩（および他の五藩）の蝦夷地「分領」の性格、とりわけ幕府による規制がどのようなものであったのか、理解するに欠かせない史料となっている。次節で検討することとしよう。

③〜⑧の個別場所の「引渡諸書物」についてはそれぞれの場所で抜き取るよう指示されている。それに該当する諸書物は、シラオイ場所でいえば、「引渡目録」（申三月とするが、申閏三月が正しいか）に記された、（ア）シラヲイ会所蔵々其外建家箇所附書、但し絵図面添一冊（閏三月、以下の書類も同）、（イ）同持場境書、但し壱里塚箇所書共一冊、（ウ）同支配人番人稼方名前書一冊、（エ）同引越番人并越年者調書一冊、（オ）同役土人名前并家数人別書一冊、（カ）同ヲムシヤ其外年中土人共へ為取候品書一冊、（キ）同急注進早馬早走番人土人名前書一冊、（ク）同

会所印鑑一冊、(ケ)同海船并川渡船其外蝦夷船調書一冊、(コ)同軽物并北蝦夷地廻り小皮類土人ゟ買入直段調書一冊、(カ)同出産物土人ゟ買入直段書一冊、(キ)同土人共へ諸品売渡直段調書一冊、(ク)同去ル未年産物積出高調書一冊、(ケ)同小荷駄馬員数書一冊、(コ)同川渡守休所守土人給銭書一冊、(サ)ユウフツ・シラヲイ境ノ義ニ付治定書写一冊、の一一種類の冊子ということになる。ただし、この内閣文庫所蔵本では絵図などは省略されている。

ところで、成田求馬からの四月付シラオイ場所への回付文書には、右のほかに「別冊」も渡すとある。この別冊は、四月付で幕府の組頭河津・鈴木の両名から渡された「諸書物引渡目録」記載の書類で、①追演説書二冊、②土人共撫育品渡方受負人受証文写一冊、③地所引渡目録一冊、④場所絵図二枚、を指している。これに対してシラオイ詰の長沼五郎左衛門(武頭)・千葉逸八郎が「松平陸奥守家来」として連名で受け取りの請書(四月付)を提出している。以上が、「庚申万延元年蝦夷地白老御領分御引請ノ留」に収録されている諸書物ということになり、幕府から仙台藩への引き継ぎ書類の全体のすがたがおよそ理解されよう。なお、このシラオイ場所の「別冊」にあたる追加の書類であるが、「庚申万延元年蝦夷地刀勝御領分御引請留」によると、トカチ場所の場合には、①トカチ御引渡目録一冊、②同境界絵図一枚、③追御演説書二冊を受け取った旨の請書を同所仙台藩詰役人が八月に差し出しているので、全場所の引き継ぎの完了まではずいぶんと時間を要したことになろう。クナシリ場所の「引受留」の収録書類については後で取り上げることとする。

二　蝦夷地分領の引き継ぎ重要事項―「演説書」の内容―

幕府が蝦夷地分領にあたっての引き継ぎの重要事項をまとめた「演説書」の内容を検討してみよう。冒頭に「東蝦夷地シラヲイ領トカチ領アツケシ領〻ネモロニシヘツ境迄クナシリ島一円ヱトロフ島ノ内、此度引渡候ニ付左ニ令演説候」とあり、六八ヵ条にわたって書かれている。以下、箇条ごとにその内容を示しておこう。

1〔アイヌ人別書き上げ〕　未年（安政六、一八五九）の「土人」人別の目録を引き渡す（以下、本文ではアイヌと記す）。人別書き上げは伊豆守領分中（松前藩時代）には場所勤番の交代帰途のさいに差し出してきた。子・午の両年に領内総人別を書き上げるので、東西のアイヌ人別も合わせて江戸表に送り大目付（幕府）に届けてきた。御料（幕領）以来、年々場所において調べ、子・午両年、近在村々の人別も一同に勘定所へ差し出してきた。

2〔六ヵ場所請け負い年季〕　シラオイ・トカチ・アッケシ・ネモロ・クナシリ・エトロフの六ヵ場所の請け負いは去る未年（安政六）より酉年（文久元）までの三ヵ年季に申し付けている。その請証文別紙五通を引き渡す。ただし、「引分リ」の（二領に分割された）場所については写を引き渡す。

3〔別段上納金〕　年季中に別段上納金と唱え、別紙写の通り場所々々の請負人に納めさせている。その証文など引き渡す。

4〔幾分金、箱館市中備米〕　場所運上金の他に幾分金というのがあり、箱館市中備米の買い入れ、蔵修復入用に当ててきた。これまでの通り請負人より箱館町会所に差し出させること。

5〔運上金・別段上納金の取り立て〕　未年(安政六)分の運上金はすでに取り立てたので追って引き渡す、当中年(万延元)分からはその方(仙台藩)が取り立てること。別段上納金は月割で引き渡し、翌月からはその方(仙台藩)で取り立てること。

6〔運上金・別段上納金の取り立て期日〕　運上金取立は六月・一〇月、別段上納金は五月・一一月の二度に割り合い取り立ててきた。

7〔請負人の苗字御免〕　トカチ請負人杉浦嘉七、アッケシ同山田文右衛門、ネモロ・クナシリ同藤野喜兵衛、エトロフ同伊達林右衛門・栖原六右衛門、いずれも苗字御免の者である。嘉七・林右衛門・六右衛門は箱館御用立(用達)の勤中の間、文右衛門・喜兵衛はその奇特筋により、文右衛門はその身一代、喜兵衛は親喜兵衛代のときから孫々代まで苗字御免となっている。

8〔請負人代の場所派遣〕　請負人代の者を場所に置き、場所用のことは請負人方がすべて取り計らい、通行・休泊や人馬継立などはむろん、日用の諸品買物などまで一式引き受け、取り計らってきたのが仕来りである。

9〔支配人・通詞・帳役〕　請負人代のうち重立の者を支配人と唱える。それに次ぎ、アイヌ語を心得、アイヌへ引き合いのことがあったとき通弁する者を通詞と唱える。通詞の次を帳役と唱え、場所用のことをすべて取り計らう仕来りとなっている。

10〔アイヌの進退〕　アイヌのことは、先前は請負人方が「指配」してきたが、御料以来詰合役々が進退している。請負人からの貸し遣わしや貸与・給料などは詰合に差し出させたうえで、アイヌへ渡すことにしてきている。

11〔アイヌへの申し渡し方〕　アイヌへ申し渡しなどあるときは支配人を通して呼び出し、支配人・通詞が差し添い罷り出る。

12〔軽物・山丹交易皮類の扱い〕　場所でアイヌが取穫した熊胆および狐・獺《かわうそ》・ホイヌ・貂《てん》の皮は軽物といって松前伊豆守領分中のときと同じように幕領になっても納めさせ、定値段で代銭を遣わしてきた。狐・獺・ホイヌ・貂の皮は山丹交易品となるので、その買上代銭定直段書を引き渡し、追って別段達す。＊ホイヌはアイヌ語で貂のことをいい二重書きになるか、区別があるのであろうか。

13〔オムシャ〕　場所では毎年オムシャと唱え、持場の調役が出張して役アイヌに掟書を読み聞かせ、アイヌへの取らせ物がある。その掟書写およびアイヌへ取らせ品書の書付を引き渡す。

＊この掟書は前出一五口書類のうち、⑨「ヲムシヤ之節土人へ申渡書」にあたる。一二ヵ条からなり、その内容は、(a)公儀を重んじ、制札表、前々よりの御法度の趣をかたく守ること、(b)日の丸・中黒印の船はもちろん、商船であっても難破船のあるときは大切に扱い、聊かの品であっても隠し置いてはいけない。(c)御用状継立・役人通行のさいには人足を遅滞なく勤めること、(d)異国船・難破船を見請けのときは早速役人・詰合へ届けること、(e)軽物の出増に出精すること、(f)火元は大切念入りに取り扱うこと、(g)軽物はもちろん諸産物を船方その外と一品たりとも交易してはならないこと、(h)常々漁事に励み食料を貯えて差し支えないようにし、作物も追々心掛けること、(i)親子兄弟夫婦、親類睦まじくし、すべてのアイヌが仲良くし、年頃の男女は役アイヌが世話し縁組すること、(j)アイヌが私に他場所へ行ってはならない、やむを得ない用事のあるときは詰合に願い出、指図を受けること。(k)喧嘩口論、言葉巧みのつくのい(償い)がましいことをしてはならない、(l)会所支配人・番人にいたるまで親しくし、もし非分のことがあったら早々申し出ること、というものであった。

14〔アイヌへの取らせ物・遣わし品〕　場所でのアイヌへの取らせ物、年中の遣わし品などについては別紙で引き渡す。

15〔調役よりのアイヌへの取らせ物〕　毎年漁業透きを見計らい、持場調役が取り締まりとして書役するさい、罷り出てきたアイヌへの取らせ物の員数書付については別紙で引き渡す。

16〔風俗改めのアイヌへの手当〕　御国風俗へ改めることを願い出たアイヌへはその品に応じ詰役から手当を遣わす。

17〔番人・稼方・出稼の別〕　場所にやってくる請負人の手のうち、定抱えの者を番人、雇いの者を稼ぎ方、請負人に示談のうえ自分入料で漁業する者を出稼ぎと唱え、支配人が進退する。

18〔会所蔵々など普請〕　会所蔵々、川々渡船・道橋普請はすべて請負人が取り扱う仕来りになっている。

19〔人馬賃銭〕　人馬賃銭は松前伊豆守領分中には人足一人一里銭二〇文・馬一疋同四〇文であったが、御料になり通行多く難儀につき午年（安政五）四月より人足は一人三〇文ずつ受け取るよう申し渡した。

20〔詰合役々の往返人馬賃銭〕　詰合役の人馬賃銭は以前から半減して渡す仕来りになっている。

21〔詰合役々の賄代〕　詰合役の賄代は一日銭七五文であるが、持場内では五五文払い、人馬は無賃となっている。

22〔寄鯨の扱い〕　場所へ寄鯨の訴え出があったときは詰合役が見分し、一分はその場所のアイヌに取らせ、幾分は油に搾らせ、その払代から絞り入用を差し引いた残金の半高を請負人に渡す仕来りになっている。

23〔役々の往返渡海運賃〕　役々の往返渡海の運賃については水主賃銭の仕上げ勘定をもって賃銭を下げ遣わす（運賃＝賃銭は最後の勘定のさいに渡すということか）。

24〔営繕・修復のための山林伐木〕　場所での船材や会所・番家の営繕修復に必要な山林伐木は、支配人に申し出れば伐木免判を渡すことになっている。

25〔出産物積船の手続き〕　出産物の積船には箱館沖ノ口番所で切手を渡す。場所に入津したなら支配人より御用所に届け出る。詰合役々は船中を見聞し、滞船中不取締りのことがないよう船頭以下に申し渡し、積んできた荷物などがあるときは支配人から書付を取って読み上げさせる。また出産物を積むときは支配人が積品の石数など記した書付を差し出して出帆を願い出る。詰合役々は見分のうえ、その書付に定役より箱館沖ノ口番所詰合宛の奥書をして渡し、出帆させる。

26〔秋味鮭積取船の手続き〕　秋味鮭の積取船に限っては箱館請負人より願い立て次第、出帆の免判を渡す。積石高書付は陸通りで沖ノ口へ向けて差し立てる。

27〔積取船・番人出稼の者へ渡す沖ノ口御番所判鑑〕　積取船や番人出稼ぎの者へ渡す沖ノ口番所の判鑑は、場所の分として六枚引き渡す。（場所での）船改め役筋の者の判鑑は追って差し出す。＊前出一五口のうち⑬「箱館沖ノ口御番所印鑑」にあたる。印影の写あり。

28〔病アイヌの扱い〕　場所に病気のアイヌがいるときはその場所の医師に見廻らせ、幕府の入用で服薬させてきた。

29〔早馬・早走〕　急注進状の継立や非常のときの用意として、早馬・早走を心得た番人・アイヌへ申し付けてきたとの松前伊豆守からの申し送りがあり、当時（御料時）も同様に申し付けていた。

30〔御用所・役宅等の引き渡し〕　御用所や役人の役宅は御料になって新規に取り立てたり、伊豆守領分中の勤番居宅をそのまま役宅に用いたり、請負人が冥加として役宅を建てたところもある。これらを取り調べて絵図面にし、追って引き渡す。

31〔アイヌの種痘〕　場所では疱瘡に罹り傷つくアイヌが多いので、巳年（安政四）申し上げ、東西蝦夷地ともに年々種痘医師を様子によっては春秋の両度派遣することにした。疱瘡に罹っていないアイヌは老若とも申し諭し、幕府の入用で種痘させている。

32〔五年に一度のアイヌの箱館表登り〕　場所のアイヌは五年目に一度ずつ松前表に登る例であった。弘化元年以来松前および在々で疱瘡が流行したため中止したとの伊豆守（松前藩）からの申し送りであったが、種痘が済んだので年割で箱館表に来させるようにした。

33〔場所番人稼方・昆布取り出稼ぎの者の扱い〕　場所の番人稼方や昆布取り出稼ぎの者には箱館沖ノ口で免判を渡し、無判の者は（場所には）差し置かない仕来りである。市在の商人についてはその所の名主の判鑑を持参させ、ヤムクシナイ番所に置いている市在役人の判鑑で改めて通してきた。

34〔アイヌの他場所への移動の扱い〕　アイヌが出稼ぎなどで他場所に出るときは添翰（詰役のものか）を渡してきた。

35〔台場の引き渡し〕　台場のある場所は別紙の箇所書を渡す。見廻りなどのことはこれまでに引き渡していることなので、別段演説には及ばない。

36〔ホロイツミ～トカチ人馬賃銭〕　ホロイツミよりトカチまでの人馬賃銭は伊豆守領分のとき山道難渋につき四割増しになったとの申し送りがあり、当時（御料時）も同様にしてきた。

37〔トカチ場所アイヌの非常手当〕　トカチ場所のアイヌの非常手当として、オホツナイ川上のヤムワツカヒラに板屋を建て、米一五〇俵・葉煙草一〇箇を備えておきたいと、未年（安政六）に請負人が願い出たので、願いの通り備え置かせている。

38〔トカチ・ホロイツミ両領に架かる橋の扱い〕　トカチ・ホロイツミ両領ヒタ、ヌンケ橋は両所の請負人で年々手入れしてきたとの松前伊豆守からの申し送りであったので、当時も同様にしてきた。

39〔ホロイツミ領へ、トカチよりの出稼の件など〕　トカチよりホロイツミ領シヨヤ、外二ヵ所への出稼ぎ、ならびにサルル番屋の取り扱い、またトカチよりホロイツミへアイヌ雇い入れの件については、別紙請証文を引き渡す。

40〔アッケシ場所産の調進牡蠣〕　アッケシ場所産の調進牡蠣の仕立方の手続き書は別紙で引き渡す。調進品については追って達する。

41〔アッケシ国泰寺の件〕　アッケシ国泰寺は文化年御料のさい年々手当米金が下された。文政度に伊豆守(松前藩)へ戻地になってからも同様に遣わし、ヒロウからネモロまでを同所持場と唱えてきたとの伊豆守からの申し送りであった。先般の上知後はその持場の唱えはなりがたい旨申し渡し、寺禄その他は伊豆守領分中の通り一ヵ年米一〇〇俵・金四八両・扶持方一二人扶持を下された。渡し方については寺禄は春・夏四分一ずつ、冬二分一とし、手当金は春・夏・冬の三季に寄せ合い、扶持方は四ヵ月前季の張紙値段で渡してきた。伊豆守より引き渡された仏具・経巻などの品書も引き渡す。

42〔アッケシ〜クスリ山道難所につき人馬賃銭割増〕　アッケシよりクスリへの継立場所のうち、クスリ領センホウシよりコンフムイまでの山道が難所につき人馬賃銭二割増であったが、嘉永三年(一八五〇)よりさらに二割増とし都合四割増に申し付けてきたとの伊豆守よりの申し送りがあり、当時(御料時)も同様にしてきた。

43〔アッケシへのサル・ユウブツ場所のアイヌ出稼ぎ〕　同所(アッケシ)へ、サル・ユウブツのアイヌが毎年三月頃から夏中にかけて鯡漁業のため番人付添いで出稼ぎに来る。そのさい、その地の御用所よりの添翰を持参し届け出る、また漁業が済んで帰るときにはアッケシ御用所の添翰を差し出してきた。

44〔ネモロアイヌの狐・水豹等猟事〕　ネモロアイヌが狐・水豹などの猟事のためシコタン島その他の島々へ冬分渡り越年してきたことを伊豆守(松前藩)へ戻地のさいに申し送ったが、その後はスイシヨウ島・ユウルハルカルモシリ島の近辺のみに越し、およそ三〇〜四〇日ほどで帰り、その他の島々へは一切渡らない旨伊豆守より申し送りがあり、当時も同様である。

45〔フウレン・ヘトカ両川下沼の漁事〕　ネモロのフウレン・ヘトカ両川の下沼では、前々から漁小屋・蔵などがあり漁事をしてきたが、伊豆守領分中の文政八年、アッケシのアイヌが「混雑」に及んだ。伊豆守家来が出張してきて、同九年より古来の通、張網などしてはならない旨を申し渡し、家蔵を残らず引き払った。両川ではアイヌが飯料を取るのみにしてきたとの申し送りであったが、御料後の辰年（安政三）、双方のアイヌと請負人が熟談のうえ、フウレン・ヘトカをアッケシ・ネモロが隔年持ちにして漁業したい旨を申し立て、当時は双方が交代で漁業しているので「混雑」することはない。その書類の写を引き渡す。

46〔ネモロ領へのアッケシ番人・アイヌ出稼ぎ〕　ネモロ領のフシコ、トウフト、アシリコタン辺へアッケシの番人・アイヌが春漁の出稼ぎを願い立て、午年（安政五）より漁事をしている。

47〔ユルリ島の扱い〕　ユルリ島をめぐって、アッケシ・ネモロのアイヌの間で、伊豆守領分中の天保四年（一八三三）「異論」があり、双方のアイヌを勤番が呼び出して糺したところ、いずれの持であるという証拠がなく、以来両持とすると申し渡した。アイヌは入食漁物と心得え、また寄物があったときには双方の役アイヌが立ち会って配分するよう申し渡し、熟談整った旨の伊豆守よりの申し送りがある。

48〔ネモロ領ニシベツの鮭漁業〕　ネモロ領のうちニシベツより（以北）は松平肥後守領分（会津藩）に引き渡した。右場所の鮭漁業はニシベツ北縁をヘツカイと唱えてアイヌの村落があり、南縁は常住居の者がなく、鮭漁の節に限りネモロ・ホニヲイ両所（仙台藩領）の番人・アイヌが出張し、南北入会で漁業をしてきた。漁業の儀はこれまでの通り心得るよう請負人へ申し渡し、会津藩にも演説に及んだ。

49〔ネモロ領の漁業の実情〕　ネモロ領はアッケシ境字チヨフシよりシャリ境シレトコまでの間を唱え、村落一一ヵ場所に分れているが、総体が一束ねの取扱いになっている。漁業場所はおよそ定まっているものの、模様によっては彼がこれに来て、これは彼に住んで漁業が行われている。今般、一領内を両領に引き分け割り渡すについては、すべてこれまでの通りと心得られたい。

50〔ネモロ領シヘツのクナシリ秋味鮭漁出張所〕　ネモロ領シヘツの内にクナシリからの秋味鮭漁の出張所があり、前々より番人・アイヌが来て毎年漁業してきていると伊豆守よりの申し送りがあり、当時も同様なので会津藩にも演説に及んだ。

51〔ネモロ附属シコタンその他の島々〕　ネモロ附属のシコタン、その他の島々は、午年(安政五)に松平肥後守(会津藩)が請地として漁業を営みたい、また船繋場にもしたいと願い立てたので、願の通り認めた。右の島はいずれも無人島で、アイヌが狐・海豹を取穫するため行って稼ぎ方する場所なので、アイヌの従来の稼ぎ方に差し支えのないよう取り計らうことを肥後守には達している。

52〔クナシリ場所の継立手当〕　クナシリ場所は、エトロフはタンネモイまで、ネモロはノツケまで継立するが、早春の荒海を乗り廻し、骨折の節は酒・煙草を手当として遣わしている。

53〔シャリアイヌのクナシリ出稼ぎ〕　クナシリ島々はアイヌが不足しており、先前よりシヤリのアイヌをクナシリへ出稼ぎさせている旨の伊豆守(松前藩)より申し送りがあり、当時も同様にしている。その段肥後守(会津藩)へも演説に及んだ。

54〔クナシリ住吉社・弁天社祭礼〕　クナシリ住吉社は同所弁天社と隔年に祭礼があり、伊豆守領分の節は勤番持ちで、年々八月一五日の例祭毎に鏡餅・神酒・赤飯などを備えてきたとの申し送りがあり、御料中も同様にしてきた。

55〔クナシリ・ネモロ場所運上金引き方〕　クナシリ場所の運上金は一〇〇〇両であるが、近年不漁続きにつき、伊豆守領分中半高引き方申し付け、ネモロ場所も三〇〇〇両のところ同様につき五〇〇両引き方申し付けの申し達しがあり、当時も同様である。

56〔エトロフ・クナシリ勤番所の取建・小破の入用負担〕　エトロフ・クナシリの伊豆守（松前藩）勤番所は当時役々が住居しているが、その取り建てや小破手入れなどの入用は伊豆守領分中には役場より出してきたので、御料中も同様に取り計らっている。その余の場所では伊豆守が勤番所として住居してきた分はすべて請負人持ちで建て替えや手入れをしてきたとのことなので、同様に取り計らっている。

57〔エトロフでの異国船見張り〕　異国船を見掛けたときは注進するよう兼ねて申し付けている。なお見張りの者はエトロフでは村方（アイヌ）の者両人ずつを別紙の箇所へ置き、昼夜油断なく勤めるよう申し渡している。その村方の名前書を出させておいた。

58〔エトロフ島フウレンヘツの非常手当の人夫など〕　エトロフ島フウレンヘツは詰合の居所であるが、村方アイヌが不足しており、非常手当の人夫が場所々々より詰めるよう兼ねて申し渡している。取り締まりとして月番を立て、年々一二月に月番割の名前を書き出させている。月番の交代や、村役が代るときに取らせる品は別紙で引き渡す。

59〔年始節句などのさいの遣わし品〕　年始節句、毎月朔望・廿八日、暑寒入りには、フウレンヘツ詰合の乙名が礼に来るので、詰合役人は逢って場所々々の様子など聞き、清酒・濁酒などを遣わす。員数は別紙で引き渡す。

60〔エトロフ島シヘトロへ定役など詰め〕　エトロフ島シヘトロは村方人員も多く、そのうえウルップ島が程近き場所なので非常手当や村方取り締まりの手当として定役一人・同心一人・足軽一人が春氷解次第詰め、一〇月漁業済みを見計い、村方漁勘定に立ち会ってから引き払っている。

61〔エトロフ御用状継送方〕　同所（エトロフ）の御用状継送方は、クナシリの内アトイヤまで差し立て、エトロフはタンネンモイで請け取る仕来りである。もっとも早春または秋更でアトヱ《イ》ヤに番人がいないときは、クナシリのトマリ会所まで持ち通すので、帰着のさいには水主の村方へ手当を遣わす。また、詰合引き払いの節は乗船してクナシリ会所元で積み送るので水主へ手当を遣わす。その員数は別紙にある。もっともクナシリ・エトロフ双方が出した御用状は、春氷海解のうえ一番継ぎに送る分は双方とも会所元まで持ち通させている。

62〔エトロフ鎮守祭礼〕　エトロフ鎮守祭礼は四月一七日、九月二〇日の両度である。供物料金として一〇〇疋ずつ請負人へ渡し、祭礼当日に村方の者へ遣わす品は別紙にあり。

63〔エトロフ島村方の者の手当として鱒油代取立仕法〕　同島（エトロフ島）の村方の者の手当として請負人より鱒油代を取り立てる。右の仕法は鱒油四斗入一樽の定直段二貫二四〇文の半減（半分）一貫一二〇文ずつ、その年の油出高に応じて請負人より場所で取り立て、詰合手元に備え置く。村役を勤める者の役料や、窮民・病人などへの手当、不漁のさいの介抱に遣い払う仕来りである。もっとも近年は不漁続きで油代の取り納めが少ないが、村方へ手当など取らせることは先規の通りで、いささかも減少することはない。

64〔エトロフ島会所での死亡者供養〕　同島（エトロフ島）の会所で毎年七月一六日死亡の者の供養として百万遍を行い、番人・稼方之者へ酒二斗入一樽を遣わす。

65〔エトロフ島一二月二八日の手当〕　同所で毎年一二月二八日、会所居合の支配人・番人へ大坂酒四斗入一樽を、年中用向繁多のところ骨折り勤めているので手当として遣わす仕来りである。

66〔エトロフ島の漁具漁船等の木材伐り出し〕　同所（エトロフ島）の漁具・漁船、その他諸入用で木材の伐り出しを願い出たさいには、他場所の振合で許してきた。伐り出しが済んだら一〇分一の割合で役木を納めさせる仕来りである。

67〔エトロフ島壱番御用状継立など〕　同所（エトロフ島）の氷海が解け、一番御用状を午年（安政五）三月会所元まで継ぎ立てした船頭役々の者へ金二分、帰着のうえ手当として遣わした。また詰合交代人数が乗船しクナシリ会所元まで継ぎ立てた船頭へ金二分、同表役の者へ金一分遣わす仕来りである。

68〔前書引渡し場所での呼び出し〕　引き渡し場所の請負人・支配人、その他アイヌを「残御用」で呼び出すさいには別段掛け合いに及ばない。

以上六八ヵ条のうち、1〜35は仙台藩分領の六ヵ場所全体に及ぶ事項、36〜39はトカチ場所、40〜43はアッケシ場所、44〜51はネモロ場所、52〜55はクナシリ場所、56〜68はエトロフ場所に関係した事項となっている。分領全体に関わる事項は、場所請負人（運上金・別段上納金、苗字御免、箱館市中備米）、場所業務（通行休泊・人馬継立、人馬賃銭、建物・道橋等の普請、山林伐木、寄鯨）、場所で働く和人（支配人・通詞・帳役、番人・稼方・出稼ぎ、沖ノ口番所免判）、アイヌの支配（人別帳、申渡し、軽物・山丹交易皮類、オムシャ、遺品、風俗改め、医師服薬、種痘、箱館表罷出、他場所働き）、出産物積船・秋味鮭積取船の管理（沖ノ口番所）、海岸防備・非常時対応（急注進継立、台場）、御用所・役宅、などといった内容からなる。

項目一つひとつの説明は省くとして、これらの項目からみえてくる蝦夷地支配のありかたは場所請負制に大きく依存し、そのうえに領主権力が乗っているすがたである。アイヌ社会に入り込んだ場所請負人がアイヌの人々をその経営のなかに交易あるいは雇用を通じて捕捉・編成してきた。実際には請負人が現地に行くことはほとんどなく、その使用人である支配人、通詞、番人らが派遣され、支配人が代理人として全体を差配してきた。こうした各場所に派遣された商人資本の経営体が、とくに前期幕領期以降、派遣幕府役人（詰合）のいわば下請け機関として場所内の地域行政、アイヌ支配の末端を担うこととなった。したがって、場所請負制は私的な商人経営の利潤追求を本質的衝動として内在させながら、幕藩社会における村請制の地域行政的役割をも同時に果たしていたという特質をもっていた。それをアイヌの人々の側からみれば、場所詰役人と直接相対していたのではなく、その支配人らの経営組織を中間項として領主権力と関係をもっていたことになろう。こうした支配システムは、多くの項目に「仕来り」と書かれているように、前期幕領期にほぼできあがり、それを踏襲した松前藩復領期を経て、後期幕領期に受け継がれたのであった。

むろん、幕府は松前藩＝場所請負制によるアイヌの収奪・疲弊を問題視して蝦夷地に介入してきたから、後期幕領期も前期幕領期の当初の試みにならって、石狩場所改革では直捌制を採用している。そうした直捌制とまではいかなくても、場所請負制に寄りかかったアイヌ支配のありかたを多少とも是正しようとした。それが10の項目にみられる、アイヌに対する前々からの請負人の「指配」を、詰合役人による直接の「進退」としたことである。アイヌへの貸与・給料などの支払いに詰合が関与するというのであるが、それがどの程度の内実を伴った変更であったのか吟味が必要であるし、それ以外の項目をみても、場所行政の全般にわたって、場所請負制が大きな力をもっていたことは否定できない。

こうした後期幕領期の場所支配の「仕来り」が分領大名に引き継がれたのであるが、仙台藩もこうした場所請負制を前提とした支配システムを受け入れ踏襲していくことが、この「演説書」で求められているといってよい。箱館奉行所が所在する箱館における産物積取船や蝦夷地への和人の出稼ぎ者に対する沖ノ口番所の管理業務など含めて、きわめて幕府の統制色の強い分領支配にならざるをえないことを示している。

三　幕末期におけるクナシリ場所の実態

クナシリ島に松前藩の交易船がはじめて派遣されたのは宝暦年間(一七五一〜六四)のことという。東蝦夷地では寛永期以来、アッケシが松前藩にとって最奥の交易地であったが、それが元禄年中キイタツフ(キイタップ)に伸び、そしてクナシリ島に達したのであった。やがて松前藩主の直商場所から飛騨屋久兵衛の請け負うところとなった。クナシリのツキノエらは飛騨屋の交易を受け入れないなど、アイヌの人々の行動力が旺盛であった。おりしも、千島列島を南下してきたロシア人(赤人)に対する脅威を幕府がつよく感じはじめた矢先、ツキノエは参加していなかったが、寛政元年(一七八九)クナシリ・メナシでアイヌの蜂起が起っている。飛騨屋雇人の数々の横暴が原因であった。この事件によって幕府はロシアとの「異国境」を意識するようになり、寛政一一年(一七九九)の東蝦夷地の幕府直轄化につながっていく。

また、そうした政治的動向ばかりでなく、飛騨屋がクナシリに鮭鱒の〆粕生産を導入したことによって、道東・クナシリの「奥蝦夷」まで日本の国内市場のなかに深く巻き込んでしまったことも認識しておく必要がある。アイヌの人々はラッコ・鷲羽などの狩猟・交易から場所請負人のもとで働くようになり、その生業・労働環境が激変してしまった(菊池　二〇一〇)。

ただ、その後の幕府の蝦夷地直轄に至るとクナシリ島の様子は、エトロフ場所が開設されたこともあって、ゴローニン事件などがあるものの、それほど政治史的な局面で着目されることは少なくなり、その反映として実態研究もきちんと行われてこなかったという印象がある。ここでもクナシリ・メナシの戦い以後の変化をきちんと追うことができないが、まずは「庚申万延元年蝦夷地久奈尻御領分御引請留」（第五冊）に記載されたことがらから、幕末にいたるクナシリ島の実情を把握してみたいと考える。

「庚申万延元年蝦夷地久奈尻御領分御引請留」は申（一八六〇年）閏三月付「引渡目録」（A）と申七月付「諸書物引渡目録」（B）とからなる。前者A目録は「庚申万延蝦夷地白老御領分御引請ノ留」の前掲「引渡惣目録」のうちの、⑦クナシリ引渡諸書物一帙（申閏三月）にあたり、（ア）制札場箇所書一冊、（イ）台場并烽火台箇所書一冊、（ウ）詰所并会所其外番家蔵々箇所書一冊、但絵図面添、（エ）クナシリ場所印鑑一冊、（オ）役土人名前家数人別書一冊、（カ）軽物并小皮類土人ゟ買入直段書一冊、（キ）小荷駄馬員数書一冊、（ク）早馬乗早走番人土人名前書一冊、（ケ）ヲムシヤ之節并詰合交代見廻之節、其外年中土人共ゟ為取品書一冊、（コ）周廻里数書一冊、（サ）産物土人ゟ買入直段書一冊、（シ）船々員数書一冊、（ス）土人江諸品売渡定直段書一冊、（セ）支配人通詞番人稼方名前書一冊、（ソ）土人漁事割合薪勘定手続并役料書一冊、（タ）去未年産物積出高調書一冊、の一六点があげられている。ただし、実際に収録されている閏三月付の書類は、（ア）（イ）（カ）（コ）（サ）（タ）の六点にすぎず、うち（タ）の詳細はBに記載されている。

後者（B）目録には、（ウ）詰所并会所其外番家蔵々箇所書一冊、但絵図面添、（エ）クナシリ場所印鑑一冊、（オ）役土人名前并家数人別一冊、（キ）小荷駄馬員数書一冊、（ク）早馬乗早走番人土人名前書一冊、（ケ）ヲムシヤ之節并詰合交代見廻之節、其外年中土人共へ為取品書一冊、（シ）船々員数書一冊、（ス）土人江諸品売渡定直段書一冊、（セ）支配人通詞番人稼方名前書一冊、（ソ）土人漁事割合薪勘定手続并役料書一冊、（タ）去未年産物積出高調書一冊の計一一点がA目録と重複して書き上げられ、これらは閏三月時点では間に合わず、箱館で「追而引渡可申旨下ヶ札」のあった分ということになる。この下ケ札分に加え、新たに「此度引渡」（河津三郎太郎・鈴木尚太郎・朝比奈藤八郎）の、（チ）地所引渡目録一冊、（ツ）鰥寡孤独長病之者名前書一冊、（テ）請負人ゟ役土人江役料遣候廉書一冊、(ト)畑反別会所持之分取調書一冊、(ナ)クナシリ島物絵図一枚(ただし、この写本では省かれる)、(ニ)追演説書二冊、が記載されている。この(テ)以下は、シラオイ場所の追演説書など「別冊」(四月付)書類に相当し、クナシリ場所の引き渡しは七月までかかったことになる。

それでは、(ア)〜(ニ)書類の内容をデータ的にまとめたものを紹介しつつ、それぞれに若干のコメントをつけていくことにしよう。そのさい、いくつかの事項については、前期幕領時代以降の他のクナシリ島に関する書上史料と突き合わせて、歴史的変化を示してみたい。

その主な史料は、①『東蝦夷地各場所様子大概書』のうち文化六年(一八〇九)六月「久奈志利島」(北海道編一九六九、五八八〜五九五頁、以下『大概書』と略記)、②安政三年(一八五六)五月『蝦夷地御持場白老悪消根茂呂久奈尻江砥呂府地名并諸事調書』(函館市中央図書館所蔵、以下『調書』と略記)のうち「クナシリ島周廻里数運上屋元東西番屋ヶ所并御備米同所出産物弁才掛澗役夷人名前蝦夷家数人別等書上」、③慶応四年(一八六八)『久納志里場所書上』(北海道立文書館所蔵、以下『書上』と略記)、の三点である。①は前期幕領時代、奉行所(箱館奉行→松前奉行)の命によって、各場所詰合の幕府役人が書き上げたものか、②は「蝦夷地持場」とあり、また会所ごとに書き上げられているので、安政二年にその担当区域の警衛を命じられた仙台藩の必要性から作成されたもの(作成主体は仙台藩か幕府かは不明)、③は、幕府倒壊により慶応四年閏四月二六日、箱館奉行より箱館裁判所(箱館府)総督に事務が引き継がれたが、それを受けてのことであろう、同年九月、久納志利詰城戸国之助、福沢慎三郎両名がクナシリ場所支配人佐太郎に書き上げさせ、それを報告したものである。両名のうち福沢は箱館奉行所同心であった人物で、箱館奉行所から箱館裁判所へ継続登用されているので(門松秀樹　二〇〇九、一五四頁)、箱館裁判所の役人として現地に派遣され、箱館裁判所に書き上げた報告ということになる。

1　制札場箇所書（ア、A）

幕府が建てた制札の場所は、トマリ（ノッケへの渡海場）、ヘトカ（ベトカ）、チフカルヘツ（チフカルベツ）、ヲンネトー（オンネトー）、シヘトロ（シベトロ、以上西海岸）、アトヱヤ（エトロフ島への渡海場）、ルヨヘツ（ルヨベツ）、フルカマフ、トヲフツ（トウブツ、以上東海岸）、の九ヵ所であった。トマリには会所元、アトヱヤには止宿所があり、他は番屋の所在地である。ここには制札の文言は記されていないが、シラオイ場所の領分引請留には、奉行（箱館奉行）名による安政四年（一八五七）九月の「掟」が写され、①「公儀より立置れ候宗門之外にしたかふ者其罪をもかるへし」、②「人を殺したるものハ死罪たるへし」、③「人に疵つけ又ハ盗する者はその法に応し咎あるへし」、の三ヵ条からなっていた。アイヌを対象とした制札は、前期幕領時代の寛政一一年（一七八九）の三ヵ条掟が最初で、この安政四年の掟もそれを踏襲しているが、①は「邪宗門にしたがふ者、外国にしたしむもの、其罪おもかるべし」から変わっており、「外国にしたしむもの」という文言が消えているのは、アイヌの人々のそうした危険性を幕府がそれほど心配しなくなったからであろう。

2　台場并烽火台箇所書（イ、A）

トマリに台場三ヵ所、ノツカ（トマリ湾の西岬）に烽火台一ヵ所があった。慶応四年（一八六八）「書上」によると、トマリの台場は西台場五〇〇目筒一挺・三〇〇目筒一挺・一〇〇目筒一挺、東橋脇台場一〇〇目筒一挺、弁天台場一貫目筒一挺・三〇〇目筒一挺の内訳であった。烽火台のあったノツカはノツヱトと記されている。

3　詰所并会所其外番家蔵々箇所書（ウ、B）

添付されていた絵図面は写本のためか省略されている。幕府・藩あるいは場所請負人がクナシリ島内に建設・使用した建物等がその所在地ごとに網羅的に記載されている。建物の種類・建坪・棟数がわかる（表1）。アイヌ社会のなかに交易や北方警備を媒介・契機に領主権力や商人資本が入り込んでいった場所独特の植民地的景観が形成されていたことが窺われる。同時代とはいっても、道南・道央のように松前地の和人漁民（二八取り）が鯡・昆布等の季節的出稼ぎから定住化へと動態進行していく様相にまでは到っておらず、それ以前の場所の景観を示している。仙台藩の分領地ではシラオイがそうした変化の波を受けつつあるのを除けば、いずれもまだ同様の景観であった。運上屋（会所）・番屋・諸蔵といった請負人の建物が書き上げられているのは、彼らの資金で建築されたとしても私的所有権が弱いことを示しており、それは請負人の権限が商場知行という領主的権限の代行として始まり、請負年限期間の利用権というにとどまるからであろう。

和人施設のある場所は、①陣屋・役宅・運上屋のあるトマリ、②番屋のあるヘトカ、チフカルヘツ、ヲン子ト、シヘトロ、トヲフツ、フルカマフ、ルヨヘツ、③居小屋のあるシヨウシ、ヲタトシ、ホンヘツ出張など、そして④通行屋などの置かれたその他の、四つに大きく区分できる。まずトマリであるが、ネモロ（ネムロ）場所のノツケとつながるクナシリ島の入口にあたり、松前藩の交易船が派遣されて以来、クナシリ場所の拠点となってきた。陣屋は勤番所とも呼ばれ、すでに仙台藩から派遣された警衛にあたる士卒の詰所となっており、陣屋に付属して武器蔵、角場、見張所、合薬蔵（火薬蔵）があった。役宅は仙台藩へ引き渡し前には場所に派遣された詰合と呼んだ幕府役人の居所であった。

運上屋はその建坪が二五一坪余と陣屋の二一一坪を凌ぐ巨大な建物であった。請負人の漁業経営の中心施設であるが、下請け行政機関的な役割も果たしていた。支配人・番人らが大勢寝泊りした。運上屋の周りには、ただ板蔵とあって用途のわからない小屋もあるが、米蔵・筵蔵・網蔵・酒蔵・塩切蔵・粕蔵・味噌蔵・文庫蔵・道具蔵・漁具蔵・細工蔵、あるいは災害・不時用の備米蔵、アイヌ介抱用の物品を入れておく専用の蔵などといった、目的別の蔵がさまざまに付随していた。塩切は塩鮭、粕は〆粕で、主要な漁業生産物であった。さらに、勤番隊・巡回役人などの旅中の宿泊施設である通行屋、風呂付の井戸家、馬家、鍛治家、厠などがあった。鎮守として弁天社が祀られ、住吉社・稲荷社も勧請されていた。

このトマリの運上屋を拠点として、番屋・居小屋が島内に展開し、米蔵・網蔵・雑蔵・塩切蔵あるいは粕蔵などが付属した。シヘトロには荷物蔵、囲物蔵、油蔵もあり、番屋所在地のなかでも重要な生産地であったのだろう。番屋のあるところにはすべて鎮守があり、トヲフツの薬師堂、ルヨヘツの不動社の他はみな弁天社であった。番屋と居小屋の違いは、番屋の建物が居小屋の倍くらい大きく、フルカマフ出張センヘコタン、子モロ領シヘツ出張所の弁天社の他には鎮守が居小屋にはないことである。出張というのは、たとえばセンケコタンの場合、フルカマフ・ルヨヘツ・トヲフツ・チフカルヘツの管轄人数が入り込んで漁をするのであろう。また、後述のようにアイヌの居住地は番屋所在地に限られていることも居小屋との大きな相違点である。番屋は単に漁業場というだけでなく、クナシリのような大場所にあっては運上屋の代行機能を持ったといえるであろう。

その他の施設としては、チヤシコツの通行家、エトロフへの渡海場であるアトヱヤの止宿所一棟、西浦ル、イの風待所、ヲン子ヘツの軽物出役所、シヨウシの温泉家、ノツヱト崎の善宝寺社などがあった。なお、子モロ領シヘツ出張所というのは、対岸のシヘツにクナシリからの出稼ぎ番屋があったからであるが、幕末期にはクナシリのアイヌではなく、シャリ場所のアイヌが動員されていた(高倉新一郎編　一九七八)。

4　クナシリ場所印鑑(エ、B)

クナシリ島会所が使用する印鑑の印影である。印影は「久奈志利」となっている。この引継書では「久奈尻」となっているが、前期幕領期には「久奈志利」と書いた。

5　役土人名前家数人別書(オ、B)

クナシリ場所のアイヌの役名、戸口、家族構成が記載されている(表2)。アイヌの居所はトマリ(三軒一四人)、ヘトカ(三軒七人)、チフカルヘツ(四軒一五人)、トヲフツ(六軒二九人)、フルカマフ(二軒七人)、ルヨヘツ(三軒一四人)の運上屋または番屋所在地の六ヵ所である。番屋所在地のうちヲン子トにはアイヌ人別はなかった。場所全体で、総家数二一軒(二二軒とあるが実数二一軒)、総人数八六人(男四八人・女三八人)を数える。

役方のアイヌは、庄屋半蔵、惣名主亀蔵　惣年寄弥太郎、年寄豆助、同又六(亦六)、名主幾太郎、年寄吉蔵、同兼作、同岡蔵、同助三郎、同歌蔵、年寄半治(半次)、百姓代栄八(永八)、同嘉市、同長八、同鉄蔵、同伊之助、同半六、同庄吉、の計一九人で、戸籍筆頭者でない者(子供または合宿)が四人含まれ、二一軒中一五軒が役付き、六軒が役のない「平土人」・「後家」(一軒)であった。役方のアイヌの比率が七割強と高い。一軒前を構成しない「合宿」は六例みられ、男の単身者一件、女の単身者二件、夫婦三件である。単身者は中後年(内一人の女性は後述の鰥寡孤独の者)、合宿の夫婦はいずれも比較的若い。筆頭者との続柄は不明であるが、夫婦の場合には条件さえあれば一軒前になりうる可能性があろう。

表1　地名ごとの建物等一覧

○トマリ　陣屋1棟(建坪211坪半、以下カッコ内は建坪)、同1棟(49坪)、役宅1棟(197坪)、御武器蔵1棟(6坪)、角場1棟(2坪2合5夕)、見張所(2坪2合5夕)、厩1棟(12坪)、運上屋1棟(251坪7合5夕)、通行屋(93坪2合5夕)、御備米蔵1棟(24坪)、合薬蔵1棟(6坪)、板蔵1棟(12坪)、板蔵1棟(18坪)、米蔵1棟(32坪)、米蔵1棟(32坪)、酒蔵(16坪5合)、筵蔵1棟(48坪)、塩切蔵1棟(32坪)、粕蔵1棟(24坪)、荒物蔵1棟(40坪)、賄蔵1棟(20坪)、味噌蔵1棟(24坪)、網蔵1棟(18坪)、文庫蔵1棟(18坪)、道具蔵1棟(6坪)、道具蔵1棟(6坪)、漁具蔵1棟(32坪)、同(漁具蔵)1棟(27坪5合)、土人介抱蔵1棟(18坪)、雑蔵1棟(20坪)、細工蔵1棟(40坪)、漁小屋1棟(65坪)、鍛冶家1棟(12坪)、網蔵1棟(6坪)、網小出蔵1棟(6坪)、網小出蔵1棟(6坪)、畑番小屋1棟(15坪)、馬家1棟(32坪)、井戸家1棟(3坪)、同井戸家1棟(8坪、風呂屋付)、井戸家1棟(3坪)、鎮守弁天社1宇(12坪)、住吉社1宇(6坪)、稲荷社1宇(4坪)
○ノツエト崎　善宝寺社1宇(3尺4方)
○ヘトカ　鎮守弁天社1宇、番家1棟(104坪)、米蔵1棟(6坪)、網蔵1棟(6坪)、板蔵1棟(32坪)〆5棟
○シヨウシ　居小屋1棟(18坪)、塩切蔵1棟(18坪)〆2棟、温泉家１棟(62坪2合5夕)、板蔵1棟(7坪5合)〆2棟　※温泉家以下に地名記載がないので同所か
○ヲタトシ　居小家1棟(34坪)、網蔵1棟(4坪)、茅蔵1棟(24坪)、囲物蔵1棟(14坪)　〆4棟
○チフカルヘツ　鎮守弁天社1宇、番家1棟(103坪)、米蔵1棟(6坪)、網蔵1棟(6坪)、荷物蔵1棟(40坪)　〆4棟
○ニキシヲロ　居小屋1棟(茅葺、32坪)、塩切蔵1棟(15坪)　〆2棟
○ホンヘツ出張　居小家1棟(32坪)、塩切蔵1棟(32坪)、筵蔵1棟(24坪)、網屋1棟(6坪)、〆4棟
○ヲン子ト　鎮守弁天社1宇、番家1棟(79坪5合)、米蔵1棟(40坪)、荷物蔵1棟(40坪)　〆4棟
○シヘトロ　鎮守弁天社1宇、番家1棟(98坪5合)、米蔵1棟(6坪)、荷物蔵1棟(36坪)、網蔵1棟(6坪)、囲物蔵1棟(24坪)、油蔵1棟(18坪)、塩切蔵1棟(18坪)　〆8棟
○チヤシコツ　通行家1棟(72坪7合5夕)、米蔵1棟(6坪)、板蔵1棟(12坪)、板蔵1棟(24坪)〆4棟
○トヲフツ　鎮守薬師堂1宇、番家1棟(75坪5合)、塩切蔵1棟(12坪)、網蔵1棟(7坪半)、板蔵1棟(40坪)、板蔵1棟(6坪)、合船小家1棟(72坪)　〆8棟
○フルカマフ　弁天社1宇、番家1棟(89坪)、板蔵1棟(40坪)、網蔵1棟(7坪半)、米蔵1棟(8坪7合5夕)、板蔵1棟(12坪)、板蔵1棟(12坪)　〆7棟
○アシリコタン　板蔵1棟(24坪)、板蔵1棟(15坪)　〆2棟
○キナカイ　板蔵1棟(5坪)
○ルカヘツ(ルヨヘツ)　不動社1宇、番家1棟(90坪5合)、米蔵1棟(10坪5合)、網蔵1棟(5坪)、塩切蔵1棟(18坪)、雑蔵1棟(5坪)、板蔵1棟(18坪)　〆7棟
○チノシノツ　居小家1棟(40坪、茅葺)、網蔵1棟(5坪)、塩切蔵1棟(40坪)、米蔵1棟(4坪)、囲物蔵1棟(24坪)、板蔵1棟(6坪)、板蔵1棟(24坪)、茅蔵1棟(18坪)　〆8棟
○ヲン子ヘツ　軽物出役所1棟(12坪)、軽物出役所1棟(7坪5合)　〆2棟
○西浦ル、イ　風待所1棟(6坪)
○アトエヤ　鎮守弁天社1宇、止宿所1棟(123坪2合5夕)、米蔵1棟(6坪)、雑蔵1棟(4坪)
○ルヨヘツ出張センヘコタン　居小家1棟(建坪40坪)、網蔵(12坪)　※人少なくヲン子ト出張所を止めたので、そのルヨヘツ人数はヲン子ト出張の方へ引き移り、当所は当時漁業を致さず。

○フルカマフ出張センヘコタン　弁天社1宇、居小屋1棟(38坪2合5夕)、粕蔵1棟(32坪)、米蔵1棟(7坪五合)、板蔵1棟(10坪半)、粕蔵1棟(24坪)
○トヲフツ出張所センヘコタン　居小家1棟(48坪)、網蔵1棟(7坪5合)、網蔵1棟(6坪)、粕蔵(40坪)、粕蔵1棟(24坪)、
○チフカルヘツ出張センヘコタン　居小家1棟(36坪)、粕蔵1棟(40坪)、同(粕蔵)1棟(24坪)、米蔵(6坪)、雑蔵1棟(7坪5合)
○ヲン子トウ出張所センヘコタン、当時ルヨヘツ出張　居小家1棟(34坪)、網蔵1棟(5坪)、米蔵1棟(5坪)、粕蔵1棟(24坪)
○シヘトロ出張センヘコタン　居小家1棟(40坪、茅葺)、粕蔵1棟(40坪)、粕蔵1棟(24坪)、網蔵1棟(6坪)、雑蔵1棟(6坪)
○サルカマフ出張所　居小屋1棟(40坪)、粕蔵1棟(32坪)、粕蔵1棟(18坪)、茅蔵1棟(32坪)、網蔵1棟(6坪)、米蔵1棟(7坪)
○子モロ領シヘツ出張所　居小家1棟(89坪5合)、塩切蔵1棟(56坪)、米蔵1棟(5坪)、網蔵(6坪)、茅蔵1棟(18坪)、弁天社1宇

クナシリ場所の戸口であるが、文化六年(一八〇九)六月には一三二軒、総人数五五五人(男二五一人・女三〇四人)を数えていた(『大概書』)。トマリ四五軒一九五人、ヘトカ一九軒七五人、セセキ一七軒六七人、チフカルヘツ二一軒八九人、フルカマツフ一四軒五三人、シヘトロ最寄のアイヌ少人数とあり、他にチクニが居住地であった。トウフツ(トヲフツ)はセセキ番屋付きのアイヌを派遣して網漁するとあり、万延元年(一八六〇)にセセキがアイヌ居住地、番屋所在地としてみられないのは、セセキからトウフツへ移動したことを示しているか。またチクニ出張ルヨウベツ(ルヨヘツ)とあって、そこでチクニ番屋のアイヌが引き網をしており、これもチクニからルヨウヘツへ移動したとみてよいか。ヲンネトウ(ヲン子ト)はアイヌの住居がなかったが、鮭の寄り付きがよく、寛政一二年(一八〇〇)新規漁場となった所で、南部宮古安兵衛による「おこし網」を使った自分稼ぎが行われていた。

ここで着目すべきはクナシリ場所のアイヌの軒数・人口がわずか五〇年余で、一割五分近くにまで激減してしまったことである。幕末期になってもその傾向に歯止めがかからない。安政三年(一八五六)『調書』では三七軒九九人、上記万延元年(一八六〇)二一軒八六人、慶応四年(一八六八)『書上』では一八軒六九人となっているから、幕領・

仙台藩領期を通じてさらに減少していたことがわかる。

その要因は何であろうか。蝦夷地御用掛羽太庄左衛門(正養)の享和元年(一八〇一)一〇月「久奈志利島一体之様子申上候書付」(『休明光記附録』巻七、北海道庁編　一九三六)によれば、クナシリ島のアイヌ人別は幕領化した寛政一一年(一七九九)三〇〇人余、同一二年三二〇人余の把握であったが、享和元年の春までに追々やってきて、会所の差図を受けて魚漁・山稼などする者が次第に増え、都合五三四人の名前が判明したという。それまで松前藩の私領時代には、運上屋よりの申し付けで「軽物猟」と名づけ、乙名たちが小前の者を引き連れて、エトロフ、ウルップ、その他の島々へ渡り、羽・皮(鷲羽・ラッコ皮)などを稼ぎ、ようやく取り続いてきたが、幕府の御用地になって手当が厚くなり、会所(運上屋を改称)の差図を受けて稼ぐようになったので格別の助成となり、他の島々へ渡ることを好まず会所に出て働くことを望み、老壮男女とも一統に喜び勇み働いたので人別もにわかに増えたのだと、幕領化の成果を謳っていた(同前書、八〇〇頁)。人別が別に増えたわけではなく、それまで漏れていた人たちが把握されたにすぎないが、アイヌの生業・働き方が幕領化によって大きく変容し、アイヌの利益になったごとくに述べられている。

しかし、それに相違して、アイヌ人口は前期幕領期にすでに減り始めていた。松前藩が復領して間もなくの文政五年(一八二二)の『文政壬午野作戸口表』(北海道立文書館)によれば一〇六軒三四七人と、軒数で二割、人口で四割近くが減少していた。文化九年に直捌制から請負制に変わり、それ以降商人請負が続くが、会所・番屋の元で働くようになってから人口の激減を引き起こしていることになる。伝統的な暮らしのサイクルが壊され家族が崩壊していく、新たな労働環境への不適応、労働条件の劣悪さというものがあって、それに疱瘡の流行などが重なっていたかに推測されるが、詳しくは未解明といわざるをえない。こうしたクナシリ場所の人口減少、労働力不足を補うべく、シャリ場所からのクナシリへの動員がなされ、松浦武四郎の告発するところだった(高倉新一

表2　地名ごとのアイヌの戸口、家族構成

○トマリ　家数3軒、人数14人、内男9人・女5人
・名主幾太郎(35)、妻シユヽマツ(26)、養悴弁蔵(13)、合宿平土人市六(52)　以上男3人・女1人
・年寄半次(29)、妻チヒヤカ(23)、悴孫六(4)、娘トミ(3)、合宿百姓代庄吉(23)、妻タヱコセイ(19)、平土人カコセント(62)　以上男4人・女2人
・百姓代鉄蔵(32)、妻ニシテマツ(30)、養子悴定吉(18)　以上男2人・女1人

○ヘトカ　家数3軒、人数7人、内男4人・女3人
・年寄吉蔵(39)、妻アワヒセ(43)、悴松助(19)　家内男2人、女1人
・平土人有蔵(24)、妻カルマツ(28)　以上男女2人
・平土人チヱトイ(58)、妻タロマツ(29)　以上男女2人

○チフカルヘツ　家数4軒、人数15人、内9人、女6人　※合計が人数16人、女7人ともあるが、15人が正しいか。
・惣年寄弥太郎(35)　以上男1人
・百姓代永八(55)、妻シヨトラン(51)、悴長助(16)、二男佐吉(10)、合宿百姓代嘉市(無記)、妻ヤフニセ(19)　以上男4人・女2人
・平土人浅五郎(31)、妻カンナマツ(28)、娘チヨコマツ(8)、弟深七(2)　以上男2人・女2人
・チヨヲツ後家ウシユムン(61)、悴仁助(32)、妻ホトヱマツ(23)、悴仁吉(2)　以上男2人・女2人

○トヲフツ　家数6軒、人数29人　内男13人、女16人
・年寄兼作(38)、母ソテ(71)、妻テシマツ(25)、悴兼三郎(9)、二男兼助(6)、三男銀平(3)　以上男4人・女2人
・年寄岡蔵(48)、妻ヱタシヘフニ(49)、娘ヱタシヘアニ(15)、妹シタンヨンコ(10)、岡蔵妹クリタラ(50)　以上男1人・女4人
・年寄豆助(53)、キノ母キワ(61)、妻キノ(38)、悴弥助(17)　以上男2人・女2人
・百姓代伊之助(49)、妻ヱサレケマツ(30)、娘ヲサイ(13)、合宿女アツキラ(48)　以上男1人・女3人
・百姓代長八(57)、妻ヌメチヤリ(38)、娘シユヽラマツ(9)、弟シユヽラカンナ(4)、合宿平土人勝五郎(27)、妻テシユマツ(19)　以上男3人・女3人
・平土人兼吉(69)、妻シユフレテ(59)、悴兼六(26)、妻シヌンテマツ(19)　男2人・女2人

○フルカマフ　家数2軒、人数7人、男3人、女4人
・惣名主亀蔵(52)、妻ヌメサン(51)、悴年寄歌蔵(29)、妻ヤヱセマツ(30)、妹サキ(13)　以上男2人・女3人
・年寄亦六(48)、妻チトセマツ(44)　以上男女2人

○ルヨヘツ　家数3軒、人数14人、男10人、女4人
・庄屋半蔵(64)、妻シナツ(39)、悴百姓代半六(25)、妻ヱチヤカ(27)、二男半四郎(18)、三男馬助(12)、四男酉之助(6)、五男酉松(2)　以上男6人、女2人
・年寄助三郎(35)、妻ヲヤユンカソ(35)、養子悴為蔵(16)、合宿女モチランフケ(65)　以上男2人・女2人
・平土人サンハラセ(69)、養子悴源太(42)　以上男2人

表3　軽物・小皮類値段一覧

○上真羽1尻　代米8升入25俵、中同1尻17俵　下同1尻12俵
○同(真羽をさすか)白羽1尻3～4俵　薄氷1尻10俵　粕尾1尻13～14俵
○母衣100本112文
○獺皮上1枚448文、同中皮1枚336文、同下1枚224文
○貂皮1枚56文
○狐皮上1枚336文、同中1枚228文、同下1枚112文
○水豹上1枚448文、同中224文、同下1枚56文

郎編　一九七八)。

アイヌの名前であるが、男の場合、平土人カコセント、平土人チヱトイ、百姓代長八弟シユ、ラカンナ、平土人サンハラセ、の四人を除く四四人が和人名前になっており、改名率は非常に高い。幼少のシユ、ラカンナを除き、平土人の三人は年齢が高いが、改名を受け入れなかったための平土人の扱いであるのかもしれない。一方、女性は三八人中、和人名前はトミ、ソテ、キワ、キノ、サキのわずか五人にとどまっており、和人名の強制力は男に比べ緩やかであったことを示している。

6　軽物并小皮類土人ゟ買入直段書(カ、A)

アイヌの人々から領主(松前藩あるいは幕府)が独占的に買い上げる軽物として、鷲羽(尻尾羽・母衣羽)、獺皮、貂皮、水豹(アザラシ)皮、狐皮があった(表3)。真羽・白羽はオオワシ、薄氷・粕尾はオジロワシをさしている。上真羽が最も高価であった。(ウ)詰所并会所其外番家蔵々箇所書に、ヲン子ヘツ(ヲンネベツ)に軽物出役所が二棟あるとしているが、文化六年『大概書』によれば、ヲンネベツに軽物の鷲の尾を取るために、一一月末から正月下旬にかけて、乙名はじめ重立のアイヌを場所場所より毎年人数を定めて遣わしたといい、そのための出役所であった。また、同じく雪中の業として熊猟も同様人数を定めて、正月中旬より山入りするとあるが、熊皮・熊胆は軽物値段書にないので、幕末期には熊猟は衰退していたのであろう。水豹は冬春の氷海のさいに猟し、肉は食料とし、皮羽の類を交易したと『大概書』には記されている。

7　小荷駄馬員数書（キ、Ｂ）

小荷駄馬が一九疋で、うち牝馬一〇疋、牡馬九疋が飼われていた。（ウ）詰所并会所其外番家蔵々箇所書によると、トマリに厩があった。各場所に馬が導入されたのは前期幕領時代のことである。

8　早馬乗早走番人土人名前書（ク、Ｂ）

早馬・早走は急注進状の継ぎ立てをするもので、早馬には前項の小荷駄馬が使われたのであろう。早馬乗として番人由蔵、同勘太郎の二人、早走として番人松右衛門、名主幾太郎、年寄半治の三人があげられている。名主・年寄は役方のアイヌである。飼育掛りであろうか、厩付きのアイヌもみられる（後出）。

9　ヲムシヤ之節并詰合交代見廻之節、其外年中土人共江為取品書（ケ、Ｂ）

幕府役人あるいは場所請負人が祝儀・年中行事などさまざまな機会を通じてアイヌの人々へ与えた物品（取らせ品、下され物）の支給基準がまとめられている（表4-1・2・3）。前期幕領期にアイヌの帰服を目的として、下され物を伴うそれらの年間の行事体系が制度化・定例化され、松前藩復領期、後期幕領期に受け継がれてきたものである。とくに異国境として認識されたエトロフ場所において手厚い支給がなされており、それについては以前詳しく考察したことがある（菊池　一九九一）。それと比べてみると、クナシリ場所もまたエトロフ場所に次

表 4–1　幕府役人よりの支給機会・品

○奉行廻浦　役土人へ清酒5合ずつ（山住居、または自分稼で廻浦に携わらないものへは遣わさず）
○組頭廻浦　役土人へ清酒5合ずつ（同断）
○毎年遣わす　7才未満の土人へ木綿わた入1枚
○年々遣わす　80才以上の土人へ米5升・古手1枚
○年々遣わす　80才以上の鰥寡孤独・長病土人へ造米3俵・古手1枚ずつ
○奉行廻浦　鰥寡孤独・長病土人へ鳥目300文ずつ奉行手元より
○組頭廻浦　極老・孤独・長病土人へ煙草2抱ずつ
○年始罷出　庄屋～年寄・百姓代へ清酒5合ずつ（1人につき、以下同）、男女平土人へ清酒2合5勺、男女一同平土人へ濁酒2合5夕、シヤリ土人小使へ清酒5合
○2月初午　居合島役土人・シヤリ小使役へ清酒5合ずつ、島平土人男女一同へ濁酒3斗、シヤリ平土人男女一同へ濁酒3斗
○上巳祝儀　居合島役土人・シヤリ小使役へ清酒5合ずつ、島平土人男女へ清酒2合5夕ずつ、シヤリ同断清酒2合5夕ずつ
○端午祝儀　居合島役土人・シヤリ土人小使へ清酒5合ずつ、島・シヤリ男女平土人へ清酒2合5夕ずつ
○詰合帰登　居合島役土人・シヤリ小使役へ清酒5合ずつ、島・シヤリ男女平土人へ清酒2合5夕ずつ
○詰合到着　庄屋・惣年寄・惣名主へ紺木綿1反ずつ、名主・年寄へ地廻煙草5把ずつ、百姓代へ同2把ずつ、庄屋より年寄・百姓代まで清酒5合ずつ
○七夕祝儀　居合島役土人・シヤリ小使役へ清酒5合ずつ、島・シヤリ男女平土人へ清酒2合5夕ずつ
○中元祝儀　居合島役土人・シヤリ小使役へ清酒5合ずつ、島・シヤリ男女平土人へ清酒2合5夕ずつ
○八朔祝儀　居合島役土人・シヤリ小使役へ清酒5合ずつ、島・シヤリ男女平土人へ清酒2合5夕ずつ
○定例ヲムシヤ下され品　庄屋より年寄・百姓代まで清酒3樽、庄屋へ地廻り煙草5把、惣名主・惣年寄へ同3把ずつ、名主・年寄・百姓代へ同2把ずつ、島平土人男女へ清酒2合5夕ずつ、島平土人男女へ濁酒1升ずつ、シヤリ小使役へ清酒5合ずつ・地廻り煙草2把ずつ、同平土人へ清酒2合5夕ずつ・濁酒1升ずつ、島役土人・平土人男女・シヤリ土人惣体へ清酒1樽、島平土人15才以上へ間切1枚ずつ、同メノコ小針5本ずつ
○重陽祝儀　島居合役土人・シヤリ小使へ清酒5合ずつ、同平土人男女居合へ清酒2合5夕ずつ、シヤリ同断へ清酒2合5夕ずつ
○歳暮　島居合役土人へ清酒5合・地廻り煙草3把・永代張１本、シヤリ小使役へ清酒5合

表 4−2　幕府役人より臨時の支給機会・品

○庄屋・名主繰り上げのさい　庄屋・惣名主・惣年寄まで行器1つ、名主は小田原鉢1つか高鉢1つ、年寄は木綿1反・地廻り煙草3把ずつ、百姓代は木綿1反ずつ
○役土人病死のさい　年寄以上清酒2升・麹5升、百姓代は麹3升か清酒2升。庄屋は別段手当あり
○軽物場惣土人へ清酒1樽手当、軽物出精の節は軽物行き土人へ高に応じ手当として清酒遣わす
○廻島のせつ　番家居合役土人へ清酒5合・地廻り煙草2玉ずつ。平土人へ清濁交ぜ5合ずつ。鰥寡孤独難渋者へは古着1枚か先織1枚、木綿・煙草の類手当
○箱館表目見差出の節　出立前人数へ玄米2斗、糀7升か清酒5升遣わす
○正月役土人年始として役宅へきたさい　調役より清酒5升、定役2人より清酒6升、同心2人・足軽2人・医師1人より清酒5升遣わす

表 4−3　請負人よりの支給機会・品

○元日　居合庄屋・名主・年寄・百姓代、役宅水夫・厩土人まで雑煮餅給させる。3日、5日、7日同断
○正月船乗初　居合一同へ清酒・濁酒取混交ぜ遣わす
○年始　庄屋・名主・年寄・百姓代まで1汁1菜の料理で膳部給させる。シヤリ小使へ同様。その後詰合出席、定例取らせもの済み、庄屋より百姓代まで清酒5合ずつ。土人男女1人前に清酒・濁酒取り交ぜ5合積り遣わす。シヤリ土人も同様。メノコ・子供セカチまで切餅2枚ずつ遣わす。年始に来ない土人へはその所の番家で清濁取り交ぜ人数に応じ遣わす
○正月7日　船玉祝い。居合役土人より平土人まで清濁酒見計らい人数に応じ遣わす。番家、薪山でも清酒濁酒取り交ぜ人数に応じ遣わす
○正月16日　斎日。居合役土人・平土人男女に清濁見計らい人数に応じ遣わす。番家、材木山も同様。当日、土人一同休日
○2月初午　居合役土人へ清酒2合5夕、平土人男女一同へ清酒見計らい人数に応じ遣わす
○3月3日上巳祝儀　居合役土人へ清酒5合ずつ、平土人男女一同へ清濁取り交ぜ5合ずつの積り遣わす
○同月軽もの矢羽ならび小皮類直段定につき立会の役土人2、3人へ清酒1升遣わす
○4月中　鯡漁網おろし　居合役土人・平土人へ清濁取り交ぜ、人数に応じ遣わす
○鯡漁業沖上げ中　働土人へ日々浜において手当として濁酒遣わす
○5月5日端午祝儀　役土人居合へ清酒5合ずつ、平土人男女1人前に清酒(濁か)取り交ぜ5合ずつ遣わす
○一番船下りの節　初船祝い、居合役土人・平土人男女一同へ清酒人数に応じ遣わす、別場所居合土人へ清酒人数に応じ遣わす
○弁財船荷物積入れ帰帆の節　積入れ祝いとして土人へ清酒2樽ヲムシヤの節遣わしていたが、当時は弁財へ荷物積み入れのさいその都度遣わす
○鱒漁業網おろし　居合役土人・平土人男女一同へ清濁取り交ぜ人数に応じ遣わす
○5月より7月までのうちエトロフ場所より通行船当着の節　1艘ごとに番人中へ清酒5升入小樽1つ、取肴5種遣わす。村方へは清酒3升濁酒3升遣わす
○エトロフ通行船帰帆の節　クナシリ領番家ヶ所へ仕入物頼み積ませたさいは、別段清酒5升入１つ差し遣わす。時節により積み入れ物沢山あれば清酒2升入1樽遣わす

○子モロ領より通行船当着の節　清酒2升濁酒升(何升か数字脱)1艘ごとに遣わす
○当島よりノツケ通行継立・帰島の砌　船中一同へ清酒2升濁酒3升遣わす
○当島よりエトロフ継立通行掻送りの節の船中手当　支配人代の者に酒・米・麹など渡し遣わす。当着の節は清酒2升濁酒5升遣わす
○当所よりノツケ御用状継立帰帆の節　年寄・百姓代・船頭へ清酒5合ずつ、平土人へ濁酒5合ずつ遣わす
○ノツケより御用状当着の節　濁酒3升ずつ遣わす
○エトロフより初御用状持ち当着の節　人数に応じ清濁取り交ぜ遣わす
○元番家より手紙持土人当着の節　濁酒5合ずつ遣わす、濁酒がないときは清酒2合5夕ずつ
○当所役々持場廻浦乗船出帆の節　水主土人へ清酒3升濁酒5升遣わす、帰着の節も同様
○6月歯固　居合土人へ清濁取り人数に応じ交ぜ遣わす
○7月7日祝儀　居合役土人へ清酒5合ずつ、平土人男女へ一人前清酒2合5夕ずつ遣わす
○7月13日　墓所へ赤飯・煮〆の法界、その余は1握りずつメノコ・子供へ遣わす、居合土人へ濁酒2斗入1つ遣わす
○7月15日中元祝義　役土人へ清酒5合ずつ、平土人へ清酒2合5夕ずつ遣わす
○7月16日斎日　居合土人清酒(濁酒脱か)取り交ぜ人数に応じ遣わす、当日は土人休ませる
○初鮭取りに差し遣わす土人へ清酒2升・地廻りたはこ1把ずつ祝義として遣わす
○8月1日祝儀　居合役土人へ清酒5合ずつ、平土人へ清酒2合5勺ずつ遣わす
○シベツ・クナシリ島中秋味網おろしの節　清酒2斗入2樽、濁酒4斗入3挺惣体土人へ遣わす。
○秋味千束蔵入の節　千束祝いとして惣体土人へ清酒濁酒取り交ぜ、人数に応じ遣わす
○8月15日隔年住吉社祭礼　仙台家より赤飯・煮染会所へ贈る、土人へ清酒見計らい遣わす。
○8月定例オムシヤにつき土人へ遣わす品　庄屋・名主・年寄・百姓代一同へ清酒2斗入3樽、庄屋・名主・年寄・百姓代・惣土人へ同1樽、島惣体一同・シヤリ土人へ同1樽、平土人男女子供一同へ清酒2合5夕・濁酒1升ずつ、シヤリ小使1人へ清酒・地廻り煙草2把ずつ、シヤリ平土人男女・子供一同へ清酒2合5夕・濁酒6斗、役宅水夫6人へ銭1貫200文
○9月9日重陽　居合役土人へ清酒5合ずつ、平土人へ濁酒2合5夕ずつ遣わす
○シヘツ・クナシリ島秋味漁場引払い運上屋元へ帰着のさい、祝いとして清酒濁酒取り交ぜ人数に応じ遣わす
○ヲンネヘツ軽物場行役土人へ清酒2合5夕濁酒2合5夕、平土人へ濁酒5合の積り遣わす
○10月20日蛭子講　居合土人一同へ清酒濁酒取り交ぜ遣わす
○10月下旬島土人勘定およびシヤリ土人へ諸品かし(貸し)渡し済み、元番家越年、薪山箇所材木山へ働きに行く土人へ、男女に限らず、役土人へ清酒5合、平土人へ一人前2合5夕遣わす
○10月支配人・通詞など帰郷の節　居合土人へ清酒2合5夕、役土人へ清酒5合積り遣わす、場所下着の節も同様
○12月12日山の神年越し　薪山ならび材木山へ清酒2樽配分し遣わす、濁酒はかねて米麹を渡し造酒を給べさせる
○12月13日定例煤払い　居合土人へ清酒濁酒取り交ぜ5合積り遣わす
○12月17日鍛冶家火の神年越し　清酒5升・濁酒1斗を右掛りの者に渡し遣わす
○12月20日例年の通り正月入用の松迎えで山へ行ったさい、土人へ清酒1升遣わす
○12月22日太子年越し　大工・木挽き掛りの者へ清酒1樽濁酒2斗遣わす。
○節分　役土人・居合土人へ人数に応じ清濁取り交ぜ遣わす

○12月歳暮　トマリ住居土人へ1人前玄米5升、外割鯡2束ずつ遣わす。役宅水夫ならびに運上屋炊き土人へ厚子1反ずつ遣わす
○12月晦日歳暮　居合役土人、シヤリ小使へ清酒見計らい遣わす、1汁2菜の膳部給べさせる、役宅水夫・厩土人も同様給べさせる、ただし飯台にあり
○役土人箱館へ罷出のさい　出立には清酒1升玄米8升糀2升、ホロキ5つ・新規着物1枚ずつ遣わす、帰島のさい人数に応じ清酒遣わす
○役土人病死　庄屋・名主(惣名主か)・惣年寄まで清酒2升玄米8升麹2升ずつ、名主・年寄までは清酒1升5合濁酒5升、百姓代へ清酒1升濁酒5升、平土人へ濁酒5升遣わす
○シヤリ小使役病死へは濁酒7升、平土人へは濁酒5升遣わす
○シヤリ土人ヲムシャの節　小使へ1汁1菜料理給させ、惣土人へは酒・煙草・銭を定例の通、品数別書にあり、当日白米飯で介抱する
○土人正月ヱノミ、五節句中元八朔、その他当島土人へ酒給べさせの節、シヤリ土人小使へは清酒2合5夕、平土人へは男女に限らず濁酒2合5夕ずつ、その他骨折させたさいは清濁見計らい人数に応じ遣わす
○庄屋・惣年寄・惣名主が番家より来たさいには清酒5合ずつ遣わす、年寄・百姓代へ2合5夕ずつ遣わす、平土人へ濁酒5合ずつ遣わす
○支配人漁場箇所見廻りの節　番家永住の老人へ古手・下帯・木綿・長裂羽織・ホロキ煙草など、人数に応じ手当遣わす
○例年3月頃薪勘定の節　役宅水夫土人・馬屋付土人へ1人に手当1貫500文ずつ遣わす
○土人出生　木綿半反、白米2升ずつお祝いとして遣わす

いで支給の機会が多かったといえよう。こうした下され物はアイヌの人々にとって確かに得分ではあるが、場所請負制を通じた収奪や支配の浸透を見えにくくする安全弁的な機能にこそ本質がある。ここでは踏み込んでの検討はしないが、保護と支配の表裏一体の関係が下され物に体現されていた点は強調しておきたい。清酒・濁酒がことあるごとに支給されることによって、酒へのアイヌの人々の依存体質が習慣化していくこともたぶんに戦略的なことであった。

10　周廻里数書（コ、A）

クナシリ島周廻は八〇里余、東海岸トマリ～アトイヤは三七里余、西海岸同じく四三里余であった。

11　産物土人ゟ買入直段書（サ、A）

場所請負人がアイヌから出産物を買い入れるさいには、あらかじめ決められた公定価格にもとづくものとされた(表5)。前期幕領時代にそれまでの慣習的な交換基準が場所ごとに公定化・制度化されたが、公定価格がどのように決まるのか、また公定価格が等価性を示すものなのか、公定価格通りに実際買い上げられているのか、そこに入り込んでの検証はむずかしい。ここに挙げられた産物から、クナシリ場所では鱒・鮭(鱒〆粕・鱒油・塩鱒、鮭アダツ・塩鮭)、鯡(身欠き・鯡油・外割鯡・筒鯡)が主要な産物で、他に水豹油、鯨油、椎茸があったことが知られる。また、この値段書きには産物代だけでなく、アイヌが場所請負人の指示によって働いたさいの、鯡漁具・船具の製作代、材木伐り出しの手間代、大工・鍛冶等の手伝い賃などまでひろく記載されている。

表5　産物買上げ値段等一覧

○鱒〆粕21貫目につき代米8升入1俵　※以下8升入1俵
○雑粕21貫目につき代米1俵
○鱒油4斗入1樽につき同6俵
○鯡油4斗入1樽につき同2俵
○鮭アタツ8束につき同1俵
○塩鱒12束につき同1俵
○外割鯡6束につき同1俵
○筒鯡12束につき同1俵
○身欠鯡3200本入1本につき同1俵
○水豹油4斗入1樽につき同6俵
○鯨油同1樽につき同6俵
○椎茸200目につき代米2升
○干草1把につき代銭1文
○鯡簾1枚につき同12文
○材木伐出し1日1人3度介抱同100文
○先切1本につき同2文
○鯡桁1本につき同6文
○丸太1本につき同25文
○皆具杣取1日1人につき同100文
○大工手伝同断につき同60文
○木挽長2間引同60文
○鍛冶手伝1日1人につき同56文
○人足1里につき同20文
○割木舞1枚につき同1文
○炭焼手伝1日1人につき同56文
○薪1敷につき同224文
○同下ケ賃1敷につき同224文(遠山は本文の通り、近山は112文1日3度の介抱の積り、100敷になれば濁酒2斗入1樽ずつ手当遣わし)
○塩鮭7束につき代米8升入1俵
○同6束につき同1俵

表6　各所の船一覧

○トマリ　渡海船4艘、図合船3艘、平太船2艘、持府船2艘、チヨロ船2艘
○サルカマフ　図合船2艘、平太船4艘、持府船1艘
○チフカルヘツ　図合船2艘、平太船4艘
○シヘトロ　図合船3艘、平太船4艘、持府船1艘
○ヲン子ト　図合船1艘、持府船1艘
○トヲフツ　図合船4艘、持府船1艘、平太船3艘、チヨロ船1艘
○フルカマフ　図合船2艘、平太船2艘
○ルヨヘツ　図合船3艘、平太船3艘、持府船1艘、チヨロ船1艘
○チノシノツ　図合船4艘、チヨロ船1艘
○シヘツ　図合船3艘、平太船2艘、チヨロ船3艘
○アトエヤ　図合船1艘、平太船2艘

12　船々員数書（シ、Ｂ）

会所・番屋等に付属する船として、渡海船四艘、図合船二八艘、平太船二六艘、持府船七艘、チヨロ船八艘の、五種類合計七二艘が書き上げられている（表6）。この中にはアイヌの所有する「蝦夷船」は含まれていない。図合船以下は島内の廻船・漁船としての用途であろうが、トマリ付属の渡海船はネモロ場所のノツケとの間の連絡用に使われたのであろう。

13　土人江諸品売渡定直段書（ス、Ｂ）

アイヌに売り渡される品物の公定値段書である（表7）。どのような品物がアイヌ社会にもたらされていたのかわかる。米・麹、酒・煙草といった嗜好品、古手・厚子・先織（裂織）といった着物、股引・足袋の類、各種反物、あるいは各種反物類、糸・針、煙草入・きせる、漆器類、鉄鍋・刃物、鬢付け油・元結、などである。旧来からの交易品であるものが少なくないが、これらの衣食に関わる日用品をみると和人社会のそれに傾斜・依存を深め、鬢付け油・元結などは強制力が伴いながらも和人風俗化の進行を物品面から物語っているといえよう。

表7　諸品売り渡し値段一覧

○玄米　1升　56文	○清酒　1升　200文	○濁酒　1升　56文
○麹　1升　100文	○地廻煙草　1把　85文	○南部粉　1玉　85文
○古手類　正札へ拾弐掛け	○厚し　1枚　500文	○先織　大1枚　880文
○短先織　1枚　556文	○雨合羽　1枚　1貫350文	○揚布　1反　1貫444文
○上々川内白　1反　1貫320文	○並白木綿　1反　810文	○浅黄木綿　1反　1貫150文
○東両面染　1反　1貫284文	○地白両面同　1反　1貫550文	○手掛染　1反　1貫150文
○セハ色染　1反　1貫175文	○烏羽紺　1反　1貫760文	○合羽紺　1反　1貫575文
○萌木綿　1反　1貫180文	○伸千葉　1反　1貫300文	○黒綛　1繰　4文
○浅黄白綛　1繰　3文	○紺長股引　1足　1貫350文	○浅黄長同　1足　1貫100文
○紺袷半股引　1足　1貫100文	○浅黄半白　1足　900文	○同単股引　1足　730文
○菊形風呂敷　1枚　440文	○嶋木綿　1反　1貫700文	○外縫足袋　1足　320文
○内縫同　1足　300文	○木綿針　1本　4文	○革縫針　1本　12文
○煙草入　1つ　500文	○きせる　1本　目札	○並同　1本　180文
○永代張　1本　90文	○竹のこ笠　1かへ　70文	○日のわん　1つ　160文
○蝦夷わん　1つ　50文	○大鴨々　1つ　200文	○中同　1つ　150文
○小同　1つ　100文	○柄提大　1つ　200文	○同小　1つ　100文
○朱わん　1つ　900文	○箱入盃　1組　2貫500文	○並台盃　1組　1貫500文
○高鉢　1つ　2貫500文	○行器　1荷　8貫500文位より17貫文位まで	
○1升焚鍋　1枚　250文	○藁蓑　1枚　175文	○小間切　1丁　35文
○鯖差同　1丁　70文	○白菊鬢　1本　37文	○元ゆい　1把　35文

※記載は左から右へ、上から下への順である。

14　支配人通詞番人稼方名前書（セ、B）

クナシリ場所の請負人はネモロ場所とともに藤野喜兵衛であった。支配人・通詞・帳役、番人、稼方、出稼の別は全体の「演説書」9および17で説明されている（前節参照）。正式な支配人はいないが、仮支配人弟五郎をトップとして、三役五人、番人四〇人、稼方三七人など総勢九〇人からなっている（表8-1）。甚五右衛門以下は明記されていないが番人であろう。家族連れでやってきている者が四組あり、いずれも番人かと思われる（一名は名前が不完全により確認できず）。かつては和人女性の蝦夷地居住が禁じられていたが、後期幕領期、幕府はアイヌ女性に対する番人らの性的横暴を防ぐために妻子を連れて行くことを奨励していたので、これを受けてのことであろう。「引越」と表現されているのは越年・定住化が見込まれているか

表8−1　万延元年の和人人別

○(三役)仮支配人弟五郎　支配人代忠太郎　通詞佐太郎　帳役三蔵　同代甚吾(以上5人)
○(番人)甚五左衛門、勘四郎、福右衛門、久太郎、太右衛門、治左衛門、治郎吉、金兵衛、六三郎、権四郎、清三郎、民治、辰蔵、金治郎、清作、甚吉、九兵衛、松右衛門、専太郎、千代松、市之助、由蔵、専右衛門、要右衛門、長次郎、幸兵衛、小三郎、五郎兵衛、作太郎、寅助、松太郎、宇右衛門、辰五郎、豊蔵、源蔵、長八、弥惣吉、吉太郎、由松、権太郎(以上40人)
○出稼(稼方)　勘太郎　久治　伝八　清作　佐吉　幸太郎　与六　嘉蔵　勇吉　安太郎　菊松　菊治郎　重蔵　兵八　専三郎　松五郎　丑松　富蔵　長五郎　三蔵　鶴松　寅松　栄吉　宮之助　富治　民蔵　太右衛門　権次　長兵衛　平治　佐次　平吉　平太郎　勝五郎　善之助　福松　幸右衛門(以上稼方37人)
○外に権太郎引越家内4人、右衛門(一字脱か)同家内2人　五郎兵衛同家内1人　福右衛門同家内1人(以上家内8人)

らであろうか。

ここには職階と名前のみが記され、その出身地が不明であるが、慶応四年(一八六八)の『書上』の「クナシリ御場所番人稼方人別書上」には出身地名も記載されている(表8−2)。慶応四年の支配人は佐太郎になっているが、万延元年の通詞佐太郎が昇格したのであろう。総勢一四二人で番人二九人(三役含む)、出稼ぎ一一〇人、引越女・子供三人の内訳となっている。出稼ぎとあるが稼方の者を意味していよう。家族連れの五郎兵衛は万延元年(一八六〇)と同じ人物かと思われるが、他の三家内は消えているので定住の難しさを示している。番人・稼方人別が約一・五倍に増え、番人の数が減り稼方が増えているのは、増産もあろうが、アイヌ人口が減ったことによる労働力の補充という側面が強いか。出身地をみると、松前と南部に集中し、南部では下北半島の奥戸、陸中海岸の宮古・鍬ケ崎・大沢の者が圧倒的に多い。同じ請負人のもとで働くことが慣習化していたから、万延元年の場合も同様の出身地の者たちであったとみてよいだろう。

15　土人漁事割合薪勘定手続并役料書(ソ、B)

クナシリ場所におけるアイヌへの漁事割合などについて記す(表9)。請負人はアイヌを雇って漁業経営してきたが、その報酬は産物折半方式を

表 8−2　慶応4年の和人名前

○(三役)松前泊り川町支配人佐太郎　松前泊り川町通詞役太右衛門　松前伝次沢町帳役甚吾
○番人　南部奥戸治郎吉　松前東上町六三郎　南部奥戸五左衛門　松前唐津内沢町福右衛門　松前東上町勘四郎　松前東上町団右衛門　松前端立町覚右衛門　松前川原町五郎兵衛　松前伝次沢町専太郎　松前博知石町徳次郎　松前下及部村由蔵　南部宮古市之助　南部宮古与右衛門　松前上野町幸兵衛　南部奥戸覚兵衛　南部宮古長次郎　南部大畑小三郎　南部宮古辰五郎　松前上野町栄次郎　松前下及部民蔵　南部奥戸太右衛門　松前端立町平吉　南部奥戸専二郎　南部奥戸乕吉　南部奥戸富蔵　南部奥戸平次　〆番人29人(三役を含めた合計人数)
○出稼人　松前上野町佐吉　南部宮古勇吉　宮古三蔵　宮古寅松　宮古栄吉　南部宮古太助　南部奥戸松五郎　松前神明町卯松　松前神明町熊次郎　松前横町兵吉　松前蔵町富太郎　松前白符村浅吉　南部老木定吉　南部鍬ケ崎栄助　南部宮古助八　南部宮古馬吉　南部大畑庄助　南部大畑幸吉　南部大畑太郎作　南部大畑岩松　南部宮古市助　南部宮古利三郎　南部宮古弥五郎　松前端立町柳助　松前上ノ町音吉　南部宮古酉松　南部乙部倉吉　南部宮古久次　南部藤原熊吉　南部女滞(姉帯ヵ)三蔵　南部磯鶏小市　南部小山田平八　南部津軽石由松　松前小松前町宇太郎　松前蔵町秀蔵　南部引目㐂太郎　南部高浜勘五郎　南部磯鶏三五右衛門　南部引目重兵衛　南部引目丑松　南部七戸勘之丞　南部大沢六松　南部大沢長兵衛　南部老木永助　南部引目初之助　南部奥戸平助　南部奥戸彦次郎　南部沼久内菊松　南部大沢戌松　南部大沢寅吉　松前下及部村幸之助　南部引目助松　南部五戸定八　松前上の町次郎吉　松前蔵町文蔵　松前唐津内沢町定吉　箱館中町定右衛門　松前下及部村彦吉　南部宮古久蔵　南部宮古与吉　南部宮古佐助　南部小山田重太郎　南部大沢辰之助　松前唐津内町定八　松前堀の内徳助　南部鍬ケ崎伝助、南部鍬ケ崎市郎、南部鍬ケ崎要蔵　南部鍬ケ崎福太郎　南部鍬ケ崎富之介　南部鍬ケ崎亀次郎　南部鍬ケ崎巳之松　南部鍬ケ崎安太郎　南部老木寅蔵　南部鍬ケ崎平吉　南部鍬ケ崎竹蔵　南部大沢弥兵衛　南部大沢千蔵　南部大沢伝次郎　南部宮古初弥　南部宮古源太郎　南部鍬ケ崎福松　南部鍬ケ崎寅吉　南部鍬ケ崎与年松　南部鍬ケ崎与太郎　南部鍬ケ崎周吉　南部鍬ケ崎儀助　南部鍬ケ崎善助　南部鍬ケ崎福徳　南部大沢馬吉　南部大沢松太郎　南部大沢酉松　南部大沢三之助　南部大沢皆吉　南部鍬ケ崎重太郎　松前寅向町長蔵　松前下及部村勇吉　南部宮古勇助　南部金浜与助　南部金浜弥太郎　南部鍬ケ崎半蔵　南部老木助七　南部藤原福次郎　南部乙部仁平　南部三戸次右衛門　南部宮古源兵衛　松前泊川町秀蔵　松前唐津内沢桃太郎　松前馬形町秀作　南部根市寅吉　〆出稼110人 (家内)五郎兵衛家内きぐ　忰音三郎　太助家内てつ
惣合142人　内番人29人　出稼110人　引越女・子供3人

取っていた。折半したアイヌ取り分の銭総高から役料・手当などを差し引き、その残額を働きの強弱に応じて、人数分に割渡し、漁勘定のさい諸品貸し付け代を差し引き、支給していたことが知られる。同じ藤野家請負場所であるネモロ場所(安政元年)でも折半方式が組み入れられているが(長澤政之　二〇〇三)、この記載だけでは詳しいことはわからない。銭換算にあたっては、前出の産物買入れ値段、諸品売り渡し値段に拠っているのであろうか。しかしなが

表9　漁事割合手続き・役料など一覧

○クナシリ島中6カ所の内、1ヵ所限り産物高を請負人・土人当分(等分か)に相分け、その品に応じ定め値段あり、右値段をもってそれぞれ代付けする。惣銭高の内より庄屋・名主・惣年寄飯料ならびにその所の年寄・土人役料、老人子供などへの手当など引落し、残銭を働きの土人・メノコまで人数に割渡す。そのさい、強弱があるので、1人ごとに歩割を付、1人取のものを上と定め、8分、5分、3分と割下げ、右の歩割を付け、残高割1人当りを定め、それぞれ歩割の通り渡す。いずれの場所でも先年までは違漁年・不漁年の差別がなかったが、近年は年々不漁続きで先年の様に漁事割合にも当たらない。尤も請負人より手当など差し加えても上1人分で凡そ7、8貫文位である。尤も1ヵ場所限り勘定を立ててきたが、近年は土人不足につき2ヵ所伸び間の漁事とし、且シヘツ・クナシリ秋味も先年とは違い丈夫なる土人を選んで遣わすことも行き届かず、強弱とも遣わすので秋味出高が半分となり、定め値段をもって代付けし、前書の通1人毎に歩割して渡している。
○土人役料　庄屋役料、1ヵ所にて8升入5俵ずつ、ただし6ヵ所で30俵遣わし。名主役料、同2俵ずつ、6ヵ所で12俵遣わし。惣年寄役料、同2俵ずつ、同12俵遣わし。
○土人役料は惣漁勘定高のうちより引落とし渡す仕来り、勘定出来1人当り誰誰へは何程と相定めの上、年中諸品代貸し差引、帳面取調べ詰合へ差出し見届け済みの上、漁勘定渡しの節、詰合が立会見分し、1人ずつ呼び出し勘定表を申し聞け、それぞれへ渡す。
○薪勘定はクナシリ土人、シヤリ土人春になり雪車引き仕舞、鯡漁前に割渡す、薪伐り出し賃銭は土人伐り出し高をもって銘々勘定し、雪車引き賃銭は惣高銭を雪車下げ日数で銘々割渡し、その勘定帳ができたら詰合に差出し、見届けのうえ薪勘定当日は立会、1人ずつ呼び出し勘定表を申し聞けそれぞれへ渡す。
○シヤリ土人漁勘定は年中給代をもって雇来っているので、別段勘定はない。上働き男土人12貫文、それより男女働き方に応じ割下げ給代渡す、帰場所のせつ年中運上家より貸し付け諸品代差引帳面取調べ渡す、そのせつ1人ずつ呼び出し支配人より勘定表申し聞け、詰合立会渡す。当所でそれぞれ諸品を身分に応じ遣わし、残銭は切手にしてシヤリ詰合へ勘定帳相添え、右の段申し遣わす。
○島役土人は漁事割合をもって去る卯年まで漁事勘定してきたが、近年は年々無漁続きになり勘定出来兼ね土人引き立がたく、辰年より給料に直し、上土人1人歩につき12貫文取らせ、それより強弱見計らい9分8分7分5分とそれぞれ右に準じ勘定渡しとする。

ら、役アイヌは卯年の安政二年までこうした漁事割合の方式できたが、近年の不漁続きにより折半方式はやめて、翌三年からは働きに応じての定額給料方式に変更した旨が記されている。文中六ヵ所というのは、アイヌが当時居住するトマリ、ヘトカ、チフカルヘツ、トヲフツ、フルカマフ、ルヨヘツを指していよう。アイヌの役料はその六ヵ所から出し合って支給することになっているが、後述の「請負人ゟ役土人江役料遣候廉書」とは支給額が違っているのは、どのような事情によるのだろうか。薪勘定、シャリからの出稼ぎアイヌの給料などについても記載されている。

この漁勘定のさい、全体の演説書に指摘されていたことであるが、請負人の恣意的な漁勘定を防ぐために、幕府役人（詰合）が帳面を監査することに改められ、支給のさいにも立ち合い見分のうえ渡すことになっていた。このことがクナシリ場所でも実施されていたことが知られる。

16　産物去未年積出高調書（タ、A・B）

Aに記載された安政六年（一八五九）のクナシリ場所の漁高は一一〇九石七三七となっている。Bにはその詳細が記載されている。それによれば、鯡〆粕一二四本（目方三六四六貫八〇〇目・石数九一石一七）、鯡〆粕三四本（目方八四〇貫目・石数二一石）、塩切鱒二八六〇束（石数四七六石六六六）、小鯡〆粕八一本（目方二一四四貫八〇〇目・石数五三石三六二二）、小鯡〆粕一〇〇本（目方二九四七貫目・石数七三石六七五）、鮭塩引一三二一束（石数四四〇石三三三）、鮭筋子二斗入三六樽（石数九石）、合計一〇六七石四六六で、外に囲塩引七〇束（石数二〇石）があった。これをみると、塩切鱒・鮭塩引で約八六％となっている。鮭・鱒を中心にして鯡〆粕が加わるという、漁業生産の特化が顕著といえよう。

17　地所引渡目録（チ、B）

別紙絵図面の通り引き渡されたが、この写本では絵図面は省略されている。クナシリ島周廻八六里二丁余、東海岸トマリよりアトヱヤまで四二里三〇丁余、西海岸同断四三里八丁余と、ここにも記される、引き渡し者として箱館奉行支配の河津三郎太郎、鈴木尚太郎、朝比奈藤八郎の三人の名がみえる。

18　鰥寡孤独長病之者名前書（ツ、Ｂ）

鰥寡孤独としてトマリのカマセント（男六二才）、ルヨヘツのモツラフケ（女六五才）、また長病としてヘトカのタロマツ（女二九才）、同所のカルマツ（女二八才）の計四人の名前が記されている。それぞれ救済の対象となった。

19　請負人ゟ役土人江役料遣候廉書（テ、Ｂ）

請負人から支給される役つきのアイヌに対する役料は、庄屋玄米八升入二五俵、惣名主同一五俵、惣年寄同一〇俵、名主・年寄同五俵ずつで、ランクによって大きな差があった。四斗入りにすれば五俵～一俵の支給になる。この他に、オムシャのさいにも請負人から庄屋へ玄米四斗入三俵、惣名主へ同二俵、惣年寄へ同一俵ずつが支給されている。

20　畑反別会所持之分取調書（ト、Ｂ）

トマリ会所に付属する畑の長横間尺と反別が記されている。一筆ごとの反別のみ記すと、畑一畝三歩、畑二畝三歩、畑二畝二六歩、畑一畝一〇歩、畑九畝一〇歩、畑八畝一三歩、畑二畝二七歩、畑一反五畝一八歩、畑一反四畝二一歩、畑一畝一〇歩、の一〇ヵ所あり、合せて五反九畝二一歩あった。これらの畑は請負人が開発したもので、野菜ものを手作りした。御高入り（年貢地）にはせず作り取りであった。

21　追演説書―その1―(二、B)

すでに別の項目で述べられていることも含むが、とくに大事なことを追演説というかたちで指示している(表10)。アイヌに対する撫育・手当、人数改めと救済対象者の把握、年初御用状を運んだ船頭以下への遣品、シャリのアイヌが病気したさいの医師の治療、軽物・山丹交易用小皮類の取穫方、シヘツでの櫂具・薪類の伐り出しの手続き、漁勘定が給料勘定に改まったこと、年中入用の薪伐り出しの勘定、アイヌ女性を妾にすることの禁止、軽物のうち下品なものの取獲者への下げ渡し、といった項目からなっている。

22　追演説書―その2―(同前)

クナシリ御備米の引き渡しについて記す。非常用意のため以前から備えている備米は当時二八九石五五七あり、これを改めずに蔵詰のまま引き渡すが、追って石代値段を定めるので、そのさいに代金を上納するよう指示している。この備米は臨時救助米などとして貸し渡しもあるので、平常請負人に管理させ、詰め替えや欠減の補充を行うこととされている。また、この演説書の外として、シャリよりクナシリへの「出稼土人」の人数として、男女合九三人、他に子供一二人(内男六人女六人)が書き上げられている。

表10　追演説一覧

○クナシリは離島なので異国船渡来は予期しがたく、常々土人伏従の義専一に心掛け、撫育方はもちろん取扱い向きを請負人に申し渡し、なお不漁の年がら難渋の土人への手当方厚く心掛けるよう兼て申し渡している。
○例年春に土人人数を改め、鰥寡孤独老年の者、長病難渋の者などただし、手当として米、煙草など遣わし、なおまた請負人よりも厚く手当いたすよう申し渡している、長病・難渋者の名前書は別紙引き渡す。
○年々初御用状を持ってノツケへ渡海した船頭1人へは金2朱、その外の水主・番人5人へは1人につき清酒5合ずつ、帰嶋のさい遣わしてきた。
○当島へ出稼ぎのシヤリ土人に病気の者があったときは治療を医師へ申し渡し、薬料は請負人持ちである。
○熊胆などの軽物ならび北蝦夷地廻し山靼交易小皮類の取獲方は毎年10月上旬頃役土人・平土人へ取締として足軽両人を添え、ヲン子ヘツ・ノツカ両所へ遣わしてきた、翌年正月帰ったさいに役々ならび役土人2、3人、会所三役の者が立会の上、高下の値段を定め勘定し渡してきた。
○漁具・漁船や会所蔵々修復入用につき雑木伐り出しの願書差出の節は、とくと糺し、相違ないときは聞き届け、免判を渡してきた。
○子モロ領シヘツの内、秋味漁出張所には前々より番人、土人が越年し漁業してきた。漁業に用いる櫂具・薪類は同所山より伐り出し、免判願書は先方御用所へ添書して遣わすが、一両日のうち免判先方会所へ下げ渡してきた、その余の番(番屋か)など修復建て替えのさいは木材を当島より廻してきた。
○土人漁勘定は松前伊豆守領分中、春中よりの産物出高を帳面に記し置き、定め値段をもって代銭積み立て、1人前何程と相定め、賃(貸か)付け銭がある分はその内より引き落とし、勘定帳出来のうえ勤番まで差出、相違なければ漁業が済んでから場所場所のアイヌが会所へ集り、勘定して渡してきた。乙名・小使役料は右勘定の内より引き落として渡してきた。そのような伊豆守よりの申し送りであるが、去る辰年より給料勘定になり、年中貸し付けの諸品代銭を引き落とし、勘定帳出来のうえ御用所へ差し出し、改めの上追って勘定日限を申し立て、その節役々のうちが立ち会い、勘定を見届けてきた。
○年中入用の薪伐り出しは冬中土人が山入りして伐り出し、早春より山下げし、銘々伐り出し高を改め買入れる。定め値段があり勘定帳出来のうえ御用所へ差し出し、改めの上追って薪勘定日限申し立て、そのさい役々のうちが立ち会い見届けてきた。
○支配人や末々番人が心得違いし、メノコを妾にする仕癖がある。右のようなことはしてならないと申し渡し、役土人へも同断申し渡してきた。
○当島軽物のうち熊皮ならび小皮類下品の分はそれぞれ立会のうえ取獲の者へ衣料として下げ渡す。

おわりに

やや史料紹介的な論考となった。『庚申万延元年蝦夷地御領分御引受留』がどのような書物類からなるのか、「引渡惣目録」と実際の収載書物とによって確認した。そのうえで、六ヵ場所全体に及ぶ基本事項と個別場所の特記事項をまとめて記載した最も重要な文書である「演説書」を取り上げ、その内容の全体を逐一紹介した。仙台藩の領地になるといっても、幕府による規制が強く、また、それまでの場所請負制がつくりあげてきた蝦夷地の慣習に従うことが求められていたことが知られる。

六ヵ場所のうちクナシリ場所一つに絞ったが、同場所に関する諸書物はその全部について記載内容を紹介し、十分ではないものの検討を加えた。これによって、運上屋・番屋によって形づくられている場所景観や、アイヌ人口の激減にみられるアイヌ社会の状態など、幕末期のクナシリ場所の実情をかなり詳しく示すことができたかと思う。また、この引継文書以外にも他の時期の同種の史料をいくつか用い、クナシリ場所の変化の側面にも触れたので、クナシリ・メナシの戦い以後の場所の歴史に思いをいたすこともできよう。

ただし、幕府から領地を引き継いだ仙台藩がその後どのような場所支配・経営をしていったのか、ここではまったく言及することがなかった。史料は多くはないが、条件が許せば今後取り組んでみたいテーマである。また、この種の引継文書は松前藩から幕府へ、幕府から蝦夷地を分領した東北関係藩へ、そして幕府から新政府へ、領地が引き渡されるときに作成された。それらの所在確認の調査と紹介を進めて、幕末期の蝦夷地場所の研究に役立たせていくことができる。すでにそうした史料を使った研究も存在している（海保　一九九一、菊池　一

九九一、金森 二〇一五)。この紹介・検討がきっかけとなって、さらに場所引継文書への関心が高まることを期待したい。

参照・参考文献

門松秀樹 二〇〇九 『開拓使と幕臣―幕末・維新期の行政的連続性―』慶応義塾大学出版会
海保嶺夫 一九九一 「『北蝦夷地御引渡目録』について―嘉永六年(一八五三)の山丹交易―」『一九九〇年度北の歴史・文化交流研究事業』中間報告、北海道開拓記念館
金森正也 二〇一五 「幕末期の蝦夷地をめぐる藩権力と領民の動向―秋田藩を事例として―」『環オホーツクの環境と歴史』第四号、サッポロ堂書店
菊池勇夫 一九九一 『北方史のなかの近世日本』校倉書房
菊池勇夫 一九九九 『エトロフ島』吉川弘文館
菊池勇夫 二〇一〇 『十八世紀末のアイヌ蜂起―クナシリ・メナシの戦い』サッポロ堂書店
国立公文書館内閣文庫(編・発行) 一九七五 『改訂内閣文庫国書分類目録』下
高倉新一郎編 一九七八 『竹四郎廻浦日記』下、北海道出版企画センター
長澤政之 二〇〇三 「場所請負制下、子モロ場所におけるアイヌの漁場労働」『歴史』一〇一号、東北史学会
北海道庁編纂・発行 一九三六 『新撰北海道史』第五巻史料一
北海道編集 一九六九 『新北海道史』第七巻史料一、新北海道史印刷共同企業体

あとがき

本書に掲載した論考は、初出一覧を見て気づいたことであるが、COEプログラム、研究所、科研費、研究フォーラム、同人的な雑誌といった、性格も異なるいろいろな場で報告あるいは執筆の機会が与えられて発表したものばかりである。私の場合、勤務校の紀要に特定のテーマについて数年書き続け、それをもとにして本にまとめてきたという側面が大きいが、本書の場合には事情が異なっていることになる。たまたまそうなったにしても、以前と違って論文の発表の場が学会誌や紀要に限られなくなり、競争的資金の獲得にも促されて、個人研究から共同研究・プロジェクトのような形態に変わってきたことを反映している。その良し悪しについてはここでは触れないが、自身としては学内に引きこもらずに異分野を含めて多くの方々と出会い、しかも「自由」度を失わずに研究できたことは幸いであったと思う。お名前は省略するが、関係者の方々にここに厚く御礼を申し上げておきたい。

したがって、これらの論考は他との連関など考えずに、その企画の意図や趣旨に合わせて、それぞれに課題を設定し取り組んだものである。問題意識は各論考(各章)の冒頭部分で述べているので省くとして、そこに書いていないことを少し述べておきたい。第一章と第六章は非文字資料、といっても図絵の類であるが、図絵を使って文字資料(史料)では分からないことを明らかにしていく、そのような共同研究の作業の一環であった。歴史資料としての図絵の有用性と制約について考えることになった。この取り組みでは菅江真澄が描いた図絵をメインにしたのであるが、それについては拙著『菅江真澄が見たアイヌ文化』(神奈川大学評論ブックレット三〇、御茶の水書房、二〇一〇年)としてまとめている。

第二章は他の章とはいささか執筆の事情が違っている。東日本大震災の雑誌特集に寄稿したもので、まだ平常性が回復されていない段階で、大震災後最初に書いた文章であった。近世の北日本で発生した地震・津波で咄嗟に思い浮かんだのは寛保津波であった。松前・江差方面を巡ったとき二、三の供養碑を実見しており、それが強く印象に残っていたからである。第七章も大震災が少しからんでいる。報告したのは二〇一一年四月であったが、もっと早くに予定されていたのが大震災のために延期されていたからである。沿海社会がテーマであったのだから、津波のことなど意識し、論を多少組み直してもよかったかと今にして思うが、考えるゆとりがなかった。

第三章は当初「近世史フォーラム」で発表したものに多少手を加える程度にするつもりであったが、それでは飽き足らず、蝦夷地におけるウス善光寺と義経伝説の二つを取り上げて、新たに論じ直したものであった。なお、東北・北海道の義経伝説については別途刊行を予定している。第四章はサッポロ堂書店の石原誠氏が新雑誌を立ち上げるにあたって寄稿したもので、同書店発行の『十八世紀末のアイヌ蜂起―クナシリ・メナシの戦い』をいくぶん補う意味で書いたが、下北からの出稼ぎ者のイメージが変わるのではなかろうか。

第五章は「開国前の日露関係」というシンポジウム報告集に寄稿した論考で、国家間の関係史というだけでなく、民衆的な人々の視点を入れて理解してみようとの趣旨から書いたものである。第八章は科学研究補助金の分担研究として、近世後期の道東・千島方面の場所の実態解明にあたることになったが、基礎的なデータの紹介が必要と考えて場所引継文書を取り上げることにしたものである。

このように各章は区々な内容・論点になっているが、北東北から北海道に広がっていく和人に関わる問題系ということでは共通している。境界領域であるために国家、権力に関心が傾きがちであるが、和人民衆、和人社会についてはまだまだ検討すべきことが多いという認識にたち、与えられた機会をうまく生かして執筆してきた論考を集めたのが本書ということになる。むろん、第三章、第七章などを読めば了解されるように、アイヌの人々を欠落させて論じているのではない。和人社会の形成という視点だけで北方史を語るのには明確に反対であることは、これまでと何ら変わっていない。

二〇一三年に拙著『アイヌと松前の政治文化論』(校倉書房)をまとめ、そしてこのたびの本書の刊行によって、北方史に関して私自身がすべきことはほぼ形にしたのではという思いがしている。ただ、まだやりかけの、あるいは新たに始まるものもあって終わったわけではない。世代間の断絶にならないよう、バトンタッチしていけるような仕事をめざしてみたい。

各章の原題・初出は以下の通りである。

第一章　鷹の捕獲技術について―江戸時代の北日本を中心に―(『年報　人類文化研究のための非文字資料の体系化』第2号、神奈川大学21世紀COEプログラム研究推進会議、二〇〇四年)。

第二章　寛保の松前大津波―被害と記憶―(『季刊東北学』第二八号、東北芸術工科大学東北文化研究センター、二〇一一年)　＊特集「地震・津波・原発―東日本大震災」

第三章　蝦夷地のなかの「日本」の神仏―ウス善光寺と義経物語を中心に―(荒武賢一朗・太田光俊・木下光生編『日本史学のフロンティア』1　法政大学出版局、二〇一五年)

第四章　南部屋(浅間)嘉右衛門と飛騨屋―蝦夷地の利権をめぐる争い―(『環オホーツクの環境と歴史』サッポロ堂書店、二〇一二年)

第五章　ラクスマン来航と下北の人々―菅江真澄を手掛かりに―（寺山恭輔編『開国以前の日露関係』、東北アジア研究シリーズ第七号、東北大学東北アジア研究センター、二〇〇六年）
第六章　『模地数里』に描かれた松前―長春丸・女商人・馬―（『年報　人類文化研究のための非文字資料の体系化』第3号、神奈川大学21世紀COEプログラム研究推進会議、二〇〇六年）
第七章　松浦武四郎『蝦夷日誌』にみる松前・蝦夷地の沿海社会―一八四〇年代の様相―（荒武賢一朗編『近世・近代における日本列島の沿海社会と海運』「環東シナ海・環日本海沿岸域の文化交渉と歴史生態をめぐる学術的研究」研究グループ、日本学術振興会基盤研究A、研究代表者野間晴雄、二〇一四年）
第八章　万延元年蝦夷地場所引継文書の紹介と検討―仙台藩分領、とくにクナシリ場所を中心に―（『中近世北方交易と蝦夷地の内国化に関する研究』、科学研究費補助金基盤研究A研究成果報告書、研究代表者関根達人、二〇一四年）

本書は、数年前にまとめた拙著『東北から考える近世史』と内容的に近いことから、同じ清文堂出版より出していただくことになった。取締役社長前田博雄氏に厚く感謝申上げたい。また、原稿チェックをはじめ、こまごましたことについて編集者の松田良弘氏に一方ならずお世話になった。編集者の協力なくして本づくりがならないということを、いつもながら身にしみている。ここに御礼の言葉を記して、筆を擱くこととしたい。

二〇一六年八月

菊池勇夫

和人漁民 208, 228, 229
和人漁民の出漁 208
和人集落 214, 215, 229
和人女性 229
和人人口 43
和人地 56, 198, 227, 228
和人名前 264
和人の付会 83, 84
渡し守 208
渡党 60
和風化（同化） 56, 87
わらんじ 182
ゑびす 128
ヲ（オ）キクルミ 73, 76, 79, 82, 85, 89
ヲクシリ（奥尻）島（蝦夷地） 215
ヲシャマンベ（長万部，蝦夷地） 207, 228
忍路（ヲショロ，蝦夷地） 53
ヲタルナイ（小樽内，蝦夷地） 217, 228
ヲとべ（乙部，松前地） 43, 44, 47, 213, 214
ヲニビシ（鬼菱） 78, 79
ヲムシャ 242, 251, 265, 277
ヲロシア（ロシア） 128〜131, 145, 151
ヲロシア国（ロシア国） 130
ヲロシア人（ロシア人） 128
亜魯斉人来朝記 130, 132
ヲろしあのヲどり 145, 149
ヲロッコ人（ウィルタ） 222

山守 31
ヤムクシナイ(山越内) 207, 228
湯あみ 151
遊郭 205, 213
ユウカリ(ユカㇻ) 83
遊女 200, 205, 206, 228
遊女歌 147
遊女の異名 229
遊女の俗称 206
ユウバリ(夕張) 218
ユタルベ(レタㇻペ) 181
湯守 214
聖代要迺磐寿恵 51, 52
ユルリ島 247
ヨイチ(余市, 蝦夷地) 60
楊忠貞 223
横川良助 119
夜籠り 69
吉岡(松前地) 203, 204
義経・弁慶伝説 89
義経蝦夷渡り説 57
義経甲石 74, 75
義経社(神社) 76, 85～87
義経大明神 87
義経伝説 7, 64, 74, 84, 89
義経の甲の鍬形 79, 81
義経の木像 86
義経不死伝説 73
義経物語 57, 72, 75～77, 79, 85, 87, 88
寄鯨 223, 243
四日市御行事 118
夜番人 183

【ら行】

ラクスマン 126, 128, 135, 141, 143, 147, 151, 153, 154, 156, 169
ラクスマン来航 7, 127, 128, 132, 147, 150, 155
猟虎 114, 224, 226, 253, 262
らつこ嶋(らつこ) 64, 127
鸞州 71
リイシリ(利尻)島(蝦夷地) 168, 219
利八郎 137
漁勘定 249, 274, 276, 278
両浜中(近江商人団) 46
料理屋 217, 228
流罪 215
留守居(松前藩) 104
霊岸島(江戸) 102, 116
礼義文華 6
レキシコン 141
レブンゲ 61
れんしやく(連尺, 連雀) 176, 179
労働着 180
六部 70
ロシア 56, 127, 135, 136, 150, 155, 200, 229
ロシア銀貨 134, 135
魯西亜実記 128, 135
ロシア人 137, 143, 146, 154～156
魯西亜人来朝記 132
ロシア来寇事件(フヴォストフ事件) 156, 168, 171
魯斉亜風俗距戯唄 144

【わ行】

賄賂 93, 110
若年寄 171, 172
和賀屋(孫兵衛) 201, 205
和漢三才図会 63
鷲 30, 218
鷲尾 107, 114
鷲羽 220, 253, 262, 264
和人 5, 7, 56, 59, 60, 62, 155, 204, 206, 207, 208, 228, 229, 252, 257
和人漁村 206

三巴　85
水戸藩　74
湊源左衛門　92, 101〜103, 106, 107, 108, 110〜112, 114, 115, 117〜121
湊平左衛門(湊源左衛門の父)　101, 106
源義経　72〜79, 81〜85, 89
宮城県北部地震　39
宮古(南部)　3, 137, 141, 142, 261, 273
冥加金　101
妙亀法鮫大明神　217
名号札　71
苗字御免　241, 251
苗字帯刀　116, 118
民衆史　8
三馬屋(三厩，津軽)　43, 48, 49, 76, 160, 165〜167, 224
無縁堂　46
ムカワ　60, 78
向山誠斎雑記　189
莚　222
ムソウアミ(無双網)　15, 22, 24, 27, 28, 32, 33
無双がへし　24
陸奥・出羽の大津波　52
武藤勘蔵　187
無判船　104
村鑑下組帳　177, 189, 190
村上大学義礼　151
村並　228
村林鬼工(源助)　133, 134, 169
村山伝兵衛　132
無量寺(熊石)　44, 47
明治三陸津波　38
妾　278
目黒髪黒　145, 148, 149
目付(松前藩)　112
メンカクシ　88
免判　245
最上徳内　82, 84, 136, 137, 138, 139, 143, 187
麹　11
模地数里　160〜164, 174〜177, 180〜185, 191〜193
持符　201
物売りの声　179
木綿衣　183
盛岡藩　4, 30, 31, 34, 53, 93, 99, 104〜109, 111, 112, 117〜119, 132, 142, 156, 169, 171, 199, 236
盛岡藩雑書　30, 31, 93, 99, 100, 106〜109, 111, 117, 118
モロラン(室蘭)　208, 219

【や行】

ヤエンクル　223
屋形石　84
役方(つき)のアイヌ　259, 277
役木　250
ヤクツコイ(ヤクーツク)　137, 141
役料　277
野菜　183
安右衛門(伊勢屋，南部屋嘉右衛門の姉婿)　96〜99
安丸良夫　2
雇労働　207
梁川(陸奥)　161, 174
やま帰り　27
山稼(ぎ)　98, 205, 207, 214
山師　99, 104, 105, 121
山下恒夫　129, 131, 132, 142, 147
やませ(東風)　166
山鵜　18
山田清七　43
山村信濃守(良旺)　94, 115, 116, 118, 121
山村(信濃守)役所(幕府勘定所)　94, 97, 99, 107, 114

牧の冬かれ　126, 127, 134
馬子(馬追稼)　185, 186, 189～191
鱒油代　250
マタギ　156
　203
町役所(町会所)(松前)　175, 176, 178, 203
松浦武四郎　24, 28, 30, 62, 67～69, 71, 87, 179, 181, 182, 189, 192, 199～201, 206, 209, 211, 212, 219, 228, 230, 231, 262
松島瑞巌寺　64
松平和泉守(乗完)　126
松平信濃守忠明　172
松田伝十郎　62, 69, 70, 171
松前(福山，城下の意)　25, 43, 44, 47, 105～107, 111, 113, 120, 127, 134, 135, 142, 145, 160, 162, 165, 166, 174, 176, 178, 180, 182, 183, 191, 202, 204, 211, 213, 216, 245, 284
松前(松前地の意)　4, 27, 40, 49, 64, 66, 100, 151, 187, 189, 198, 230, 273
松前移住論　3, 5
松前江差屏風　46
松前蝦夷記　26, 29, 186, 187
松前蝦夷軍記　78
松前・蝦夷地　3, 4, 56, 74, 79, 81, 107, 150, 161, 170, 171, 186, 199～201, 231
松前景広　59
松前稼ぎ　3
松前紀行　171
松前歳時記草稿　178, 191
松前志　81, 177
松前氏(蠣崎氏)　212
松前市中(福山)の男女人口　176
松前城下(福山)　64, 74, 104, 112, 136, 146, 160, 166, 174, 175, 179, 180, 186, 189, 192, 198, 203, 204, 205, 211, 212, 230
松前地　3, 6, 7, 26, 42, 60, 179, 187, 189, 225, 227～229, 257
松前狄軍記　78
松前の津波　48
松前藩(家中)　4, 7, 27, 29, 31, 40, 42～44, 56, 57, 61, 81, 92, 93, 100, 102, 103, 106～111, 115, 117, 119, 120, 121, 126～128, 131, 132, 135, 139, 143, 146, 151, 161, 172, 174, 191, 198, 200, 203, 230, 236, 246, 252, 253, 257, 280
松前藩主　174, 191, 198, 253
松前藩の鷹　10
松前藩復領　174
松前藩復領期　200, 205, 252, 265
松前広長　40, 57, 61, 80, 81, 118, 255
松前奉行　161, 162, 165, 166, 171, 172, 174, 178, 205, 255
松前方言考　169
松前道広　126, 127, 129, 131
松前屋庄右衛門　224
松前泰広　73
松前慶広　59
松宮観山　75
真名板淵　13, 17～19, 22, 32
真名板淵鳥屋　17, 20
マメキリ　88
丸小屋　227
丸に三つ葵の紋　172
満洲銭　223
万体仏　66, 68, 88
三浦命助　2, 5
水先(案内人)　133, 142, 151, 154
瑞穂丸　170, 172
弥陀堂　57
陸奥(みちのく)日記　161～165, 167, 172, 176, 178, 180, 181, 184, 185

福山秘府 40, 42, 45, 57, 61, 62
福山館(城) 161, 203
武家屋敷 203
不思議 50
武士名前 118
普請役(幕府勘定所) 120, 137
ふせ網 26
布伝能麻迩万珥 144, 150
ぶな 184
船(付)澗 200, 201, 225
船蔵 171
船小屋 212
船手方改(松前藩) 114
船手組(幕府) 115, 170
舟山直治 46
冬木 204
古川(古河)古松軒 82
古手屋 216
風呂敷 182
風呂屋 205
噴火 62
弁財(才)船 168, 201, 225
弁才泊 201
別段上納金 240, 251
平秩東作 66, 180, 187
ペテルブルグ 141
ヘトカ川 247
ヘラウシトミカムイ 80
弁慶 72, 74, 75, 78, 82, 83
弁慶崎(岬) 73～75, 79, 81
弁慶甲石 74, 75
弁慶畑 82
弁才天堂 57
弁瑞 71
弁天社 223, 248, 258
ホイヌ 242
ホウガニシ 83
判官殿 73, 83, 84
方言 200, 201
法源寺 44
宝洲 66, 68
北条氏長 74
疱瘡(天然痘) 210, 244, 245
疱瘡神 215
疱瘡の流行 262
砲台 199, 200
放鷹 10, 22, 23, 28, 32
北夷談 62, 69
北槎聞略 129, 133, 135, 142, 152, 158
葆光 161
ホソメ昆布 204
北海随筆 65, 66, 76, 78, 79, 81, 84
ほっきほっき 179
法華寺(江差町) 44, 47
堀田正敦 171
ホド 178
帆柱 168
墓標 44, 47
頬被り 181
帆待荷物 112～115
堀川儀兵衛(幸右衛門，南部屋嘉右衛門の弟) 111
ホロナイ(幌内) 220
盆踊り 47, 147
盆踊の唄 145～147, 150
本覚寺 65, 66
本草綱目啓蒙 33
本多淡路守(繁文) 162, 166
本朝通鑑 72～74
本邦人 225

【ま行】

薪 184, 186, 212
薪取り 204
薪流し 204
薪の伐り出し 190

阪神・淡路大震災　38
番付　51
番人　92, 121, 225, 243, 244, 248, 250, 251, 272, 273
番人・稼方人別　273
番人稼方　245
番屋(家)　89, 198, 207, 208, 209, 210, 214〜217, 220, 222〜226, 230, 243, 257, 258, 271, 280
稗　190
東蝦夷地　58, 61, 62, 64, 71, 76, 79, 104, 105, 145, 168, 169, 173, 202, 215, 227, 228, 236, 253
東蝦夷地各場所様子大概書　255
東在(松前地)　42, 43, 49, 189, 204, 230
東日本大震災　38
引負(金)　96, 97, 99, 100, 117, 119
引き波　41
引渡惣目録　238, 280
引渡目録　254
被災のリアリティー　39
秘蔵の巻物　76
飛騨屋　4, 68, 92〜95, 98, 100〜103, 109, 111, 112, 114〜117, 119〜121, 132〜134, 138, 139, 142, 146, 253
飛騨屋大畑店　92, 93, 99
飛騨屋久次郎(三代倍安弟)　112, 113, 116, 118, 119
飛騨屋久兵衛(三代倍安, 1737〜84)　94〜103, 109, 111, 114, 117, 119〜121, 139, 149, 253
飛騨屋久兵衛(初代倍行, 1674〜1728)　95
飛騨屋久兵衛(二代倍正)　95
飛騨屋久兵衛(四代益郷, 1765〜1822)　92, 121, 134
ひなの一ふし　144〜146, 150
桧(ヒバ・ヒノキアスナロ)　92
桧山　212
桧山奉行(江差奉行, 松前藩)　213
日の丸　173, 174
日の丸の幟　167, 172
日の丸の旗　172
百姓　112
百万遍　70, 71, 250
日雇　176
桧山稼ぎ　213, 214
評定所　119
漂着仏　69
漂流人聞書　130, 132〜135
漂流民　7, 126, 129, 131, 135, 143, 146
漂流民とロシア　141
鵯　23
ビョドロ(ピョートル)　137〜139, 146
ヒラ(ヒラカ)　86, 87
平井千阿弥　115
平尾魯僊　181, 182
平田篤胤　168
平取(蝦夷地)　86
比良野貞彦　12, 20, 22, 28
弘前并近郷御絵図　13
弘前藩　16〜21, 24, 27, 31, 43, 45, 49, 59, 73, 191, 199, 236
弘前藩庁日記(国日記)　13, 18, 20, 21, 32, 41, 43, 45
撫育　278
風俗　182, 205
風俗改め　243
フーレ・シャモ　155
フウレベツ　225
フウレン川　247
深浦(津軽)　134, 212
深谷克己　2
吹流し　172
福居芳麿　172
福山温故図解　174

年中行事 265
念仏 70
念仏上人 71
念仏堂 211
農女 181
農人 183
野飼い(の馬) 207, 208
野坂忠蔵 132
能登衆 214
野放し馬 190, 191
野牧 186
烽火台(烽火場) 209, 256

【は行】

売女 176, 216
鴇 18, 30
バイダラ舟 153
幕府巡見使 41, 73, 81, 186, 213, 227
幕府鷹匠 21
幕府目付 143
箱館 44, 132, 142, 152, 165, 169, 171, 172, 181, 183, 192, 201〜204, 206, 208, 213, 227, 228, 230, 235, 245, 252
箱館(付)六ヵ場所 207, 212, 229
箱舘紀行(松前記行) 181, 183
箱舘紀行附録 182
箱館裁判所(箱館府) 255
箱館市中備米 240, 251
箱館風俗書 192
箱館奉行(幕府) 168, 169, 171, 172, 174, 205, 236, 255, 256
箱館奉行(松前藩) 205
箱館奉行所(幕府) 237, 252
箱館平野 199
擌(ハゴ)捕獲法 11
場所請負 92, 138
場所請負制 56, 89, 169, 198, 199, 229, 251, 252, 269, 280
場所請負人 4, 89, 113, 200, 203, 204, 207, 208, 211, 215, 219, 221, 224, 230, 240, 241, 243, 250〜253, 257, 258, 265, 269, 270, 273, 276, 277
場所稼 205
場所稼人 203
(場所)支配人 102, 105, 121, 139, 241, 243, 244, 251, 252, 272
場所の景観 198, 257, 280
場所番人 204
場所引継文書 281
破船 42, 44, 50
秦檍丸(麿) 75, 86, 181
畑 277
八戸 53, 66
八戸藩 53, 142
八面大王 86
服部中庸 148
ハッパアイノ 137
鳩 27, 28
花藺 105, 109, 110
羽太正養(庄左衛門) 168, 262
はへ(ハイ, はゐ) 74, 76〜79
浜荻 33
浜小屋 207, 217
早馬 265
林鵞峯(春斎) 72
早走 265
隼 11, 18, 31
はやぶさ捕り 32
時行諷 149
ハヨピラ 79, 86, 87
張切羅 22, 28
春鰊出稼ぎ 204
馬鈴芋(じゃがいも) 212, 218
判鑑 244
万春丸 168
半鐘 68

徳川実紀　50
徳川光圀　74
徳川吉宗　17
とさのみなと　77
椴　100～102
トマリ　224, 256～258, 265, 269, 277
鳥屋　16, 19, 20, 22, 26, 31
鳥屋主　20
鳥屋場　20, 21, 26, 27
鳥屋林　19, 32
トヤマチ(鳥屋待ち)　33
トラペズニコフ　141～143
問屋　203, 205, 213

【な行】

内国　199
内済　115
中川善之助　155
長川仲右衛門　133, 170
長崎俵物会所　203, 205
長崎屋　207
中荷物　114, 115
中根宇右衛門(正章)　73
中村孫四郎(幕府船手組頭)　115
中村喜和　145, 147
流灌頂　66
流家　42, 53
長病　277
菜大根　190
夏昆布出稼ぎ　204
夏目左近将監(信平)　172
海参(海鼠)　223～226
海参出稼ぎ　211
海鼠引き　220
海鼠曳場　219
鯰絵　51
生鰊(粒鰊)　213
成石修　87
鳴子　183
南部　142, 152, 186, 213, 273
南部家　117, 170
南部家陣屋跡　205
新井田大八　139
乳　16
煮売(肴)屋　205, 216
西蝦夷地　42, 62, 64, 201, 207, 211, 214, 228, 229
西川春庵　211
西在(松前地)　42, 43, 189, 211, 230
西洞院(公家)　105, 106, 109, 110
ニシベツ(西別)　247
鰊小屋　214, 219, 228
鰊取り　189
鰊の集荷　213
鰊(鯡)漁　6, 43～45, 205, 212, 213, 214, 219, 221, 228, 230
鯡漁出稼ぎ　204
日尾荊山　164, 165
日米和親条約　235
日ロ(露)関係　7, 156, 284
二八小屋　208, 215～218, 228
二八取　208, 213, 215, 219, 228, 257
日本語学校　141, 146
日本言葉　70
日本人　5
日本人之種　149
日本の神仏　56, 89
日本来航日誌　135, 143, 153
荷物改め　112～114, 117
鶏　14, 25, 28
人間(シャモ，和人)　59, 60
ネモロ(根室)　126, 132, 133, 135, 141, 149, 151, 155, 169, 224, 225, 246～248
ネモロ(根室，根茂呂)場所　149, 210, 234, 235, 248, 251, 257, 271, 272, 274
年始節句　249

鱈漁 206
俵物 113
淡斎如水(蛯子吉蔵) 169
千島(列島) 137, 198, 229, 253
チトセ(千歳) 218
千鳥の白波 168
茶屋 204
長者丸(粕屋) 224
長者丸(松前藩) 133, 174
長春丸 160, 165〜167, 170〜174
調進牡蠣 246
長徳寺(乙部) 44
町人名前 118
帳役 241, 251, 272
鎮守 258
鎮守祭礼 250
通詞(アイヌ語) 241, 251, 272, 273
通俗道徳論 2
津軽 48, 50, 76, 84, 186, 213, 230
津軽一統志 18, 78
津軽海峡 5, 44, 153, 166
津軽家 170
津軽領 180
遣わし品 242, 249, 251
継立手当 248
ツキノエ 139, 253
ツクナイ 80
土山宗次郎 120
津波 38〜49, 52〜54, 59, 62
津波伝説(伝承) 50, 54
潰死人 43
潰家 42, 45
詰合(役人) 89, 241, 243, 249, 251, 252, 276
爪判 118
露木元右衛門 170, 171
鶴 27
鶴の舞 214
定額給料方式 275
禎祥丸 135, 151
貞伝 65〜68
貞伝上人東域念仏利益伝 66
貞伝仏 70, 88
貞伝万体仏 88
出入りの者 116
出稼ぎ 243, 272
出稼ぎ番屋 258
溺死 42
狄島夜話記 64
手伝人足 175
手習の師 145
テメテレラヤコウフヱキ 145〜147
手山 102
寺島良安 63
天狗の岩屋 63
伝七(南部大畑村) 68, 88
天朝 131
天度(測量) 173, 200
天秤棒 179
天満(伝馬)船 152, 154
東蝦夷(とうかい)夜話 87
湯治人 213
等澍院(シャマニ) 71, 72, 209
唐松(蝦夷松・エゾマツ) 92, 100, 102
東武画像 80
東北大名 199, 236
東遊記(橘南谿) 6, 53
東遊記(平秩東作) 67, 187
東遊雑記 82
遠しま渡り 146, 147
遠見番所 208
渡海船 271
トカチ(十勝, 刀勝) 246
トカチ(十勝, 刀勝)場所 234, 235, 239, 245, 251
戸川筑前守(安論) 170, 171

仙台藩　234, 236, 237, 252, 255, 257, 280
船頭　112, 113, 126, 132, 136
前頭部運搬　179
専念寺(松前)　185, 186
善宝寺社　258
泉龍院(松前町)　47
雑木　19
ソウヤ(宗谷)　219
総矢倉　168
宗谷場所　112, 220
宗谷船手足方吟味役　112
訴訟書留帳(飛騨屋)　94, 112, 115
卒塔婆　45
備米　211
備米蔵　221, 258

【た行】

太鼓　184, 215
大黒屋光太夫　126, 128, 132, 143, 147
大黒屋光太夫史料集　129, 142, 148
退私録　73
帯刀　111, 116
台場　207, 208, 211
台場　245, 251, 256
大変　49
鷹網　15
鷹打　26, 27
鷹打稼　26
鷹打場　16, 26, 27, 32
鷹狩場　19
高倉新一郎　161, 165
鷹師　21
鷹匠　21, 26, 29, 31, 34
鷹巣　34
高田屋　226
高田屋嘉兵衛　168
高田屋金兵衛(嘉兵衛の弟で後継者)　205
鷹取男　33
鷹取小屋　25
鷹の巣　30, 34
鷹之巣改　30
鷹(の)捕獲　6, 21, 24, 25
鷹の捕獲技術　10
鷹の捕獲法　33
鷹待(ち)　13, 20, 21, 26, 31, 34, 77
鷹まちのや　27
鷹待場　16, 19, 21
多賀丸　139, 141, 142, 145
宝物　137
竹内善右衛門　136, 141, 144
竹内徳兵衛　136, 138, 139, 141, 145
武川久兵衛　68
武川久兵衛家　132
竹四郎廻浦日記　87
武田悪太郎　82
武田菱　174
竹の子　178
凧揚げ　192
駄送用　190
橘南谿　6, 48, 49, 53
韃靼　64, 72, 81, 82
立石(松前)　84
立石野(松前)　45, 46, 211
伊達宗村　171
伊達林右衛門　172
田名部(南部)　106, 109, 133, 134, 145, 150
田名部惣御留山御山帳　99
田名部(通)代官　99, 107, 154
田沼意次　115, 120
田沼様役人　115
田沼時代　121, 137
煙草　70
旅人　43, 203
玉子　30, 31

出漁漁民　204
出漁漁民　230
種痘医師　244
朱塗唐船造　173
正覚院(江差町)　47
貞観津波　38
正徳五年松前志摩守差出候書付　57, 79
商人　118
菖蒲　178
菖蒲乗　191, 192
正保日本図　74
城米輸送船　172
浄瑠璃　76, 79
諸書物引渡目録　254
初期情報　43
シラオイ(白老)　236, 238, 257
シラオイ(白老)場所　234, 235, 238, 239, 256
シラオイ本陣　238
白洲(砂)　107, 109, 116, 118
白鳥新十郎　201
白ヌシ(白主)　221, 222
白主(カラフト)運上屋　229
白山友正　93, 95
シリカク　76
シリヤ(尻屋, 南部)　152, 153, 155
シレトコ(知床, 蝦夷地)　220
白い装束　49
塩飽(讃岐)　66
新宮屋　104, 105, 121
新収日本地震史料　40
神昌丸　126, 129, 132
薪炭　183
新田村　205
清の太祖(ヌルハチ)　82
人馬賃銭　243, 245, 251
新編日本被害地震総覧　38, 41, 52, 53
新羅之記録　41, 59, 60
図合船(ズアイ)　166, 201, 215, 271
菅江真澄(白井英二秀雄)　7, 27, 28, 29, 42, 47, 48, 59, 61, 62, 65, 67, 69, 84, 85, 126, 127〜131, 134〜136, 141, 142, 144〜146, 149, 150, 153, 154, 156
直走(スクハシリ)　104
鈴木熊蔵　135
鈴木周助　173
巣鷹(スダカ)　27, 29〜31, 33, 34
巣鷹御用懸　30, 31
巣子捕り　29
栖原角兵衛　116
栖原屋　112, 116, 121, 203, 221
スマトラ島沖大地震　39
炭焼き　190, 214
住吉社(国後)　248, 258
摺物　51
生活絵引き　193
誓願寺(弘前)　66
制札　256
政徳丸　169, 170
背負い縄　179
施餓鬼　45
石炭　210
関根達人　44
石仏　67
関船　170〜172
前期幕領化　200
前期幕領時代(期)　56, 169, 192, 199, 200, 205, 230, 251, 256, 259, 262, 265, 270
善光寺　69, 71, 72
善光寺信仰　57
善光寺如来　67, 72, 88
善光寺如来堂　64
千石船　218
千住駅　165

肴商人　160, 175, 179
坂本良亮　166, 176
鮭漁場　219
鮭塩引　276
佐々木馨　71, 72
笹屋根　219
さし　113
サツホロ(札幌)　218
佐藤玄六郎　136, 137
笊　30
さる(サル)　74〜79, 201, 208, 209
サル会所　87, 209
サル場所　85, 218
猿田幾右衛門　201
サル山(申山，猿山)　103, 104, 105
山海名産図会(日本山海名産図会)　22, 23, 28
三航蝦夷日誌　25, 181
三瀬寺　12
山丹交易品　242
山丹交易用小皮類　278
三旦(山丹)人　222, 223, 229
産物折半方式　273
三本印　174
椎茸　220, 270
椎茸取　214
仕入金　98
塩釜　45
塩切蔵　258
塩切鱒　276
塩干肴内仲間　118
鹿皮　218
直捌制　169, 198, 252
仕来り　252
仕切判　97
地獄　67
シコタン(色丹)島　224, 229, 230, 248
志古津の弁才天小社　58
死罪　119, 256
止宿所　258
地震出火競　52
地蔵山の地蔵　50
市中備蔵　203
市中備米蔵　211, 213
市中積米蔵　205
シノタイ　86, 87
忍小屋　11
芝居小屋　213
柴垣　16
シブチャリ川(静内川)　78
自分稼ぎ　230
シベトロ　226
〆粕　222, 230, 253
下北(地方，半島)　4, 7, 69, 92, 121, 134, 136, 139, 142, 145, 146, 150, 154, 155, 156, 171, 230, 273
シモシリ島　139
下国宮内慶季　59
咬咬芋　209
シャクシャイン　60, 79
シャクシャインの戦い　26, 57, 59, 60, 63, 74, 77
シャクシャイン蜂起　73
シャコタン(積丹)　216
邪宗門　256
シヤナ　225, 226
シャバリン　139, 142, 145, 146, 150
シャマイグル(シャマユクル)　82, 83, 85, 89
三味線　184, 215
三味線引(弾き)　207, 216
爺老(しやも)　66
シヤモ(和人)　69
邪欲　120
シャリ(場所)　253, 262, 278
出張所　258

黒田日出男 170
クワサキ(鍬先) 73, 79, 80
桑原伊予守(盛員) 138
刑場 211
慶長津波 40
下駄 182
下代(支配人) 92, 94, 95, 99, 119
原始謾筆風土年表 133〜135, 139, 154, 169, 170
献上(鷹) 18
原発事故 39
見物人 143
見聞方 110
見聞随筆 119
県令 130
公儀御用船 168
公儀被仰出 105
公儀御役人 108
公儀御老女 106, 109
公儀ノ御地 3
後期幕領期 200, 228, 237, 252, 265, 272
皇国人 148
庚申万延元年蝦夷地御領分御引受留 234, 235, 280
庚申万延元年蝦夷地久奈尻御領分御引請留 254
口銭 113
公訴 93, 94, 103, 106, 111, 115, 121
小歌 147
公定価格 269, 270
小売商人見世 180
五月五日の節句 191
五月の節句 178
小皮類 264
国泰寺(アッケシ) 71, 72, 210, 246
極楽世界 4
御座船 170, 172〜174
五十回忌 48
後世の枝折 71
小船頭 133
小玉貞良 46, 181
コタン 199
小使 64
国禁の品 114
ゴテン 70
小泊村湊目付 45
小荷駄馬 265
小林屋 121
小林屋惣九郎 118
子引歌 71
小間物店 216, 217
小間屋(小宿) 203, 205
子守哥 148
小宿 113, 213
御用状継送 250
御用船 166, 173
古老 42
ゴローニン事件 253
権現 62
今昔物語集 33
近藤重蔵 67, 85, 86, 88, 200
金銅塔婆 66
昆布取り 6, 189, 205, 206, 212, 220
昆布取り出稼ぎ 245
昆布取り船 41, 228
昆布場 206
昆布漁 206, 207, 219, 230

【さ行】

佐井(南部) 136, 138, 139, 142, 145, 147, 171
斎藤佐八郎 201, 211
佐井漂流民 137, 139, 142, 144〜146, 150, 155
祭文読ミ 207, 216
坂倉源次郎 65, 66, 76

寛保の大津波　6, 39, 40, 42, 43, 45, 48～53
寛保の津波碑　47
キイタップ(枳為太都婦)　101, 126, 139, 253
キイタップ場所　132, 139, 146
菊池屋平三郎　111
象潟地震　52
木崎良平　138, 141
きさらぎやんま　127
戯場　203
北蝦夷地　229
北奥州松前　63
黄鷹　13, 18, 27, 31
北高麗　64, 81
北東北　4, 5, 179, 230
北原糸子　51
北村伝七　134
急度御届　106
祈祷の法　80
木の皮　180
儀兵衛(南部屋嘉右衛門の父)　94, 95
鬼満国　64
喜見城　77
木村蒹葭堂(孔恭)　22
木村謙次　67, 68, 70, 85, 142, 200
久右衛門(新宮屋)　92, 102～105
旧紀抄録　100, 102～106
休明光記　168～170
協和私役　87
漁事割合　273
漁村集落　204, 206, 212
魚澄子璞　161, 163, 164
清部(清辺，幾よ部)　29, 43, 190, 211
妓楼　203
金銭差引帳　97
金銭出入帳　96, 97
禁足　106
勤番所　199, 200, 207, 209, 210, 213, 217, 219, 221, 224, 225, 230, 249, 257
空念　63, 64, 75
串原正峯　67, 68, 70
クシユンコタン　221, 222
鯨魚　217
下され物　269
工藤平助　120, 145, 155
宮内省　10
クナシリ騒動　134
クナシリ(国後)島　139, 200, 224, 225, 229, 236, 248, 249, 253, 257, 258, 262, 269
クナシリ・メナシのアイヌの蜂起　4, 199, 210, 234, 253
クナシリ・メナシの戦い　80, 88, 92, 121, 132, 280
クナシリ御備米　278
クナシリ(久奈尻)場所　3, 7, 101, 132, 139, 224, 234, 235, 239, 248, 251, 257～259, 261, 265, 270, 272, 273, 276, 280
久納志里場所書上　255
クナシリ場所の漁高　276
クナシリ場所の戸口　261
窪田子蔵　87, 88
熊　187, 218
熊石(松前地)　43, 44, 189, 213～215, 227
熊皮　220
熊肝　242
鵰　30
熊野屋忠右衛門　120
熊猟　264
供養　250
クル　76, 78
車櫂　75, 86, 227
車舟　74
クルリ木　14

【か行】

買入直段書　269
華夷感覚　6
飼熊　208
開港　235
廻国の者　64
廻船　203
快風丸　74, 75
快風丸（渉海）記事　74, 76, 77, 81
介抱　250
飼鷲　208
貝割　30, 31
嘉右衛門（南部屋）　92〜111, 113, 115〜122
鰥寡孤独　277
蠣崎蔵人　60, 61, 203
蠣崎佐士　92, 102, 103, 106, 110〜112, 115, 117〜121
蠣崎波響　80
歌戯帳　180
稼業　177
隠荷物　114, 115
嶽丈央斎　163〜166, 176, 177, 179, 181, 186, 187, 190, 191
欠落　99, 100, 107, 118
水主　45, 112, 113, 129, 133, 137, 141
過去帳　44
風待場　225
楫取　132
加嘯（蚊柱，松前地）　43
粕釜　222
粕屋喜兵衛　224
稼ぎ方　243, 250, 251, 272, 273
風のおち葉　144
カタクリ　214
片無双網　11
かたゐ袋　127, 129, 133, 146, 147
家中　111
勝右衛門　137
桂川甫周　129
加藤寿（肩吾）　128, 134, 135
金仏　67
過荷物　112, 114, 117
かねひら大王　77
狩野文庫　162
兜石　84
かまはやぶさ（鎌隼）　29
神風丸　173
上の国　212
髪結床（処）　205, 216, 217, 228
カムサツカ（可無散都加，カムシャツカ，カムチャツカ）　126, 133, 135〜137, 151
亀田奉行（松前藩）　205
亀田鵬斎　164, 165
亀田村（松前地）　25, 192, 204
梟羅　23
鴨漁　32
からふと（北蝦夷地，樺太）　64, 198, 200, 211, 224, 229, 230
伐木免判　243
嘉竜　161, 165
かるき者　177
軽物　220, 242, 264, 278
軽物出役所　258, 264
軽物猟　262
川汲温泉　207
皮舩　158
カンジ　75
官寺善光寺　57
勘定目録帳　95
関東大震災　38
観音堂　61
観音普門品　63
観音丸　167

エトモ(絵鞆)　152, 154, 208
エトモ場所　101
エトロフ(択捉)島　82, 85, 137, 168, 200, 224〜226, 229, 236, 248〜251, 262
エトロフ(恵戸呂府)場所　3, 229, 234, 235, 251, 253, 265
エバンテ　146
愛瀰詩歌合　128
蝦夷喧辞辯(えみしのさえき)　47, 61, 65
エモシツホウ　73
ゑら(江良)町(松前地)　43
沿海社会　199, 201, 284
円空　59〜64
円空の観音　62
円空仏　60〜62, 65
演説書　238, 240, 252, 272, 280
エンドカムイ(将軍)　87
オイナ(神謡)　79
追鰊　215
大内余庵　87
大坂酒　250
大時化　50
大島(渡島大島)　40, 41
大島(鳴動)噴火　41, 49
オオタカ　6
大鷹(オオタカ)　10
太(大)田山(太[大]田権現)　61〜63, 65, 215
大畑(南部)　49, 68, 88, 92, 100, 106, 116, 119, 133〜135, 139, 146, 169, 170
大畑村(南部)　94, 97, 108, 109, 111
大原彦四郎代官所(幕府，飛騨)　115
大間(南部)　137, 141, 142
掟書　242
掟三ヵ条　256
沖口御役人　113
沖ノ口下役　115
沖の口役所(番所)　166, 203〜205, 213, 244, 251, 252
沖の口役人　113, 201
奥蝦夷(地)　229, 253
奥筋の者　68
於久能宇良宇良　151
淤遇濃冬隠　135
奥民図彙　12, 23, 25
おこし網　261
奥戸(南部)　30, 127, 137, 273
御境通御切手　100
渡島半島　40, 42, 84
渡島筆記　82, 83
御城掃除　175, 178
御巣鷹山　31, 34
恐山　151
オチェレジン　146
膃肭臍(オットセイ)　107
オットセイ漁　208, 215
乙波　48
御伽草子　77
男の肴うり　176
おとな　64
囮　10, 14, 23, 27, 33
斧作りの仏　61
小野蘭山　33
小浜(若狭)　44
御船手(幕府)　169, 172
尾見兵七　104
小山悪四郎判官隆政　85
おろしあ盆踊唄考　145
温泉　207, 212, 214
温泉家　258
御曹子島渡　77, 79, 84
女商人　160, 175, 176, 178, 179, 182
女(手伝)人足　160, 175, 176
女の日用　176

馬の野飼い 186, 187
馬乗りの行事 191
馬船 166
馬持 185
馬屋 186
売渡定直段書 271
ウルップ(得撫)島 137, 226, 249, 262
上乗 112, 115, 126, 129, 139
運上(金) 100, 198, 200, 203, 241, 248, 251
運上御礼金不納 107
運上屋(会所) 89, 198, 200, 207〜210, 215, 217, 218, 220, 221, 223, 224, 230, 257, 258, 262, 271, 280
運上山 92, 99
雲仙普賢岳 41
栄通丸 170
永篭 107
エカテリナ号 126, 132, 151, 153, 154
江(餌)差 43, 44, 47, 180, 192, 201, 203, 211, 213〜215, 230, 284
江差(前)浜 181, 213, 230
江差法華寺 44, 47
江差前浜屏風(江差浜鰊漁図屏風) 181
蝦夷 156
蝦夷一揆興廃記 78
蝦夷か窟 156
夷ヶ島 64
蝦夷(が)島 72, 77, 198
蝦夷国風俗人情之沙汰(蝦夷草紙) 82, 136, 146, 187
蝦夷山海名産図会 25, 30
蝦夷三官寺 56, 71, 72, 89, 172, 208, 209, 210
蝦夷志 80, 81
蝦夷拾遺 136, 146
蝦夷生計図説 75
蝦夷草紙後篇 143
蝦夷談筆記 75, 78〜81, 84
蝦夷地(夷地) 3, 6, 7, 56, 57, 59, 60〜65, 68, 71, 74〜77, 79, 81, 85, 87〜89, 92, 94, 100〜102, 104, 105, 107, 114, 120, 121, 137, 142, 150, 153, 161, 166, 168〜172, 185, 186, 189, 198〜201, 204, 207, 213, 220, 227〜231, 236, 252, 272, 280
蝦夷地御持場白老悪消根茂呂久奈尻江戸砥呂府地名并諸事調書 255
蝦夷地開発記 173
蝦夷地稼ぎ 177, 203, 230
蝦夷地御用 172
蝦夷地御用掛 169, 172
蝦夷地御用船 168〜170, 173
蝦夷地再直轄化 87
蝦夷地支配 7, 251
蝦夷地出入者の改め番所 207
蝦夷地内国化 56, 85, 89
蝦夷地の勤番 199
蝦夷地の警衛 7, 236
蝦夷地の利権 121
蝦夷地幕領(直轄)化 57, 62, 81, 85, 89, 198, 253
蝦夷地分領 236
蝦夷地への出漁 198
蝦夷島奇観 181
蝦夷錦 114
蝦夷日記(木村謙次) 67, 70, 85
蝦夷日記(武藤勘蔵) 187
蝦夷日誌 199〜201, 228, 231
蝦夷の嶋踏 172
蝦夷迺天布利 59, 61, 67, 84
蝦夷船 201, 227, 271
越年小屋(出稼小屋) 215, 228
江戸 160
絵解き 160

安政江戸地震 38, 51, 52
アンチーピン 146
庵寺 207, 212
按摩取り 216
異域 199
幾分金 240
生符町(松前城下) 171, 203, 211
異国船見張り 249
石井謙治 168, 172
イシカリ(石狩, 蝦夷地) 120, 217
イシカリ秋味跡買 120
石狩川 199, 229
石狩場所 54
石狩場所改革 252
石狩平野 199
石狩山 68, 92, 100, 103
石川将監忠房 151
石崎(松前地) 227
石の卒塔婆 48
イシュヨ 137, 138
伊勢屋五郎兵衛船 145
イタンギ 84
壱番御用状 251
逸物 17
逸物之御鷹 17
一席夜話 148
一手証文 105
井戸家 258
イナオ(イナウ, 木幣) 83, 86, 215, 216
稲荷社(国後) 258
伊能忠敬 200
異船航来漂民帰朝記事 129, 132, 139, 149
異文化表象 180
今井元安 135, 136
今井常道 135, 136
今別村(津軽) 66
イラクサ 181
入百姓 205
異類異形の仏神 49
江豚(イルカ) 167
イルクツコイ(イルクーツク) 137, 141, 146
岩木山 17
鰯小屋 208
鰯取仲間 208
鰯漁 204, 208, 210
岩手・宮城内陸地震 39
岩屋(南部) 151～154
岩舎の観音(蝦夷地) 61
印(イトクバ, シロシ) 64
印鑑 259
ウイマム(交易) 198
植田義方 134
上原熊次郎 83
請け負い年季 240
ウス(碓, 宇須, 有珠) 59, 61, 70, 71, 74, 75, 171, 207, 208
ウス(有珠)・アブタ(虻田)の野 185, 186, 192
ウス湖(洞爺湖) 62
臼座 67
ウス山 62, 63, 215
ウス善光寺 7, 56, 59, 60, 63, 65, 68, 69, 71, 72, 88, 172, 208, 284
ウス善光寺如来 58, 64, 66
臼善光寺参り 69
ウス嶽(岳) 63, 64, 65
うすのおくの院(いん) 61, 62
碓の如来堂 58
内浦(の)嶽(駒ケ岳) 41, 59, 61, 62, 63
内浦嶽噴火 53
内田武志 128, 129, 134, 135, 150
姥神社(江差) 213
馬 6, 160, 187
馬継所 200, 204

索　引

【あ行】

会津藩　236, 248
アイヌ　5, 29, 41, 42, 53, 54, 57, 59, 62, 64～66, 69～73, 75, 76, 78, 81～89, 92, 128, 139, 155, 179, 192, 198～200, 202, 206～210, 215～227, 229～231, 240～252, 256, 259～265, 269～275, 277, 278
アイヌ介抱　258
アイヌ支配　251, 252
アイヌ人口　43, 229, 273
アイヌ人口の減少　209, 261, 262, 280
アイヌ人別　240
アイヌの家屋　206
アイヌの集住　207
アイヌの集落　230
アイヌの種痘　244, 251
アイヌの進退　241, 252
アイヌの宝物　79
アイヌの出稼ぎ　221, 246, 247
アイヌの出稼ぎ小屋　211
アイヌの非常手当　245
アイヌの役料　275
赤石組代官(松前藩)　45
赤蝦夷人　151, 155
赤蝦夷風説考　120, 145, 146, 155
アガケ(網掛け)　33
赤塗　166, 169
赤(あか)人　127, 128, 136, 143, 155, 156
赤船　167, 168, 173
赤松　103
揚り屋　117
秋味(鮭)漁　210, 216, 218, 219
秋味小屋　219
秋味鮭積取船　244, 251
秋味鮭漁出張所　248
秋味場　219
秋味船　180
秋田藩　27, 236
商場　200
商場知行制　198, 200
浅間嘉右衛門(南部屋)　93, 110, 112, 116, 118, 119
水豹(あざらし)　223, 246, 264
鰺ヶ沢(津軽)　201, 211
アタツ(干魚)　223
厚岸(アッケシ，蝦夷地)　53, 127, 133, 139, 151, 173, 210, 224, 225, 246, 247
アッケシ(厚岸，厚汁志)場所　101, 139, 146, 234, 235, 246, 247, 251
アツシ　5, 175, 176, 179～184
アツシ織り出し　220
吾妻鑑(東鑑)　72
アバシリ(網走，蝦夷地)　220
あひ野間(相沼，松前地)　43
アブタ(虻田，蝦夷地)　192, 207, 219
あぶらめ　178
天照大神宮　63
阿弥陀堂　208
阿弥陀仏　65
アムール川　222
新井白石　73, 80, 81
新巻　217
あわび(鮑)　178, 220

菊池 勇夫（きくち　いさお）

〈著者略歴〉
1950年　青森県生まれ
1980年　立教大学大学院文学研究科博士課程単位取得退学
現　在　宮城学院女子大学一般教育部教授

〈著　　書〉
『菅江真澄が見たアイヌ文化』（御茶の水書房、2010年）
『十八世紀末のアイヌ蜂起―クナシリ・メナシの戦い―』
（サッポロ堂書店、2010年）
『東北から考える近世史―環境・災害・食料、そして東北史像』
（清文堂出版、2012年）
『講座　東北の歴史』第四巻「交流と環境」
（共編著、清文堂出版、2012年）
『アイヌと松前の政治文化論―境界と民族―』
（校倉書房、2013年）
『地方史・民衆史の継承―林史学から受け継ぐ―』
（編著、芙蓉書房出版、2013年）
『五稜郭の戦い―蝦夷地の終焉―』（吉川弘文館、2015年）
ほか

近世北日本の生活世界
―北に向かう人々―

2016年11月7日　初版発行

著　者　菊 池 勇 夫 Ⓒ
発行者　前 田 博 雄
発行所　清文堂出版株式会社
〒542-0082　大阪市中央区島之内2-8-5
電話06-6211-6265　FAX 06-6211-6492
ホームページ＝http://www.seibundo-pb.co.jp
メール＝seibundo@triton.ocn.ne.jp
振替00950-6-6238

印刷：亜細亜印刷　製本：渋谷文泉閣
ISBN978-4-7924-1061-2　C3021

帝国日本と地政学
―アジア・太平洋戦争期における地理学者の思想と実践―

柴田　陽一

現実政治には不可欠の地政学。地政学史に始まり、京都帝国大学の小牧実繁、満洲国、南満洲鉄道の三系統の地政学を比較したもう一つの太平洋戦史。　九六〇〇円

東方正教の地域的展開と移行期の人間像
―北東北における時代変容意識―

山下須美礼

晴耕雨読に勤しんできた東北の給人たちが藩の崩壊の矢先、改革期ロシアの申し子ニコライと出会い、新たな人生の指針を得るに至る道程を描出する。　七八〇〇円

近世日本の言説と「知」
―地域社会の変容をめぐる思想と意識―

浪川健治
小島康敬　編

東北諸藩の人物を中心として、時代に先駆けて新時代への軟着陸を図った人々の言説に、時代・地域の如何を問わない意義を見出していく。　八六〇〇円

東北から考える近世史
―環境・災害・食料、そして東北史像

菊池　勇夫

安藤昌益と飢饉に始まり、環境と災害、伝承、食物、柳田國男、東北論等、多様多岐な側面にわたり、近世史の地平から現代を照射する。　八六〇〇円

近世藩領の地域社会と行政

籠橋　俊光

水戸藩の大山守・山横目、仙台藩の大肝入等を例に、中間支配機構の「隠密」、「内済」や文書行政が地域に不可欠の活動であった実情を活写する。　八八〇〇円

価格は税別

清　文　堂
URL＝http://seibundo-pb.co.jp　E-MAIL＝seibundo@triton.ocn.ne.jp